붉은
꽃에서

판권소유

부르신 곳에서
―삶이 증거가 되는 사람들―

2010년 6월 10일 인쇄
2010년 6월 15일 발행

지은이 | 김영곤 외 47인
편 집 | 김숙경
발행인 | 이형규
발행처 | 쿰란출판사

주소 | 서울 종로구 이화동 184-3
TEL | 02-745-1007, 745-1301~2, 747-1212, 743-1300
영업부 | 02-747-1004, FAX / 02-745-8490
본사평생전화번호 | 0502-756-1004
홈페이지 | http://www.qumran.co.kr
E-mail | qumran@hitel.net
E-mail | qumran@paran.com
한글인터넷주소 | 쿰란, 쿰란출판사

등록 | 제1-670호(1988.2.27)

책임교열 | 박은아·오완

값 12,000원

ISBN 978-89-5922-947-5 03230

* 이 출판물은 저작권법의 보호를 받는 저작물이므로 무단 복제할 수 없습니다.
  잘못된 책은 교환해 드립니다.

부른 곳에서

삶이 증거가 되는 사람들

지은이 김영곤 외 47인

쿰란출판사

서문

부르신 곳에서,
삶이 증거가 되는 사람들

 1975년 정성균 선교사를 방글라데시로 파송하면서 조직된 방파선교회가 벌써 35주년을 맞게 되었습니다. 35년이면 강산이 세 번 이상 변한 시간이며, 사람으로 따지면 장년의 나이로 이젠 자신뿐 아니라 사회에 여러 가지로 공헌을 해야 할 때인 것입니다. 이에 방파선교회는 각 나라에 흩어져 있는 70명의 선교사들을 국내로 초청하여 35주년 기념 선교대회를 서울에서 갖게 되었습니다. 이번 선교대회는 선교지에서 고군분투하고 있는 선교사들이 선교사 재교육을 통하여 영적 충전 및 새로운 도전을 받고 국내의 후원 교회들과 직접 만나는 귀한 시간이 될 것입니다.

 또한 방파선교회에서는 35주년을 맞이하여 생생한 선교사들의 이야기인 《부르신 곳에서》를 출판하게 되었습니다. 《부르신 곳에서》는 선교사로의 부르심에 순종하여 부르신 곳에서 고군분투하고 있는 선교사들이 자신들의 삶을 있는 모습 그대로 담아낸 책입니다.

사실, 선교사님들의 이야기를 담은 책들은 이미 많이 있습니다. 그 책들도 감동적이고 역동적입니다. 하지만 방파선교회 선교사로서 선교지에서 하나님과 씨름하고 있는 야곱과 같은 우리 선교사님들의 꾸미지 않은 선교이야기는 우리의 마음을 울게도 하고, 웃게도 하는 감동을 줍니다.

《부르신 곳에서》에는 35년간을 한결같이 방파선교회 소속 선교사님들을 후원하고 지도하고 계시는 마부 선교사 김영곤 목사님의 이야기를 비롯하여, 현지인을 사랑하고 사랑하다 지쳐 낙심되고 포기하고 싶었던 초년병 선교사 시절의 이야기, 환자의 변비를 고쳐 주기 위해 항문에 손을 넣고 파 주었다는 선교사님의 이야기, 그저 남편을 따라 선교지로 갔을 뿐인데 선교지에서 크게 쓰임 받고 있는 아내 선교사의 이야기 등 선교지에서 일어난 크고 작은 사건들에 관한 60편의 이야기들이 들어 있습니다. 그야말로 삶이 증거가 되는 선교사들의 모습이 그대로 담겨 있습니다.

이 선교사님들의 이야기를 통하여 선교사님들이 더 많은 후원교회들과 만나는 시간이 되기를 기대합니다. 또한 선교사를 지망하는 미래의 선교사들과 세계 각지 각자의 자리에서 사역하고 있

서문

는 선교사들을 열심히 후원하며 섬기고 있는 보내는 선교사들에게 도전과 격려가 되는 책이 되길 소망합니다.

바쁜 사역 중에 선교사 이야기를 써 보내 주신 방파선교회 모든 선교사님들께 감사를 드립니다. 모든 선교사님들이 그러하시겠지만, 방파선교회 선교사님들은 너무 바쁩니다. 새벽부터 밤늦게까지 사역하시느라 바쁘신 선교사님들께서 시간을 쪼개어 선교사 이야기를 진솔하게 써 주셨습니다.

이 책이 나오기까지 애써 주신 쿰란출판사 이형규 장로님께도 감사의 말씀을 전합니다. 《부르신 곳에서》는 방파선교회의 세 번째 책입니다. 첫 번째 책은 선교사들의 간증과 사역을 담은 《땅 끝까지 이르러 내 증인이 되리라》는 책이며, 두 번째 책은 33년간의 사역을 정리한 《방파선교회 33년사》입니다. 비매품으로 발간된 이 책 모두 쿰란출판사에서 맡아 주셨습니다. 방파선교회 사역이라면 늘 앞장서서 도와주시는 쿰란출판사에 다시 한 번 감사 드립니다.

또한 방파선교회 총무이신 김영곤 목사님과 막내 딸 김숙경 전도사님께 감사 드립니다. 이 책을 기획하고, 선교사님들과 수백 통의 이메일을 주고받으며 60편의 이야기를 받아 편집하였습니다.

마지막으로 하나님 나라 확장을 위해 지난 35년간 방파선교회를 사용하여 주신 하나님 아버지께 감사를 드립니다.

2010년 5월 30일
방파선교회 회장 **정종성** 장로

※ 방파선교회는 "땅 끝까지 이르러 내 증인이 되리라"는 주님의 명령에 따라 그리스도의 복음 전파를 목적으로 세계 각지에 선교사를 파송하고 선교사의 사역을 후원하고 있는 선교단체로서 지난 35년 동안 80명의 선교사들을 27개 나라에 파송하고 후원해 왔으며, 2010년 현재 23개 나라에 38가정(72명)의 선교사를 파송하고 후원하고 있다.

추천사

방파선교회 35년, 결코 짧은 세월이 아닙니다. 세계 열방 도처에 72명의 선교사님들이 생명 바쳐 복음을 선포한 지 35년이 지났습니다. 물론 하나님의 부르심과 보내심 때문에 선교 현장으로 나아갔지만 선교사님과 그 가족들의 헌신과 결단 없이 선교가 성립되는 것이 아닙니다.

어떤 선교사님이 들려준 아들과의 대화가 떠오릅니다. 품에 안고 떠난 아들이 열악한 선교지에서 중학생이 되었습니다. 어느 날 그 아들이 "아빠는 왜 선교사야?"라고 묻더랍니다. 이런 저런 대답을 했더니 "아빠가 선교사지 나는 아니야"라며 등을 돌리더라는 것입니다. 그런데 그 아들이 장성한 후 아버지의 뒤를 이어 더 큰 선교사역을 감당하고 있다는 이야기였습니다. 선교 현장을 들여다보면 눈물, 아픔, 좌절, 고독이 뒤엉켜 있습니다. 그런가하면 기쁨, 보람, 감격도 넘쳐 흐릅니다.

이 모든 것을 한데 모아 엮어내는 책 《부르신 곳에서》는 선교 현장을 생생하게 생중계해 줍니다. 우리는 이 책을 통해 위대한 미션 스토리를 듣고 보게 됩니다.

더 많은 한국 선교사들이 세계와 열방으로 나가야 합니다. 한국 교회는 선교의 열정과 힘을 모아야 합니다. 그래서 그동안 지고 살았던 선교의 빚을 갚아야 합니다. 《부르신 곳에서》는 선교 현장을 진솔하게 이해하는 길잡이가 될 것입니다. 그런 교과서로 이 책이 영향력을 발휘하기를 바랍니다.

이 책 안에 글을 담아 주신 선교사님들, 편집과 발행을 맡아 준 실무자들, 모든 분들의 노고를 치하 드립니다.

이 책은 학술 서적이 아닙니다. 선교 실천 텍스트입니다. 책 소문이 세계로 퍼져 읽고 감동받아 선교사가 되고 후원자가 되는 큰 사건들이 일어나게 되기를 기대하며 기쁜 마음으로 추천하는 바입니다.

2010년 5월 30일
한국세계선교협의회(KWMA) 이사장
충신교회 담임목사 **박종순**

차례

>>> 서문(방파선교회 회장 정종성 장로)…04
>>> 추천사(한국세계선교협의회(KWMA) 이사장, 충신교회 담임목사 박종순)…08

>>1부 보내는 선교사
01. 마부 선교사(방파선교회 총무 김영곤)…16

>>2부 남아시아
02. 초년병 선교사의 낙심과 좌절(방글라데시 선교사 장만영)…22
03. 선교사가 수년간 공부할 필요가 있는가?(방글라데시 선교사 장만영)…26
04. 삶이 버거운 사람들(방글라데시 선교사 전육엽)…30
05. 자립교회 1호를 꿈꾸며(인도 선교사 이희운)…34
06. 잘 먹고 잘 싸는 것이 선교의 첫걸음(인도 선교사 황은영)…39
07. 내 아기 에즈라……어디 있니?(인도 선교사 이영미)…45
08. 영미야, 네게 겨자씨만한 믿음이 있니?(인도 선교사 이영미)…49
09. 예수 내 구주(인도 선교사 이창기)…53
10. 선교생활에서 부딪히는 기쁜 일과 슬픈 일들(네팔 선교사 김명호)…58
11. 빨간 드레스를 입던 날(스리랑카 선교사 김상현)…61

>>3부 동남아시아 및 동북아시아

12. 좋은 만남을 통해 일하시는 하나님!(인도네시아 선교사 이근수)…68
13. 함께 울고 함께 웃게 하소서!(인도네시아 선교사 손영신)…74
14. 내 작은 등불이 어둠 속에 빛이 되기를
    (인도네시아 이근수 선교사 자녀 이예훈)…79
15. 나를 따르라(필리핀 선교사 유준수)…85
16. 스테파니를 위한 눈물의 기도(필리핀 선교사 유준수)…91
17. 하나님은 실수하지 않으신다네(필리핀 선교사 유준수)…96
18. 주님이 보내 주신 천사(캄보디아 선교사 은영기)…103
19. 악취가 변하여 향기로(캄보디아 선교사 은영기)…108
20. 8·19의 기적(캄보디아 선교사 강은규)…113
21. 19세 미혼모의 새로운 삶(캄보디아 선교사 강은규)…118
22. 여호와께서 대사를 행하셨도다(캄보디아 선교사 송춘명)…122
23. 100원과 후원기도회(캄보디아 선교사 송춘명)…127
24. 선교의 깃발을 휘날리며(캄보디아 선교사 현정미)…129
25. 룰루랄라 전임 강사(캄보디아 선교사 최은옥)…133
26. 행하시는 이는 하나님이시니(태국 선교사 조준형)…139
27. 삼중고의 폭풍의 언덕(동북아시아 선교사 이드로)…145

차례

>>>4부 **서아시아 및 중앙아시아**

28. 주만 바라보는 사람(이스라엘 선교사 정예후다)···152
29. 낙타 등에 복음과 꿈을 싣고(중앙아시아 선교사 황도연)···156
30. 서 목사, 너를 사랑한다(카자흐스탄 선교사 김영덕)···162

>>>5부 **아프리카**

31. 오랜 전통의 무당 산당들(탄자니아 선교사 최재선)···168
32. 이래도 탄자니아인을 사랑하느냐?(탄자니아 선교사 나정희)···174

>>>6부 **오세아니아**

33. 바누아투에 김씨 족장이 되다(바누아투 선교사 김용환)···180
34. 피지는 삼다도(三多島)가 아니라 사다도(四多島)이다
　　　　(피지 선교사 김상도)···184
35. 선교사에게 자녀는 사역의 아킬레스건일까?(피지 선교사 공미애)···190
36. 차라리 천국으로 가고 싶어요(피지 선교사 박영주)···196
37. 선교사가 된 마약 딜러(피지 선교사 박영주)···203
38. 아빠 선교사, 아들 선교사(피지 박영주 선교사 자녀 박광민)···210
39. 주님, 아직 갈 때가 아닌데요?
　　　　이제 시작인데요?(팔라우 선교사 정상진)···216

40. 다시 팔라우에 돌아올 수 있을까?(팔라우 선교사 홍성림)…222

>>>7부 유럽
41. 아버지와 같은 심정으로(독일 선교사 이성춘)…228
42. 공동생활에서의 특별하고 소중한 만남(독일 선교사 성영)…233
43. 로뎀 나무 아래서 무지개를 보다(오스트리아 선교사 백동인)…238
44. 비엔나의 모자이크 맞추기(오스트리아 선교사 오은혜)…243
45. 나의 면류관, 아름다운 현지인 동역자들(러시아 선교사 고준기)…251
46. 여보, 1년만 있다가 옵시다(러시아 선교사 이정권)…257
47. 주님은 나의 형편을 알고 계셔요(러시아 선교사 이정권)…262
48. 비로소 목자가 된 것인가?(러시아 선교사 손영호)…266

>>>8부 중·남아메리카
49. 샌드위치(볼리비아 선교사 문익배)…272
50. 검은 피부(볼리비아 선교사 조영숙)…276
51. 신체검사(볼리비아 선교사 이현옥)…281
52. 아, 늦었구나!(볼리비아 선교사 이현옥)…285
53. 볼리비아 산타크루스 한인 교회(볼리비아 선교사 최상락)…288
54. 두 개에 18페소면 오케이(볼리비아 선교사 최상락)…293

차례

55. 스릴 만점(니카라과 선교사 김은구)…297
56. 엄마! 티처(선생님)가 야마(전화)했어?(니카라과 선교사 한경희)…302
57. 브라질 현지인을 섬기는 바보 선교사(브라질 선교사 김미숙)…308
58. 은혜네 식구 파이팅!(브라질 선교사 김미숙)…314

>>>9부 북아메리카

59. 부유한 캐나다, 소외된 홈리스(캐나다 선교사 최수현)…322
60. 하나님께 받은 복(캐나다 선교사 조광호)…328

>>> 편집 후기…332

1부

보내는 선교사

01

마부 선교사

―방파선교회 총무 김영곤

몇 년 전 〈국민일보〉 신상목 기자가 나를 인터뷰하겠노라며 방파선교회를 찾아온 적이 있었다. 사무실에서 방파선교회 총무로 섬겼던 지난 일들을 자연스럽게 나누었고, 며칠 뒤 방파선교회와 나에 대한 기사가 〈국민일보〉에 실렸다. 기자가 붙여 준 제목은 "마부 선교사 김영곤 목사"였다. 마부 선교사. 그렇다. 마부란 말을 타는 사람은 아니지만, 말을 잘 길들여서 잘 달릴 수 있게 하는 사람이 아닌가!

지난날을 돌아보건대, 해외에 나가 있는 우리 방파선교회 선교사들에게 나는 마부와 같은 존재였다. 때로는 희생과 헌신이라는 당근으로 그들을 격려하기도 했고, 때로는 훈계라는 채찍으로 그들을 무섭게 나무라기도 했다.

내가 방파선교회를 섬기기 시작한 것은 정성균 선교사가 1974년 방글라데시로 떠나면서 그를 후원하기 위해 생긴 선교후원회 때부터였다. 그 뒤 방글라데시 선교회가 조직되었을 때에도, 정성균 선교사가 선교지를 파키스탄으로 옮기면서 방파선교회로 이름이 바뀌었을 때에도 방파선교회의 서기, 국내 총무 등 다양한 모습으로 방파선교회를 섬겼다. 그리고 1998년부터 방파선교회만 전임하는 총무로 섬기고 있다.

지난 35년간 우리 집은 방파선교회 사무실이기도 했고, 방파선교회 선교사들을 위한 숙소로 제공되기도 했다. 정성균 선교사가 기도 편지를 보내오면, 유치원생과 초등학생이었던 우리 아이들과 함께 기도 편지를 접고, 주소를 직접 쓰고, 봉투에 풀칠하고 우표도 부쳐 그 기도 편지를 200여 명의 후원자들에게 보냈던 일은 우리 집에서 두고두고 이야기하는 추억거리이다.

우리 아이들은 귤 한 봉지와 쥐포 천 원어치의 간식에 좋아라 하며 기쁨으로 그 일을 하였다. 오랜 시간 나의 귀한 동역자였던 윤오련 사모는 선교사들이 오면 모든 일을 제쳐두고 식사를 대접하였다. 어려운 개척교회 목회자 가정이었던 탓에 비싼 음식은 아니었지만, 정성이 가득 담긴 식사를 대접하였다.

간혹 밖에 나가 식사를 대접하자고 하면, '선교지에서 가장 먹고 싶은 것이 집에서 먹던 따뜻한 국 한 그릇 아니겠느냐'며 손님 접대를 귀찮아 아니하고 굳이 집에서 식사를 대접하였다. 그 식사 대접은 항암 치료를 받던 중에나 하나님의 부르심을 받기 직전까지도 동일하였다.

어느 선교사는 파송 직전 우리 집에 처음 와서 대접받았던 배추 부침개의 맛을 아직도 잊을 수 없다고 한다. 아이를 낳으러 한국에 온 부인 선교사는 예정일보다 아이가 한 달 가량 늦게 나오자 오랫동안 우리 집에 머무르기도 했다.

IMF를 지나면서 선교사들에게 가장 어려운 것은 후원해 주던 교회들이 하나둘 끊기는 것이었다. 선교사들을 파송하고 후원하던 교회들이 후원을 중단할 때, 선교사들과 함께 혹은 선교사들을 대신해서 그 후원교회를 설득하거나 다른 후원교회를 찾아 주는 일 역시 보내는 선교사인 나의 일이다.

어제는 대전, 오늘은 전주, 내일은 부산으로, 전국을 내 집처럼 드나들며 선교보고를 하며 후원교회를 개척하는 것도 나의 주된 업무 중 하나이다. 선교사가 38가정으로 늘어나면서 선교회의 살림도 많이 커졌지만, 여전히 선교비를 보낼 때마다 선교 후원비가 제대로 들어오지 않아, 선교사들보다 더 발을 동동거리는 것도 보내는 선교사, 마부 선교사의 몫이다.

방파선교회는 매년 선교지 나라를 정하여 선교대회를 하고 있으며, 후원교회 목사님들께서 지원하여 이 선교대회에 참석하고 있다. 방파선교회 선교사들을 중심으로 현지인 목회자들과 선교사들이 연합하여 준비하는 이 선교대회는 그 나라 대통령뿐 아니라 시장, 군수, 장관 등이 참석하는 국가적 큰 선교대회이며, 선교사들이 이 선교대회를 통해 사역이 더 넓어지고, 더 많이 성장하게 된다.

그러나 가장 감사한 것은 후원교회 목사님들이 선교지를 직접 방문하고, 선교사들의 사역을 눈으로 보고 나서, 특별 선교 후원을 하여 주시니 선교사들이 큰 힘을 얻게 되고, 인솔하는 나도 저절로 힘이 난다. 이런 모습을 우리 방파선교회 선교사들이 알아주니 이른 새벽부터 애쓰는 수고도 전혀 힘들지 않다.

그런데 아무리 생각해 봐도 나는 우리 선교사들에게 좋은 아버지 같은 총무는 아니다. 선교사들이 한국에 오면 제일 먼저 불러 여러 가지를 지적하고 혼내기도 한다. 방파선교회 정책을 제대로 이행하지 못하는 것에 대해서는 말할 것도 없고, 후원교회에 제대로 연락 못하는 것에 대해서도 따끔하게 지적한다. 선교 후원교회들을 스스로 개발하도록 여러 번 싫은 소리도 했다.

어떤 선교사들은 눈물을 흘리고 가기도 했다. 가끔 직접 해외전화를 걸어 나무라기도 했다. 선교사들이 최선을 다할 수 있도록, 정직한 선교사가 될 수 있도록, 최고의 선교사가 될 수 있도록, 후원교회와 좋은 관계를 지속할 수 있도록 선배 목회자로서, 선배 선교사로서 당부하고 또 당부했다.

단순히 나이가 많기 때문에, 혹은 선교사들에게 선교비를 보내 주는 본국 사역자이기 때문에 나무라는 것이 절대 아니다. 선교사들이 하나님 나라의 확장에 최선을 다할 수 있도록 채찍을 든 것이다. 이런 이유로 처음 나를 본 선교사들뿐 아니라 오랫동안 함께 사역해 온 선교사들 역시 나를 어려워하기도 하고, 무서워하기도 한다.

그러나 대부분 이 채찍을 감사함으로 받고 더 열심히 달리고 더 열심히 사역하니 그저 감사하다. 나무라는 채찍이 있어 더 열심히 하게 된다고 말해 주니 그저 감사하다. 선교 현장에 나가 직접 선교사역을 하지는 못하지만, 선교사들이 선교 현장에서 최선을 다해 사역할 수 있도록 당근과 채찍을 사용하는 나는 방파선교회의 마부 선교사이다. 🌿

> 보내는 선교사는 말을 직접 타지는 않지만 말이 잘 달릴 수 있도록 훈련시키는 마부와 같다는 마부 선교론을 이야기하는 방파선교회 총무 김영곤 목사는 지난 35년간 희생과 헌신으로 방파선교회를 섬겼다.

2부

남아시아

방글라데시■네팔■인도■스리랑카

02

초년병 선교사의 낙심과 좌절

−방글라데시 선교사 장만영

1997년의 이야기니까 지금으로부터는 13년 전, 그리고 방글라데시에 파송된 지 3년이 될 무렵이었다. 아내와 나는 1994년에 네 살인 주선이, 한 살인 의선이와 함께 방글라데시 땅을 밟게 되었다. 셋째 아들 한선이는 방글라데시에서 얻었다. 첫 3년은 벵갈어 배우는 데만 전념하여 벵갈어를 거의 익힌 때였다. 그때 이웃사랑회의 밧따라 초등학교에서 일하게 되었는데, 이 밧따라 초등학교는 방파선교회의 탄생에 산파 역할을 했던 고 정성균 선배 선교사님이 처음 시작한 학교이다.

회교도와 힌두교도 학생이 절반씩이고, 기독교인 학생은 다섯 명밖에 안 되는 총 400여 명의 학생에 선생님과 직원은 모두 열두 명이었다. 선생님도 기독교인, 회교도, 힌두교도 선생님들이 함께 있었는데, 매주 한 번씩 선생님들과 성경공부를 했다. 내 딴에는 최선을 다해 준비해서 목청을 높여 생명과 구원의 복음을 전하였다. 또 인격적으로 대하면서 선생님들과 직원들의 가정을 방문해 사랑의 손을 펴기도 하였다.

하지만 이렇게 3년의 시간이 지났는데도 회교도, 힌두교도 선생님들에게 아무런 변화가 일어나지 않았다. 회교도 선생님들은 여전히 코란이 최고의 경전이며, 마호메트를 알라가 보낸 마지막 선지자라고 굳게 믿고, 오히려 나를 가르치려고 들었다.

또 힌두교도 선생님들은 예수님을 훌륭한 선생님(선지자) 중의 하나로 믿고 있지, 전능하신 창조자 하나님께서 사람이 되어서 오신 유일한 구세주라는 믿음은 전혀 없었다. 그들이 예수님을 유일한 구원자로 인정하고, 마음속에 영접하기를 바랐던 나의 기대감은 무색해졌다.

시간이 지날수록 초조하고 답답하기만 하였다. 지치고 힘든 상태가 계속되는 가운데, 낙심하면서 여러 가지 회의적인 생각들이 들기 시작했다.

'내게 선교사의 자격이 없는 게 아닐까? 내 신앙에 문제가 있는 것이 아닐까? 내 인격에, 아니 내 삶에 문제가 있는 것이 아닐까? 성경공부를 계속해야 하나? 계속한다면 언제까지 해야 하나? 언제까지 응답 없는 기도를 해야 하는가? 이제는 그만두어야 하지 않나?' 등등.

낙심과 회의, 절망이 가득한 채 연말을 맞아 친구 선교사 가정과 함께 며칠간 가족 여행을 갔다. 우리가 간 곳은 미국 선교사님들이 운영하는 '말룸갓'이라는 병원으로, 방글라데시 수도 다카에서 남쪽으로 여덟 시간 거리에 있었다. 그때 당시 지은 지 약 30년 된 병원이었지만 좋은 시설과 정성 어린 진료로 방글라데시에서는 정평이 나 있었다.

때마침 병원 의사들이 매주 한 번씩 가지는 기도 모임에 참석하게 되었다. 미국 의사들 가족 십여 명이 찬양을 부르고 말씀을 나눈 후에 여러 가지 기도 제목을 가지고 기도하는 시간이었다. 그 기도 제목을 들으면서 나는 마음속 깊은 곳으로부터 선교에 대한 새로운 깨달음과 함께 새로운 자세를 갖게 되었다. 이후의 내 선교 여정에 큰 영향을 끼친 시간이었다.

'쪼끼다'는 병원에서 문을 열고 닫아 주는 문지기를 일컫는 말로, 방글라데시에서는 가장 못 배우고, 사회적인 신분이 가장 낮고, 물론 봉급도 가장 적은 직업을 가진 사람들이다. 누구든지 쪼끼다에게는 반말을 할 수 있고, 일을 시킬 수 있고, 무시할 수 있는 만만한 대상이다.

미국인 의사 선생님들과 그 가족들이 이 쪼끼다 서너 명(모두 회교도들)을 위해 기도를 하는데, 최근 이들의 상황과 복음에 대한 반응들에 대해 자기들이 경험한 것들을 나누고, 한 명 한 명을 위해서 기도하였다.

그런데 내가 놀란 것은 그들을 위한 기도가 23년, 24년, 25년 동안 계속되고 있다는 것이었다. 그들은 여전히 변화되지 않은 상태였다. 그럼에도 불구하고 그분들이 낙심하지 않고 계속 기도하는 모습에 나는 놀라지 않을 수 없었다.

'아니, 이럴 수가!'

나는 겨우 3년간 말씀을 전하고 기도한 후 변화가 없다고 낙심과 실망, 좌절 속에 있었는데 이분들은 수십 년을 계속해서 그들을 위해 기도하고 있다니!

기도 모임이 끝난 후 다과 시간을 가지며 30년 넘게 임상 병리사로 일해 오셨던 미국 선교사님 한 분이 나에게 이런 말씀을 해 주셨다. 선교사 일을 시작하여 13년이 지난 후에야 한 사람이 마음을 조금씩 열며 예수님을 믿게 되었다고. 그러면서 자기 이야기를 덧붙였다.

"만일 내가 10년 일하고 본국으로 돌아가 버렸더라면 한 명도 예수 믿는 이를 못 볼 뻔했어요……."

그날 이후로 나는 나와 연관된 방글라데시 사람들이면 누구든지 최소한 20년은 말씀을 지속적으로 전하고 기도를 계속하리라고 굳게 다짐하였고, 그리고 그 다짐은 선교사 생활 17년째인 오늘도 계속되고 있다.

03
선교사가 수년간 공부할 필요가 있는가?

—방글라데시 선교사 장만영

글을 시작하기 전에 먼저 하나님 아버지께, 그리고 방파선교회에 감사부터 드려야 마땅하다고 생각된다. 김영곤 목사님을 비롯하여 많은 목사님들과 성도님들께 감사한 마음을 올려 드린다.

나는 만 8년 동안의 방글라데시 선교사역을 마치고, 2002년 9월부터 2007년 6월까지 약 5년에 걸쳐 미국 캘리포니아 주에 있는 풀러 신학교에서 석사 과정(M.A) 1년과 박사 과정(Ph.D) 4년의 학업을 마칠 수 있었다.

1994년 6월에 방글라데시로 파송되기 전, 몇 차례 양화진을 방문할 기회가 있었다. 450여 명의 서양 선교사님들과 그 가족들의 무덤 앞에서 나는 이런 다짐을 하였다. "앞으로 어느 나라에 파송되든지 그 나라에 묻히겠습니다. 여기에 묻혀 있는 분들처럼요."

방글라데시에 도착하여 첫 3년은 전적으로 벵갈어를 배우는 데 시간을 사용하였다. 벵갈어를 배운 지 6개월 되면서부터 방글라교회를 다니고, 4년째부터 목회자 훈련원의 학생과장을 맡아 일하게 되었다.

선교사로서 6년 정도 되자 평생에 걸쳐 해야 할 사역 방향이 잡혔다. 하나는 성경과 신학을 배울 기회를 갖지 못한 채 교회를 섬기고 있는 방글라데시 목회자들을 돕는 일이고, 또 하나는 방글라데시 88,000개 마을에 파송할 청년 목회자들을 키우는 일이었다. 이 일을 위해 두 가지가 반드시 필요하다고 생각되었다. 하나는 영어를 벵갈어 수준으로 끌어올리는 것이고, 또 하나는 학위를 갖는 것이었다. 이 나라 신학교 도서관에 있는 책들이 대부분 영어로 된 책인데 이 책들을 제대로 활용하고, 국제적인 선교사들과 함께 사역하기 위해서는 영어를 벵갈어 수준으로 끌어올리는 것이 필수적이었다.

방글라데시의 목회자들과 청년들을 효과적으로, 그리고 장기적으로 돕기 위해 학위가 필요함을 느끼고, 결국 영어와 학위 두 가지를 위해 미국에서 공부하는 것이 최상이라는 생각이 들었다. 1999년 12월, 태어나서 처음으로 토플(TOEFL)이라는 영어 평가 시험을 보았다.

방파선교회를 비롯하여 나를 아는 가까운 분들께 학업 계획을 말씀 드렸을 때 세 가지 반응이 나왔다. 찬성(1/3), 반대(1/3), 글쎄(1/3)였다. 반대와 글쎄의 반응을 보인 분들의 염려는 첫째로, 선교사가 선교지를 오랫동안 비우는 것이 옳은가, 둘째로, 선교사가 수년간 공부할 필요가 있는가, 셋째로, 미국에서 박사과정을 마쳤을 때 선교지로 돌아가기보다는 미국에 남든지 한국에 남기가 쉽지 않겠는가였다.

그때 나는 다시 한 번 하나님 앞에 무릎을 꿇었다. 총회 파송 선교사였던 나는 총회 세계선교부에 2년 후 사임한다는 편지를 써야 했다. 총회의 규칙은 2년만 허락하고 있었기 때문이었다. 덕분에 학업을 마친 후 다시 방글라데시 선교사로 오기 위해 총회 선교 훈련을 한 번 더 받았다.

미국에서의 5년은 이스라엘 백성이 광야에서 40년을 살았던 것과 비슷한 모습이었다. 하나님께서 이스라엘 백성을 위해 장막 칠 곳을 준비해 주셨고, 만나와 메추라기를 주셨고, 반석에서 물이 나게 하셨으며, 불기둥과 구름기둥으로 인도하셨던 모습이 나의 삶에서 그대로 나타났다.

하나님께서는 가장 적당한 집을 허락해 주셨고, '방파선교회'(김영곤 목사님), '방글라 선교 기도모임'(김목희 목사님), '미국 라크라센타 장로교회'(Andy Wilson 목사님), '나성제일교회'(박일영 목사님), '주님의빛교회'(주혁로 목사님) 등을 통해 생활하게 하셨다.

집사람이 중환자를 돌봄으로 반석에서 나오는 물을 마시는 것과 같은 생활을 할 수 있었기에 논문의 앞부분 "감사의 글"에 이렇게 썼다. "나는 여덟 살 때 육신의 아버지를 잃었다. 하늘 아버지께서는 나의 육신의 아버지가 되어 주셨다. 하늘 아버지께서는 내가 공부하는 데 필요한 모든 것들 지혜, 영감, 통찰력, 창조적인 생각들, 건강, 재정, 집중력, 인내력, 마음의 평화, 그리고 기쁨을 허락해 주셨다."

추천서를 써 주신 이광순 교수님, 장영일 교수님, 그리고 서정운 교수님, 장학금과 여러 모습으로 격려해 주신 윤길원 목사님, 이정일 목사님, 안영로 목사님, 김동엽 목사님, 손훈 목사님, 그리고 손영호 목사님, 그리고 학업 기간 동안 논문 제작비를 비롯하여 필요할 때마다 기도하며 도움을 준 요나단(CCC 평생순) 열한 명의 친구들을 잊을 수가 없다.

지금 만 48세를 지나고 있는 나는, 하나님께서 허락해 주시는 한 75세까지 방글라데시에서 방글라데시 분들과 함께 살다가 방글라데시 땅에 묻히련다. 집사람도 함께 묻히기로 동의해 줘서 고맙기만 하다. 세 아들 주선, 의선, 한선이 역시 아빠가 학업을 마친 후 마땅히 방글라데시로 돌아가서 일할 것으로 여겨 줘서 또한 고마웠다.

> 방글라데시 사람과 비슷하게 생겨서 한국에 나왔을 때 종종 방글라데시 사람으로 오해받는 장만영 선교사는 가족으로 가난한 지역의 방글라데시 사람들을 방문하면서 의사 아닌 의사, 약사 아닌 약사 역할까지 감당하는 아내 전육엽 선교사와 한국에서 낳은 두 아들 주선, 의선이와 방글라데시에서 낳은 셋째 아들 한선이가 있다.

04

삶이 버거운 사람들

—방글라데시 선교사 전육엽

이곳 방글라데시 12월의 쌀쌀한 기온은, 더위를 견디어 낸 자에게 주시는 하나님의 기막힌 선물이라고 본다. 선풍기를 틀지 않고도 잠을 자고 일상생활을 할 수 있다는 것이 얼마나 감사하고 행복한지 모른다. 할 수만 있다면 이 차가운 기온을 어디에다 좀 담아서 보관해 두고 싶은 마음이 간절할 정도로 소중한 계절의 온도이다.

방글라데시 다카의 한 마을에 코칭 센터가 있다. 다카 시에서 가장 가난한 지역은 아니지만 빈민 지역인 이곳은 학교 수업이 끝난 학생들의 과외 겸 숙제를 봐 주는 곳으로, 기아대책 기구와 연결된 NGO(비정부기구)이며 학생 수는 250여 명 정도 된다. 이곳은 기독교 교육을 하는 곳으로, 이 교육 프로그램에 동의한 학생과 보호자가 기독교 교육에 항의하지 않겠다는 서약서를 내고 입학하게 된다. 기아대책 기구의 후원으로 한 가정당 한 명의 학비를 받을 수 있고, 방과 후 코칭 센터에서 공부하는 학생들의 성적이 향상된 덕분에 코칭 센터는 이 마을에서 아주 인기가 있다. 학생들과 보호자를 대상으로 일주일에 한 번씩(금요일마다) 예배를 드리며 성경공부도 병행하고 있다.

나는 이 학생들의 가정을 방문하며 어떤 형태로든지 그들의 필요를 살펴보고 돌보아 주려고 노력하고 있다. 절대 빈곤의 상황에서 위험에 가장 많이 노출되는 대상은 아무래도 어린아이와 연약한 여성들이다. 한창 자라날 어린아이들이 기본적인 영양 섭취 부족으로 발달 장애를 겪고, 치료 시기를 놓쳐 돌이킬 수 없는 합병증 등으로 고생하고 있다.

여성들은 가정의 수많은 문제들에 직면해 있다. 특히 남편들에게 버림받은 아내들은 남편이 가까이서 다른 여자와 다시 결혼하여 살아도 아무런 대책 없이 숙명으로 받아들이며 살고 있다.

이들에게 간단한 구급약이나 영양제 등을 공급하고, 또 급히 수술이 필요한 환자들은 병원으로 데려가기도 하지만, 가장 중요한 것은 이들과 함께 삶의 이야기를 나누고 기회 되는 대로 말씀을 나누며 기도할 수 있는 시간을 갖는 것이다.

아직도 이곳은 남자보다는 여자가 버림받는 경우가 허다한 사회이다. 그 주된 원인으로 회교의 일부다처주의 영향과 결혼 지참금 문제, 또 여자들에게 아무런 경제권이 없다는 것을 들 수 있다.

많은 아내들이 결혼 지참금을 주지 못해 남편으로부터 맞아 죽는 사례가 빈번하게 신문에 보도되고 있다. 내가 만나는 여자들 중에는 자녀와 함께 남편으로부터 버림을 받고 아무런 경제적인 능력 없이 비참하게 살아가는 싱글 맘들이 많다. 몇 년 전만 해도 벽돌 깨는 일당직으로 생계를 유지할 수가 있었는데, 현재는 수입해 들여온 벽돌 깨는 기계에게 일자리를 빼앗기고 대책 없는 하루하루를 자녀들과 살고 있다. 이러한 싱글 맘들은 이미 정신적, 신체적 건강을 모두 잃어 가는 경우가 대부분이다.

지난 10월 초 만났던 두 아이를 가진 22세 엄마의 경우도 마찬가지였다. 그녀는 남편에게 버림받고서 자녀들과 함께 살길이 없어 친정으로 들어왔는데, 친정살이마저 힘겨운 것을 비관하여 자신의 몸에다 디젤을 끼얹어 자살을 시도했다. 약을 사다가 응급처치를 하며 병원으로 데려가길 권고하고 시도했지만, 가족들의 반대로 병원엔 입원시키지도 못한 채 한 달여간의 처참한 고통 가운데서 발버둥치다가 결국 죽고 말았다.

이러한 상황 가운데서 아이들은 대부분 방치되고 있다. 그리고 너무나 깊고 큰 슬픔과 어둠 속에서 무감각해진 듯한 아이들의 눈빛과 표정을 보게 된다. 그 아이들의 엄마는 나에게 애원하듯 말한다.

"제발 우리 아이 좀 데려가서 키워 주세요."

이 나라 정부에서는 손을 쓸 수 없어서 방치되어 있는 이들을, 어떻게 구체적이고 지속적으로 도울 수 있을지 성령님의 지혜를 간구하고 있다. 한국의 60년대를 연상케 하는 가난에 찌든 고통

중에 있는 삶이 버거운 사람들. 하나님께서는 21세기 대명천지에 왜 이러한 삶을 사람들에게 허락해 놓으셨는지, 이들에게 어떻게 인간으로서의 기본적인 삶과 주님의 은혜와 평강이 임하게 할지 또 한 번 상념에 잠겨 본다. 🌱

> 어디를 가나 바람 잘 잡기로 유명한 전육엽 선교사는 헉헉거리며 뒤쫓아 따라 다녀야만 하는 남편 장만영 선교사와 엄마를 여왕마마처럼 챙겨주는 세 아들 주선(한동대 1년 수학 후, 육군 상병), 의선(대학 입학 준비 중), 한선(고1)이를 두고 있다.

05

자립교회 1호를 꿈꾸며

−인도 선교사 이희운

굳이 자리를 옮기지 않아도 되는 안도감으로 예배에 집중한다는 것이 다른 교회 교인들에게는 별것이 아닐 수 있으나 삐냐의 자이온 포트 교회에서는 낯설고 신기한 일이다. 불과 몇 달 전까지만 해도 이미 꽉 들어찬 예배 공간에 예배가 끝날 시간까지 들어오는 교인들 때문에 자리를 수차례에 걸쳐서 움직이느라 눈살도 찌푸려지고, 때론 움직이는 시늉만이라도 하며 예배를 드렸어야 했기 때문이다.

강대상 주변도 안전하진 않았다. 처음엔 작은 강대상만 빼고 모든 집기를 치웠다. 강대상 주변까지 교인들이 앉기 시작해서 문제가 해결되나 싶었지만 그것도 잠시였고, 강대상 위치를 이리저리 옮겨가며 예배 집중에 가장 피해가 덜하며 많이 앉을 수 있는 방법을 찾아야 했다. 교회가 가득 차서 넘칠 만큼 교인이 늘었다는 소개를 할 때는 기쁨인데, 정작 주일 예배 중에는 늦게 오는 한두 명의 교인에게 좋지 않은 시선을 줄 수밖에 없는 어려움이 있었다.

15평 남짓 되는 공간에 100명이 넘는 교인이 앉아서 예배를 드리려니 부득이한 상황이었다. 한국에서 손님이 와서 그곳에서 예배를 드리고자 해도 잠시 미적거려야 하고, 어쩔 수 없이 가게 되면 교인들 눈치가 보이지 않을 수 없었다. 한국 사람들은 특히 자리를 많이 차지하고 앉을 뿐만 아니라 현지인들이 차마 미안해서 좁히라는 말을 못하니 자리 상황은 더욱 심각해지고 만다.

그렇게 2년여를 보냈다. 담당 사역자가 수차례 금식기도를 하였으나 하나님께 응답을 얻지 못했다. 공단 지역이다 보니 건물 월세가 너무 비싸고, 교회를 위해서는 임대를 해 주지 않았을 뿐만 아니라, 교인의 상당수가 슬럼가 주민들이다 보니 교회 이전에 큰 진척이 없었다.

인도의 기독교인은 헌금에 인색하다. 외제차를 끌고 오는 사람도 헌금 시간에는 호주머니에서 동전 몇 개 꺼내서 내놓는 것이 전부일 때가 많다. 십일조에 대한 의무감도 결여되어 있다. 선교사가 개척한 교회는 더욱이 선교사를 의지해서 교회 자립에 힘을 기울이지 않는다.

담당 사역자의 교회 이전을 위한 갈급함이 있었던 2년여 동안 담당 사역자와 교인들에게 십일조와 헌금 훈련을 시켰다. 처음엔 '가난한 사람들에게 어떻게 헌금을 교육하나' 라는 부담감을 갖고 주저하였으나 계속된 확인과 담당 목회자 헌금 훈련 후에 점점 교인들의 헌금이 늘고, 교회가 월 임대료를 자체 지불하게 될 만큼 재정이 안정되어 가기 시작했다.

처음에는 70, 80퍼센트가 슬럼가 주민이었는데 점점 주변의 일반 사람들도 교인으로 등록하고, 카스트가 꽤 높은 사람들도 교회에 나오기 시작하여, 이제는 다른 일반 카스트들이 약 50퍼센트 정도를 차지하고 있다.

어쨌든 교인들의 자립 의지가 커지면서 교회 이전 문제가 비단 목회자와 담당 선교사의 욕구가 아닌 전 교인의 기도 주제가 되었고, 비싼 임대료일지언정 교회가 감당할 수 있다는 고백을 하기 시작하였다. 그러다가 갑자기 건물 주인으로부터 옮기라는 요구를 받고 열흘 만에 50여 평 넓이로 이사를 하게 되었다. 이제는 정말 예배 도중에 자리를 옮기지 않으면서 축도할 때까지 그대로 앉아 있을 수 있는 은혜를 입었다.

비록 잠은 천막에서 자고 일정한 수입이 없어 쓰레기를 뒤적여야 하는 일상을 보내는 이들이지만 그들이 헌금 시간에 지폐를 내기도 하고, 아이들 손에 동전 한두 개를 꼭 쥐어 주기도 한다. 헌금 봉투를 준비해서 내는 이들도 있다. 한국에선 참 흔한 일이지만 인도에서, 그것도 슬럼가와 공단 지역에서의 예배 시간에 내어 놓는 10루피 지폐(250원)와 1루피 동전(25원)은 성경 속 과부의 동전과 다를 바 없다.

자이온 포트 교회는 가정집 예배를 시작으로 창립된 교회이다. 작은 집을 하나 얻어서 예배를 드리다가 교인이 늘어나니 더 큰 교회 건물을 얻었는데, 창립 4년 만에 사역자의 개인적인 문제로 인해 지역 깡패들의 교회 난입과 경찰들의 조사가 이어지면서 건물주로부터 쫓겨나서 교인들이 흩어졌다.

우리 부부는 다시 처음으로 돌아와, 5년 전 이 지역을 꿈꾸며 40일간 기도했던 그 광장에 차를 세워 두고 차 속 예배를 드리기 시작했다. 그렇게 1년여를 차 안에서 드린 후에 다시 작은 공간을 얻어 예배를 드리기 시작했고, 어느 학교가 교실을 빌려 주어 또 그렇게 1년, 그러다 이전 공간을 얻어 들어와서 교회의 면모를 갖추기 시작하니 얼마나 감사하고 감사했던지.

전에 함께 예배 드렸던 슬럼가 주민들이 다시 나오기 시작했고, 새로 온 담당 사역자의 열정으로 교인들이 증가하여 예배 공간이 좁다는 행복한 투정까지 부리는 상황에 이르게 된 것이다.

이제 그 자이온 포트 교회가 창립 5주년을 맞는다. 창립 5주년을 준비하며 우리 부부는 그 교회의 독립을 계획하고 있다. '교회를 몇 개 세웠다'도 중요하지만, '몇 개의 교회를 독립(자립)시켰느냐'도 중요하다고 보기에 자립교회 1호가 되길 기도하고 있다.

아직은 교회 헌금만 갖고서 교회 임대료와 목회자 생활비까지 감당하기는 어렵다. 그러나 그 부족함 속에서 간절한 기도가 있을 것이고, 하나님의 은혜가 더하리라고 본다. 이제 떼어 내야 할 때라고 보여서 이 교회의 자립을 위해 구체적으로 기도하고 있다.

아쉽기도 하다. 불안하기도 하다. 힘들다고 주저앉지는 않을지 염려도 된다. '원망이나 하지 않을까? 말만 자립한다고 해 놓고 자꾸 손 벌리면 어떻게 냉정하게 돌려보내야 하나?', 이래저래 인간적인 생각이 들지 않는 것도 아니다. 그러나 교회의 진정한 성장을 위해, 교인들 신앙의 깊은 성숙을 위해 큰 공간을 얻었다고 좋아하며 행복해하는 그들의 손을 놓아 이제는 인도의 악한 세력의 파도에 하나님과 교인 각자의 돛을 달고 맞설 수 있도록 띄워 보내려 한다. 이제부터는 그들의 몫이고, 하나님 앞에서 제대로 된 홀로서기를 잘할 수 있기를 바랄 뿐이다.

> 파송교회도 없이 무작정 편도 티켓을 들고 온 가족을 이끌고 인도에 도착한 이희운 선교사는 전주시온성교회의 파송 후원 결정을 통보 받았을 때의 감사를 잊을 수 없다. 지금도 카스트 제도로 인하여 뒤틀어진 인도의 힌두교인들과 기독교인들을 예수님의 사랑으로 긍휼히 여기고 이해하기 위해 애쓰고 있다.

06

잘 먹고 잘 싸는 것이
선교의 첫걸음

―인도 선교사 황은영

"넘길 수 있는 거면 일단 무조건 삼켜. 알았지?"

선교지로 가져갈 짐을 챙기며 세 딸에게 비장한 다짐을 받아냈다. 다섯 식구의 정착 짐이라고 하기엔 좀 적은 세 개의 트렁크에 토스터기와 다리미를 챙겨 넣고 남편 따라 한 번도 가 보지 않은 인도 땅에 아이들 셋을 앞세워 도착했다. 2004년 7월이었다.

인도 현지 목사의 집에서 기거하던 얼마간, 우린 선택의 여지 없이 많은 것을 한꺼번에 경험하게 되었다. 우리 가족이 지난 6년간 큰 어려움 없이 지낼 수 있도록 준비시키신 은혜로운 기간이었다.

매일 세 끼를 정성스럽게 요리되어 나오는 인도 음식을 맛있게 많이 먹어 주는 것이 우리의 첫 번째 과제였다. 음식의 맛이야 목으로 넘길 만큼은 되었으니 딸들은 맛있다고 먹었지만, 문제는 양이었다. 네 공기 이상 되어 보이는 음식의 양을 소화해 내기가 여간 곤혹스러운 일이 아니었다. 아이들은 목사님 내외가 눈치챌까 봐, 얼굴에는 웃음을 한껏 지으며 한국말로 말했다.

"흐흐, 엄마! 더 이상은 못 먹겠어요. 흐흐, 토 나올 것 같아요, 흐흐."

"흐흐, 그치? 근데 그냥 다 먹어. 흐흐, 아님 조금이라도 더 먹어 봐. 흐흐, 엄마도 힘들어 흐흐."

대화 내용을 모르는 인도 목사님 내외는 우리가 맛있다고 하는 줄 알고 다시 음식을 쌓아 주고. 그렇게 매 끼니 신발 신고 다니는 부엌 바닥에 접시를 놓고 밥과 씨름을 했다.

그다음으로는 화장실이 또 하나의 산이었다. 화장지로 뒤처리하기에 적합하지 않은 화장실에서 아이들은 난감해했고, 우리 부부도 마찬가지이긴 했다. 각오하고 간 일이지만 그렇게 빨리 그 문제와 마주칠 거라는 생각을 못했던 것 같다. 아이들이 물어 왔다. '하긴 하겠는데, 바가지로 어떻게 하느냐'는 것이다.

참내! 난들 어떻게 알랴. 해서 "엄마도 모르겠으니 알아서 해"라는 대답밖에 할 수 없었는데, 아이들은 더 이상 묻지 않았다. 그리고 그 이후론 아무도 대변 뒤처리를 어떻게 하는지는 마치 공범들의 은밀한 비밀처럼 서로의 대화에 올리지 않았다.

외출 한번 하지 못한 채 그렇게 며칠이 흐르는 동안 그나마 맛있던 음식도 물리게 되어 정말 목에서 넘어가질 않았다. 꿀꺽 하는 액션만 취했지 밥은 입에 그대로 있는 상태에 이르니 우리를 위해 요리하는 부부를 보는 것이 괴롭기까지 했다. '내가 한턱을 내겠으니 중국집에 가서 외식 한번 하자'고 나름 머리를 써서 제안을 했지만 비싼 식당에 가서 밥 먹을 이유가 있느냐는 말로 저지당하고 다시 수북이 쌓인 접시를 받아들었다.

처음엔 별 생각 없었는데, 음식 접시 옆으로 구두 신은 발이 지나가자 바닥에 고개를 숙이고 접시에 얼굴을 거의 묻은 채 찻숟가락으로 밥을 떠먹으며 온 식구가 엎드려 있는 것이 흡사 개가 밥을 먹고 있는 모습과 같았다.

간간이 돌도 씹혔기에 그런 기분은 더 커졌고, 이렇게는 도저히 더 이상 먹을 수 없겠다는 생각이 드는 그 순간 왠지 손으로 밥을 먹으면 괜찮을 것 같았다. 비록 방법을 몰라 손가락 사이로 밥이 줄줄 새나가긴 했지만, 신기하게 먹는 것이 훨씬 수월해졌다.

아이들에게도 권했다. "손으로 먹어 봐. 밥이 훨씬 잘 먹힌다." 애들도 손으로 먹기 시작했다. 아무래도 뇌에서 '지금까지 먹는 음식들은 사람이 숟가락으로 먹어서는 안 될 그 어떤 것'이라고 명령을 내렸던 것 같다.

얼마 후 우린 방 두 칸짜리 집을 얻었다. 달랑 트렁크 세 개와 등에 멘 작은 가방이 전부인 우리에게 너무 넓어서 죄송할 정도로 궁궐 같은 집이었다. 없는 걸 따지는 것보다 있는 걸 계산하는 게 더 빨랐다. 트렁크에 담아 온 비상 물건들과 옷, 가게에서 사 온 미네랄 물병, 시멘트 바닥의 냉기를 겨우 가시게 하는 정도의 요와 이불, 급한 대로 쓰라며 누군가 빌려 준 가스레인지와 실린더, 그리고 몇 개의 접시가 전부였다. 그렇게 거의 1년을 살았다. '사람이 이렇게 살 수도 있는 거구나' 하는 생각이 들 만큼 불편함은 없었다. 오히려 모든 것이 단순해졌다. 특별히 할 일도 없었다. 그저 '하루 세 끼 무엇을 먹을까' 가 가장 중요한 일이었던 것 같다.

그러나 특별한 음식이 생각나지 않았고, 외출하고 싶지도 않았다. 가진 돈이 많지 않았지만, 지출할 일도 없었다. 그저 집 월세 내는 것과 전기요금 내는 것이 전부였다. 하루 종일 시간이 얼마나 많은지, 아침저녁으로 아주 길게 가정예배를 드려도 시간에 구애받을 일이 없으니 실컷 찬양하고, 성경 읽고, 시시콜콜한 것까지 들먹이며 기도하고, 하나님의 기도 응답도 지켜보며 그렇게 아주 여유롭게 인도 선교지 정착을 시작했다.

주변에 먹을 것이 있는데도 우리 가족은 한 달간 바나나와 식빵을 먹었다. 한국에서부터 챙겨 간 작은 토스터기에 하루에 세 차례씩 빵을 구워서 잼도 없이 바나나와 함께 먹은 것이다. 영어를 못해 쭈뼛거리느라 가게에 가지 못하는 언니들을 대신해서 일곱 살짜리 막내가 매일 식빵을 사오는 역할을 감당했다.

그땐 왜 그렇게 그 식빵과 바나나가 맛있었던지……물리지도 않았다. 눈물로 빵을 먹은 것이 아니고 매번 맛있었고, 매번 즐거웠다. 그렇게 딱 한 달이 지나고 우린 처음으로 식당에 갔는데 그때 먹었던 음식 맛은 잊을 수가 없다. 그 파와 마늘과 밥 냄새라니……빵과 바나나만 먹던 사람 입에선 감탄이 절로 나왔고, 허겁지겁 먹느라 정신이 없었다.

학교 입학 시기를 놓쳐 아이들은 1년간 집에서 놀았다. 읽을 책이 없어서 무조건 읽을거리를 찾던 때에 대부분 한자로, 그리고 세로로 쓰여진 옛날 〈신동아〉 잡지를 어디서 가져와서는 그것도 읽어 보려 끙끙대기도 하고, 텔레비전이나 휴대폰, 라디오, 책 등이 없으니 우린 서로가 놀이 상대였다.

급기야 아이들은 콘서트나 연극 무대를 마련하여 공연을 하고, 성경을 암송하고, 때론 어렵게 구한 만화책의 대사와 그림 장면을 몽땅 외워 역할극을 하기도 하면서 그렇게 1년을 온 가족이 서로에 대한 신뢰와 애정을 돈독히 하는 가운데 인도를 함께 배워 나갔다.

아이들의 학교 생활과 인도 생활 적응은 수월했다. 영어를 못하여 공부에 어려움은 있었지만, 손으로 음식 먹는 일, 향 짙은 인도 음식 맛, 달랑 바가지 하나밖에 없는 학교 화장실에서의 뒤처리 등이 큰 문제가 되지 않았기 때문이다. '먹는 것', '자는 것', '싸는 것'에 불편함이 없으니 어디를 데려가도 애들에게 미안해해야 할 이유가 없었다.

아이들도 왜 하필 인도 선교사로 와서 이렇게 우리를 힘들게 하느냐는 볼멘소리를 하지 않았다. 물론 난 수시로 아이들에게 "선교사 자녀로 태어나 인도까지 비행기 타고 날아와서 사니 얼마나 좋으냐. 참 복도 많다"고 주지를 시켰고, 그럴 때마다 아이들은 어느 정도 수긍하며 웃었다.

벌써 만 6년이 되어 간다. 여전히 우린 화장지를 쓰지 않은 채 물로 뒤처리를 한다. 아이들의 학교 입학 후 예배 시간은 좀 줄었지만, 5시 30분 새벽과 저녁에 드리는 하루 두 번의 가정예배는 지금까지 매일 이어지고 있는데, 이 예배는 선교사의 영성과 가정 교육에 실제적인 도움이 되고 있다. 매일 외우는 성경 암송도 영어 공부에 도움이 되었을 거라고 난 생각한다. 터부시하지 않고 부딪히고 경험하며, 그러나 서두르지 않고 그렇게 단순하게, 즐겁게, 여유롭게 선교지에서의 하나님을 몸으로 찾았고, 그 안에서 우린 풍성한 하나님을 참 자주 만났다. 먹고, 싸는 것이 중요했을 만큼 '없이 시작' 하고, '바닥부터 시작' 하니 모든 경험이 힘이 되고 능력이 되어 범사에 감사할 따름이었다. 할렐루야!

> 아이들이 생소한 인도 음식을 잘 먹고 잘 소화시킨 덕분에 기쁘게 인도 선교를 시작할 수 있었다는 황은영 선교사는 인도인을 향한 사랑과 열정에선 둘째가라면 서러운 이희운 선교사의 아내이면서 예쁜 딸 청아, 귀여운 딸 청로, 재미 있는 딸 드보라를 둔 세 아이의 엄마이다.

07
내 아기 에즈라……어디 있니?
(어린이집 이야기)

−인도 선교사 이영미

"엄마, 나 집에 다녀올게요!"

에즈라는 내 볼에 뽀뽀를 해 주고는 밝은 얼굴로 아빠를 따라 나섰다. 그런데 그게 에즈라를 본 마지막 날이 될 줄이야.

에즈라는 젊은 엄마와 늙은 아버지에게서 태어난 인도 아이였다. 에즈라의 엄마는 가난한 생활을 참지 못해 남편과 자식을 버리고 다른 남자에게 가 버렸고, 늙은 아버지는 하루 벌어 에즈라와 에즈라의 동생을 겨우 먹이며 살고 있었다. 한때는 주님이 너무 좋아 본처와 자식들을 버리고 이곳저곳으로 다니며 주님을 전하는 데 열성이었다는 에즈라의 아버지였지만 내가 에즈라를 만났을 때, 그는 이미 삶에 찌들 때로 찌든 연약한 노인에 불과했다. 그런 노인에게서 어떻게 저렇게 예쁘고 아름다운 두 아기 천사가 나왔을까?

그 둘 중에 우리는 큰아이이자 자폐증을 앓고 있는 에즈라를 받아들였다. 우리에게 자폐증 아이를 받아들이는 것이 결코 쉬운 결정은 아니었지만, 어둠 너머로 반짝이는 아이의 눈빛을 지울 수 없어 힘든 결정을 내리고, 감사함으로 에즈라를 우리 어린이집의 한 식구로 받아들였다.

처음 에즈라는 어린이집 아이들과 함께 어울리지 못하고 방구석에 쭈그리고 앉아 있었다. 너무도 안타깝고 가슴 아팠다. 하루 먹고 살기도 힘든 늙은 아버지는 그나마 생기는 일자리 때문에 아이들을 데리고 갈 수 없어서 일이 있는 날에는 작은 꼬맹이 둘만 남겨 놓고 방문을 잠그고 나갔다가 저녁에 들어오는 통에 아이들이 타인과 어울려 생활하는 것에 익숙하지 못한 탓이었다.

인도는 밥을 손으로 먹는다. 우리 에즈라도 손으로 밥을 먹어야 할 나이인데도 이제껏 아버지가 먹여 주었기에 손으로 밥을 먹을 줄 몰랐다. 게다가 숟가락 하나도 들어 올릴 수 없을 만큼 연약한 손과 손가락이어서 밥을 먹는 일도 너무나 힘겨울 수밖에 없었다. 그러나 아이의 자립을 위해 스스로 먹을 수 있을 때까지 절대로 도와주지 말게 했다. 나의 강력한 명령에도 불구하고 형뻘 되는 아이들은 내 눈을 피해 에즈라에게 밥을 먹여 주었다.

언제까지 이 아이가 남의 손을 빌려 살아갈 수 있을까?

저녁 시간은 우리 어린이집 아이들이 공부하는 시간이다. 이 시간이면 나는 에즈라보다 더 작은 두 살배기 내 아들 네딴이와 에즈라를 데리고 동네를 돌아다니며 나무에 길게 젓가락 늘어지듯 늘어진 열매들을 따기 시작한다.

깔깔거리며 재미있어하는 두 아이들과 함께 매일 그렇게 한 아름 따 가지고 와서 둘이 함께 열매 꺾기 연습을 시작했다. 처음에는 하나도 꺾을 수 없었던 아이가 1년이 지나고, 2년이 지나면서 손가락에 힘이 생기게 되어 밥뿐 아니라 연필을 쥐며 글을 쓰게 되었다.

혼자만 알던 아이가 이제는 밖으로 나와 함께 뛰어놀며, 우리에게 재롱둥이로 사랑을 듬뿍 받고 있을 즈음, 늙은 아버지가 우리 품에서 에즈라를 빼앗아 가고 말았다.

'잠깐 집에 데리고 가서 함께 있고 싶다!' 는 간청이 우리를 감동케 했다. '오죽했으면 늙은 아버지가 자식을, 그것도 며칠만 데리고 있고 싶다는데' 하는 생각에 허락했는데, 그것이 에즈라와 마지막이 되었다.

이미 다른 곳에다 팔기로 약속하고 돈까지 받은 아버지는 그 이후 아이를 돌려달라는 우리의 간청에도 아랑곳하지 않고 오히려 으르렁거리며 우리를 위협했다. 아버지의 권한으로 자식을 팔 수 있다고.

그것이 내 사랑하는 아기 에즈라와의 마지막 만남이었다. 2년이란 시간이 짧으면 짧을 수 있지만, 우리에게는 결코 짧지 않은 소중한 시간이었다. 결코 내 사랑하는 아기 에즈라를 잊을 수 없을 테니까.

아마도 내 삶이 다하는 날까지 너 에즈라는 나와 함께 있을 거다.

어디에 있든지, 건강하게 자라 주렴.

어디에 있든지, 주님 손 의지하며 살아가렴.

우리 에즈라가 사랑받으면서 자랄 수 있기를 간절히 기도해 본다. 지금쯤 인도 어느 하늘 아래에서 살고 있을 에즈라. 매 맞지 않고, 제때 먹을 것 먹고, 그렇게 무럭무럭 잘 자라 주었으면 좋겠다. 이제 어느덧 여덟 살이 되었을 내 사랑하는 에즈라를 위해, 우리 주님이 늘 도움의 손길로 돌봐 주시기를 간절히 소망하고 기도해 본다.

08

영미야, 네게 겨자씨만한 믿음이 있니?

-인도 선교사 이영미

1997년 1월 영락여자신학교 졸업식을 앞두고 나와 네 명의 친구들은 남인도 벵갈루르로 단기 선교를 오게 되었다. 아프리카를 사모하며 아프리카로 달려갈 준비가 다 되었다고 생각했던 내가 비교종교학 시간에 배운 다종교 종족의 나라 인도를 잠시 경험하기 위해 그렇게 이곳으로 날아온 지 이제 13년이 넘어 14년 차가 되었다.

6개월의 단기 선교 기간에 주님께서 계속해서 인도 영혼들에 대한 아픈 마음을 주시는 것이 참기(?) 힘들어 6개월을 또다시 자비량으로 주저앉게 되었다. 이런 마음을 정말 주님께서 주시는지, 나는 확인해 보고 싶었다.

그래, 그랬다. 아프리카에서 만났던 주님……그 주님이 동일하게 남인도 벵갈루르에도 계시고, 이 땅 영혼들에게도 믿음의 가족이 필요함을 알게 해 주셨다.

그렇게 1년을 채우고 돌아가 이곳저곳 남인도 벵갈루르로 갈 수 있는 길들을 찾기 시작했다. 하지만 아무도 내가 남인도 벵갈루르에 가겠다는 것에 대해 찬성해 주는 이가 없었다. 엎친 데 덮친 격으로 멀쩡하시던 엄마가 또다시 넘어져서 팔이 부러져 병원 신세를 져야 했다(내가 단기 선교 가기 2주 전에 갑자기 계단에서 넘어져 무릎뼈를 다쳐 대소변을 받아내는 상황에서 나는 비행기에 몸을 실어야 했다).

어디를 보아도 길은 보이지 않았다. 후원은 고사하고 격려조차 없었다. 그냥 주저앉고 싶었다. 그래, 그랬다. 나는 어쩌면 내 나라, 내 부모와 사랑하는 친구들이 있는 이곳에 주저앉고 싶었는지 모른다.

그렇게 막연하게 울며 포기할 즈음, 꿈을 꾸었다.

꿈속에서 사지가 쇠사슬에 묶여 있는 나, 안간힘을 다해 풀어 보려 했지만 풀 수 없는 나를 보며 안타까움과 절망 속에서 울부짖는 나를 보았다.

그리고 그 자리에서 일어나 나는 기도하며 울기 시작했다. 그때 주님이 내게 물어보셨다. "영미야, 네게 겨자씨만한 믿음이 있니?"라고.

아브라함이 본토, 아비와 친척 집을 떠날 때 아무것도 알지 못한 채 믿음으로 나아갔던 것처럼, 손에 쟁기를 들고 뒤돌아보는 자는 하나님 나라에 합당하지 못하다는 것을 나는 알게 되었다. 그리고 내 사지의 쇠사슬들을 끊기 시작했다.

믿음으로 나아가리라.

결단 후 내가 자라 온 새성남교회로부터 월 30만 원 정기적인 후원을 허락받아 그렇게 믿음으로 다시 인도 땅을 밟게 되었다.

가방 두 개의 인생.

걷고, 버스 타고, 오토바이 타며 그렇게 인도를 배웠고, 함께 먹고, 아이들과 비비며 함께 자고 웃고 떠들면서 나는 그렇게 인도의 영혼들을 사랑하게 되었다.

주님 없이는 살 수 없는 나 자신을 보게 하셨고, 오직 주님만 신뢰하는 법을 알게 하셨다. 어떤 상황이 와도 결코 주님보다 앞서 가지 않는 법을 나는 이곳에서의 삶을 통해 배워 나가게 되었다.

뭄바이로 훈련받기 위해 집을 정리하면서 그동안 보물처럼 간직했던 당면을 삶아 사랑하는 사람들과 나누어 먹고, 그 다음 날 새벽 주일학교를 마치고 돌아와 허기진 배를 채우기 위해 남은 잡채와 누군가가 줘서 남겨 두었던 짜파게티 하나를 삶아 먹다 급체를 하면서 첫 죽음의 고비를 맛보았다. 아무도 없는 낯선 땅, 나는 그곳에서 토사곽란으로 죽음 너머의 순간들을 맛보아야 했다.

그렇게 일주일을 집 안에서 죽은 듯이 헤매고 있을 때 수없이 가슴으로 이렇게 고백했다. "예수의 이름으로 나는 일어나리라. 원수가 날 향해 와도 쓰러지지 않으리. 주가 주신 능력으로 나는 일어나리라"라고. 그 뒤로 10년 넘게 자장면과 잡채를 먹을 수가 없었다.

나는 지금 이 땅을 사랑한다고 당당히 고백하고 싶다. 그리고 주님으로부터 너무 많은 사랑을 받고 산다고 고백하고 싶다.

사랑하는 남편 도미닉 목사와 네딴이, 그리고 고아 및 결손 가정 아이들을 돌보는 가루나(긍휼) 어린이집과 쉐마 유치원 및 초등학교, 레디언트 라이프 교회와 두 명의 현지 선교사를 파송하며 우리는 나름 최선을 다해 살아가고 있다.

"영미야, 네게 겨자씨만한 믿음이 있니?"라고 물으셨던 주님 앞에 우리 부부와 우리 아이들, 그리고 사역자들과 선교 현장의 모든 식구들이 주님 부르시는 그날까지 날마다 주님을 기쁘게 하는 청지기들로, 제자들로 이 땅 남인도에서 거듭 태어나기를 바라는 마음 간절하다.

> 남인도 벵갈루르에서 사역한 지 14년이 되는 이영미 선교사는 고아 및 결손 가정의 아이들을 돌보는 가루나(긍휼) 어린이집을 기점으로 쉐마 유치원 및 초등학교와 쉐마 과외 센터 등을 중심으로 사역하고 있다. 가족으로는 인도에서 만난 현지인 남편 도미닉 목사와 개구쟁이 아들 네딴이가 있다.

09

예수 내 구주

-인도 선교사 이창기

1997년 인도 28개 주 중 '죽음의 땅'이라 불리는 비하르 주의 파트나 시를 처음으로 밟았다. 말이 도시이지 우리나라 시골보다 못한 곳이라 한마디로 처참했다. 중앙선이 없는 비포장도로 위로 수많은 사람들과 동물들, 그리고 인력거들로 도시 전체가 북적북적! 참으로 희한한 세상이었다! 지구상에 또 다른 세계가 있는 듯했다. 어디가 어딘지, 사람들과 동물들이 어디로부터 와서 어디로 어떻게 지나가고 있는 건지? 그저 뒤죽박죽이었던 그 땅에 기도와 눈물로 씨를 심고 되돌아왔다.

그후 2010년 오늘, 나는 다시 인도 땅을 밟고 있다.

지난 인도 치과 대학에서 보낸 3년간의 생활은 정말 힘든 여정이었다. 다른 문화와 언어, 그리고 낯선 사람과 낯선 땅에서 살아가는 삶이란 날 버려야 하는 삶의 연속들이었다.

길을 갈 때마다 비아냥거리는 '치니(중국 사람을 칭하는 속어)', '네팔리(네팔 사람을 칭하는 속어)' 등을 하루에도 몇 번씩 들으며 등교하고 하교한다. 그럴 때마다 기분이 상하는데, 참 내가 이 정도밖에 안 되는 사람인가? 선교사로서 자질이 있는 건가? 스스로 묻게 된다. 우리 주님 되신 예수님은 이보다 억만 배 더 심한 모욕들을 받으면서까지 참고 골고다 언덕을 오르셨는데……나는 무엇인가? 그저 고개만 숙여진다.

게다가 그동안 배웠던 영어와는 전혀 다른 영어이다. 여기에서는 인도 영어라고 부르는데, 1학년 때는 이 인도 영어 때문에 정말 힘들었다. 그나마 지금은 다소 수월해졌지만, 그래도 여전히 힘들다.

모기와 해충들도 힘든 생활에 한몫을 한다. 특히 외국인들은 모기 때문에 걸리는 댕기열로 고생을 많이 한다. 대학 생활 중에 겪은 재미있는 일화이다. 하루는 실험실에서 실험을 하고 있는데, 그날도 다른 날과 마찬가지로 모기들이 내가 외국인인지 알고서는 날아 들어와 물기 시작하는데 한두 마리가 아니었다. 그래서 실험 도중임에도 모기를 손바닥으로 잡았다. 그런데 갑자기 실험실 안이 웃음바다가 되더니, 한 학생이 나한테 심각하게 물어보았다.

"Are you a killer?(너 살인자냐?)"

순식간에 나는 살인자가 되었다. 그런데 왜 다들 웃는 걸까? 인도 사람들에게 윤회 사상이란 뼛속 깊이 녹아들어간 사상이며 종교에서 절대로 그 어떤 생명체도 죽이지 아니한다. 그 한낱 모기가 자기 조상이 될 수 있고, 친구가 될 수 있고, 또 이다음엔 본인이 될 수도 있기 때문이다. 쥐도 안 죽이고 바퀴벌레도 안 죽인다. 발견하면 그저 다른 곳으로, 또는 집 밖으로, 창문 밖으로 인도할 뿐……. 이런 광경들을 수도 없이 일상생활에서 보고 경험하고 있다.

시골 지역에는 뱀들이 아주 많은데, 특히 밤에 뱀들이 먹을 것을 구하러 민가에 찾아오곤 한다. 이런 뱀들을 죽이기는커녕 발견되는 즉시 따뜻한 우유를 준비해서 그 뱀에게 대접하고, 집 밖으로 나가기를 기다린다. 참참참……말이 안 나온다! 그래서 인도 도시 주변도 항상 방종하는 생명체들로 바글바글하다.

그리고 그들의 배설물 천지이다. 각종 배설물에 대해서는 다음에 기회가 되면 자세하게 종류별로 이야기하고 싶을 지경이다. 결국 인도의 거리와 주변 환경들은 더러울 수밖에 없다. 해충들과 동물들까지도 보살펴야 하니까.

인도 복음화의 최대 장벽은 카스트(신분, 계급) 제도이다. 인도 기독교인은 거의 하류 카스트에 속해 있다. 그래서 인도 중·상류층 사람들은 기독교를 하류 종교로 생각한다. 나는 앞으로 기독교인이 전무한 인도 중·상류층에게 선교를 하고 싶다.

우리 반 정원이 100명, 그중에서 내가 제일 가난한 학생이다. 그만큼 인도의 부와 지식(학문, 특히 힌두 신학과 의학 계열 등등)과 권력이 상류층에 집중되어 있다는 증거이다. 이 카스트 집단에 영적인 충격을 주고 싶어서 의료 분야에 뛰어들었다. 그러나 실력이 문제이다. 이어지는 학업에 대한 긴장감과 부담감 때문에 시험 때만 되면 찾아오는 위통과 설사가 이제는 내 몸의 일부가 된 듯하다. 반드시 해내야 한다는 당위성이 항상 내 마음에 있기에 더 거룩한 부담감으로 다가왔다.

'이러다 인도 땅에서 죽는 것은 아닌가?' 하는 생각이 들기도 하지만 그럼에도 불구하고 나는 지금 인도 땅에 죽지 않고 살아 있다. 이 모두 하나님의 은혜이다. 외로움이 고독으로 변하여 주님과의 대화가 더 친밀해졌고, 더 말씀을 깊이 보게 되었다.

무엇보다도 한치 앞도 볼 수 없는 내 인생임을 깨닫게 되었고, 내 계획대로가 아닌 주님이 인도하시는 대로 순종하며 따라가고 싶은 마음으로 변화되었다. 1학년 때는 언제 졸업해서 사역 현장에 뛰어들 수 있을까 하는 생각뿐이었는데, 이제는 그 고지가 보이니까 마냥 행복하다.

나는 지금 주님의 인도하심만을 바라보며 4월 5일부터 치를 기말고사와 5월 4일부터 있을 졸업학년 진급고사를 준비하고 있다. 내년 5월에 볼 졸업고사를 패스하면 의사 자격증을 받고서 곧장 인턴십 수련의로 병원에서 1년간 의무적으로 일하게 된다.

나는 최고 카스트인 '브라만'들이 회개하며 예수님을 영접하여 최저 카스트인 '달릿'들의 발을 씻겨 줄 때 이 인도 땅에 진정한 푸르고 푸른 예수님의 계절이 올 것이라 믿는다. 지금까지 인도해 주신 하나님께 감사 드리며, 또 앞으로 어떻게 인도해 주실지 기대가 된다.

> 인도 영혼을 사랑하시고 그들을 위해 행하시는 성령님의 비전 안에서 믿음으로 하나님을 찬양하는 인도의 의대, 치대, 그리고 간호대의 학생들을 바라보며, 이 사명을 위해 지금도 달려가게 하시는 주님 때문에 날마다 기쁨과 감격으로 살고 있는 이창기 선교사.

10
선교생활에서 부딪히는 기쁜 일과 슬픈 일들

-네팔 선교사 김명호

1989년 2월 의과대학 교수 생활을 마치고 바로 한국기독교의료선교협회 총무로 시무하면서 의료 선교사 훈련교육원이 부설되자 초대 원장으로 봉사하였다. 그즈음 사단법인 장미회가 네팔 의료선교의 하나로 네팔-한국친선병원을 설치하게 되었고, 원장 구하기가 힘들자 내가 지원하여, 방파선교회와 은광교회의 후원을 받아 네팔 의료선교사로 파송되었다.

5년간 병원 운영을 통하여 히말라야 3,000미터(해발) 고지에서 매일 100여 명의 외래환자와 15명의 입원환자를 치료하는 동안 고생은 이만저만이 아니었다. 선교사는 현지의 생활, 문화, 언어에 속히 적응해야 한다. 매일 보는 환자는 한국에서보다 약효가

빨라서 치료가 잘되고, 사람들이 순박해서 의사나 간호사의 말을 잘 들어 기쁜 시간이 많았다.

그러나 병원 부지 문제로 인해 지역 지도자와 부지 기증자 간에 조정이 잘 안 되어 무척 속이 상했다. 나는 70세의 노의로 의식주의 삼중고에 시달리면서도 환자를 진료해 주기 위해서 자원하여 네팔의 산중에 와 있는데, 네팔 지도자들과 유지들은 병원 부지를 두고 가난한 산촌민들과 싸우는 모습을 보니 더 속상했던 것이다.

5년간의 사역을 마치고 후임으로 믿음이 좋은 원장을 모시자고 제의하여 운영위의 결의를 얻어 연세의대 제자인 강원희 박사를 초청했다. 강원희 선교사가 와서 수고를 많이 하였으나 병원을 사유화한다는 현지인 동반자와 문제가 생겨 병원을 당분간 영업 정지한 후 지역사회 운영안을 이야기했다. 참으로 안타까웠다. 이러한 사건은 우리만이 아니라 다른 선교지에서도 쉽게 볼 수 있다.

네팔 사역 기간 중 가장 기뻤던 것은 네팔에서 사역하는 동안 보건대학을 신설하여 제1회 졸업식을 거행한 일이다. 친선병원 5년 근무 후 우리 장미회 프로젝트를 책임지는 책임자로 1년 봉사하다가 우리나라 코이카(KOICA, 국제협력단에서 40만 불 지원)와 네팔 정부가 공동 관계(설치)하는 보건과학대학을 치트완 지역에 설치해서 장미회와 성결교 호산나재단이 공동 관리를 했다. 한국대사관의 적극적인 협력으로 좋은 학교를 만들어 좋은 학생을 뽑아 지금은 3년 과정이지만 그때는(1997-2001) 2년만 과정을 잘 교육시켜 의사들이 기피하는 산지의 보건소 소장 대리, 또는 보건소 소장으로 배치해서 큰 성과를 거두었다.

2000년 제1회 졸업식 때는 유관기관 손님도 많이 오고 한국에서 은광교회 이동준 목사님과 장로님들도 참석했다. 네팔 현지에서 물러나 국내에서 네팔 의료선교를 협력하고 있는 지금까지도 하나님의 도우심으로 씨 뿌려 열매 맺고 있으니 참 감사하다.

> 연세대학교 의과대학에서 학생을 가르치던 김명호 교수는 은퇴 후 네팔 선교사로 지원하였으며, 10년간의 네팔 사역을 마치고, 지금은 방파선교회 고문 선교사로서 국내에 있는 외국인 근로자들을 위한 의료선교에 힘쓰고 있다.

11

빨간 드레스를 입던 날

―스리랑카 선교사 김상현

2009년도 9월 말, 여기 스리랑카로 떠나오기 전, 나는 스리랑카에서 입을 여름옷을 찾으려고 분당 아울렛에 들렀다. 그리고 뜻밖에 빨간색의 화려한 원피스를 찾아내었다. 그것을 살까 말까 하는 망설임은 선교 헌신의 결정만큼이나 어려웠다. 왜냐하면, 지난 58년 동안 내가 입었던 옷은 대체로 검정 톤의 어두운 색상뿐이었기 때문이다. 어쩌면 내 인생의 모습과도 같은 색상이라 할 수 있겠다.

한 번도 활짝 펴 보지 못한 듯한 인생, 화려하지 않은 삶의 흔적들……그런데 하나님께서는 인생 카운트다운에 들어간 말년의 내게 이 화려한 드레스를 입혀 주셨다. 그것도 이국 정취가 물씬 풍기는 인도양 붉은 노을이 아름답게 수놓인 시간에 사랑하는 선교사님들 앞에 화려하게 변신시켜 세워 주셨다. 바로 그날이 엊그제 3월 1일이었다.

2002년도 1월부터 내가 사역하던 목자교회의 김동환 목사님께서 5년 동안 사역을 함께하면 개척을 하든, 선교사로 가든 후원을 하시겠다는 제의를 해 주셨다. 그 시점이 2004년이었다. 그래서 그해 7월 9일 기도하던 중에 하나님께 내 미래의 사역에 대한 비전 주시기를 간구했다.

이에 대한 응답으로, 하나님께서는 나의 미래 사역이 '선교사 기도 쉼터'라고 말씀해 주셨다. 예전에 1-2년 단기 선교사로 사역하면서, 선교사님들이 사역을 하시다가 재충전을 하려 할 때 머물 장소나 안식관이 있었으면 좋겠다고 잠깐 생각했는데, 하나님께서는 그때의 기억을 기도 가운데 떠올리게 하셨다. 그리고 이튿날 어느 권사님께서 내게 우연히 꿈 이야기를 해 주셨다. 그것은 '내가 혼자 큰 집에 있는 꿈'이었다.

그 다음 날, 예전부터 알고 있던 중국 선교사님 한 분을 만나 식사를 했다. 그분은 예전부터 내가 선교에 대한 비전이 있는 것을 알고 있었기에, 식사를 마친 후 내가 중국에 와서 사역했으면 하셨다. 그때 나는 확신 있게 대답했다. 이제는 하나님께서 내게 '선교사'로서가 아닌 '선교사를 위한 기도 쉼터' 사역의 비전을 주셨다고.

그러자 선교사님은 오히려 잘되었다며, 본인이 선교사역을 마치고 귀국하면 선교사들을 위한 안식관을 세우고 싶다고 제안하셨다. 그래서 제주도를 소개해 주셨고, 그해 여름 그곳으로 휴가를 갔다. 그러나 왠지 마음이 동하지 않아서 그해 여름, 경치 좋은 다른 곳에 그런 사역을 할 만한 곳이 있는지 찾아보았다. 그러나 하나님께서는 '때가 아니니 잠잠히 기다리라'고 말씀하셨다. '만약 섣불리 서두르면 오히려 그것이 너로 근심케 한다'는 말씀에 그 후 5년이란 세월을 오직 목회 사역에만 매진하였다.

2008년부터 '이제 나이가 60이 가까워지는데……' 하는 생각이 들기 시작했다. 하나님께서는 작년 6월 이후 나의 마음을 결정하기 위해서 기도원을 찾게 하셨다. 그리고 이틀 동안 기도하는 가운데 감나무에 달린 감을 자꾸만 떠오르게 하셨다. 그때 깨달음이 왔다, 시기가 중요하다는. '감은 조금 일찍 따도 무르게 해서 먹을 수 있는데 홍시가 되도록 놔뒀다가 떨어지면 먹을 수 없다'는 생각이 들었다. 그래서 '때를 봐서 사역을 그만두리라'는 결정을 하고 내려왔다.

그리고 하루 시간을 내서 '선교사 쉼터'로 사역할 만한 곳을 찾았다. 나름 좋은 장소라고 생각되는 곳을 찾았고, 목사님께 보여드렸다. 그러나 목사님은 너무 외딴 곳이라 건축하기에 어려운 점을 들어서 기도하며 생각해 보라고 하셨다. 일주일 후 다시 찾았지만 그 땅은 3일 만에 다른 사람에게 팔렸다.

'아마도 하나님께서 정해 두신 곳이 있을 거야……' 하는 마음으로 위안을 삼고 있던 중 7월 말경 입국한 한 스리랑카 선교사 사모님께서 전화를 하셨다. 나는 사모님께 "이제 제가 선교사 기도 쉼터 사역을 위해서 교회 사임을 결정했습니다. 그러나 아직은 말씀 드릴 시기가 아니라서 때를 보고 있습니다"라고 말씀 드렸다. 그런데 사모님께서 심각하게 생각하지 않으시고 "스리랑카로 오세요"라고 하셨다. 나도 웃으면서 "비자가 해결돼요?"라고 물었고, 뜻밖의 소식을 알게 되었다. '실버 비자'라는 제도가 2008년도 2월에 생겼다는 것이었다.

나는 사모님께 "비자 되면 가지요"라고 말하고 "기도해 보지요"라고 하며 전화를 끊었다. 그런데 기도 가운데 하나님께서는 확신할 수 있는 응답을 주셨다. 하나님께서는 2001년도에 내게 스리랑카 단기 선교사역을 하게 하신 이유가 지금을 준비하기 위함이었다고 말씀해 주셨다.

또한 지금까지 때를 미루신 것은 나의 두 아들을 다 결혼시키시고, 나를 목사까지 되게 하시기 위함이었다고 말씀해 주셨다. 미리 그곳이라 말하면 사역에 지장을 받기 때문에 이제야 말씀하신다며, '비자 문제 전혀 걱정 말라'고 하셨다.

나는 스리랑카에서 사역을 하기로 결정을 내리고, 사역하던 교회의 목사님께 말씀 드릴 때를 정하고 기다렸다. 후반기 계획을 보고할 때, 나는 자연스럽게 "올해까지만 사역을 하겠습니다"라고 말씀 드렸다. 목사님은 나의 뜻을 존중하지만, 사역 현장에 한번 다녀오고 나서 최종 결정하자고 하셨다. 그리고 9월 말경 일주일 휴가를 내 주셨다.

그때 비자에 필요한 서류를 챙길 수 있는 대로 가지고 갔다. 변호사를 만나 서류를 건낸 지 3일 만에 비자 허가가 이루어져, 통장을 개설하여 비자 조건에 맞는 돈만 송금하면 되도록 해 주셨다. 기적과 같은 일이 아닐 수 없었다. 한국에 돌아와서 목사님께 말씀 드렸고, 그제야 목사님은 12월에 사역을 마치는 것에 대해 동의하셨다. 대신 11월 말에 교회 행사 일정이 모두 마칠 때까지 떠난다는 말을 하지 않아 주기를 당부하셨다.

12월 첫 주에 나의 선교 파송을 교회 내에 공식적으로 선포했다. 12월 27일 사역을 마치고 2010년 1월 10일 파송예배를 드렸으며, 1월 13일 스리랑카에 입국하여 1월 25일 집을 구하고 모든 준비를 하나님의 은혜 가운데 마쳤다. 3월 1일, 이곳 선교 센터에 스리랑카 선교사님 30여 분과 한인교회 두 분의 목사님을 하나님께서 보내 주셔서 많은 축복 가운데 '선교사 쉼터' 개관 예배를 드리고 좋은 교제 시간을 나누었다.

현재 '선교사 쉼터' 사역 계획은 스리랑카 콜롬보에서 멀리 떨어진 곳에서 오시는 선교사님들과 인근 나라에서 비자를 위해 입국하시는 선교사님들에게 한 주간 정도 머물 수 있는 숙식 제공을 하는 것을 주된 사명으로 삼으려고 한다. 하나님께서는 이 모든 사역을 무료로 섬기기를 원하셨다. 또한 선교사님들이 육체적인 쉼을 가지면서 동시에 영적인 충전을 하도록 그들과 함께 말씀과 기도를 매일 나누길 원하셨다.

선교사 쉼터 개관 예배 때에, 나는 뜻하지 않게 감추어 두었던 화려한 빨간색 드레스를 입었다. 하나님께서는 나의 마음에 조금의 부담 없이, 또한 쑥스러움 없이 그 빨간색 드레스를 입도록 인도하셨다. 아마도 밝고 활기차고 열정적인 빨간색같이, 나의 사역이 영적으로 육적으로 지친 선교사님들께 다시 선교 현장으로 나아갈 열정과 힘을 되찾게 할 것이라는 의미에서, 하나님께서 나에게 그 드레스를 입혀 주셨으리라 생각한다.

> 스스로를 선교 초년생이라고 부르는 김상현 선교사는 지난 3월 스리랑카에 선교사를 위한 기도 쉼터를 열고 스리랑카 현지인들과 선교사들을 섬기고 있다. 지나가는 모든 사람에게 미소를 보낼 때 그들이 함께 미소 짓고 행복해하는 것을 보면서 미소가 곧 선교라고 생각하는 김 선교사는 날씨와 모기와의 전쟁에도 늘 행복하고 즐겁기만 하다.

3부

동남아시아 및 동북아시아

인도네시아■필리핀■캄보디아■태국

12

좋은 만남을 통해 일하시는 하나님!

— 인도네시아 선교사 이근수

선교에 있어서 만남보다 소중한 것이 있을까?

우리가 인도네시아 바탐으로 선교지를 정하고 왔을 때 당시 이 곳에서는 두루선교회라는 이름으로 팀 선교가 진행되고 있었다. 손중철 선교사님에 의해 설립된 새싹재단을 통해 바탐에서는 김부열, 김동찬 시니어 선교사님께서 이미 선교를 해 오고 계셨다. 이분들과의 만남이 우리에게는 참으로 귀한 만남이었다. 이 두 분 선교사님은 우리가 도착하자마자 우리가 잘 정착할 수 있도록 현지 목회자를 소개해 주시고, 또 선교 사역지도 공유할 수 있도록 해 주셨다.

처음 시작된 사역은 깜풍 지역(빈촌 지역)의 주일학교 사역이었다. 한국 청년들이 단기 선교를 와서 지역 봉사를 하고 주일학교 예배를 드린 것이 시초가 되어 매주 토요일 오후 이곳에 아이들을 모아 주일학교를 시작한 것이다. 한 1년 정도 지내면서 이곳 주민들의 요청에 의해 허술하지만 지역 아이들을 위한 유치원도 열었고, 한 3년 동안 유치원과 주일학교를 했다.

그러나 이곳이 철거가 되면서 주민들이 다른 지역으로 강제로 이주하게 되었고, 우리는 철거 주민들이 이주하는 풍구루 지역에 우리의 파송 교회였던 시온성교회와 방파선교회의 도움으로 유치원과 교회를 지을 조그만 부지를 구입해서 건축을 시작했다.

그러나 공사 시작을 위해 건축 자재를 쌓아 둘 창고를 지으려는데 그 지역 주민들의 강한 반대와 방화로 공사를 시작할 수가 없게 되었다. 참으로 암담했다. 너무 실망해서 인도네시아 사람들이 미워지기까지 했다.

포기하지 않고 계속 기도하는 중에, 방파선교회 총무 김영곤 목사님으로부터 연락이 왔다. 당시 부총회장이신 안영로 목사님(광주서남교회)과 김동운 목사님(순천성광교회)과 함께 세 분이 바탐을 방문할 텐데 잘 준비해서 보고하도록 하라는 연락이었다.

세 분의 방문을 받고 우리는 이곳 상황을 자세히 보고하면서 인도네시아 선교 상황과 바탐 지역 선교를 위해서는 기독학교를 통한 인재 양성이 꼭 필요함을 알렸고, 풍구루 지역의 상황도 알려 드렸다. 그때 서남교회는 신앙의 황무지였던 볼리비아에 에덴학교라는 아름다운 꿈을 일구어 내며 볼리비아 선교를 성공리에 잘 마무리하고 제2의 선교지로 필리핀과 그외의 지역을 물색하던 중이었다.

　방문을 마치고 한국으로 돌아가신 지 얼마 되지 않아 서남교회 장로님 다섯 분이 오셔서 인도네시아 바탐과 필리핀 선교지 상황을 둘러보시고는 교회에 보고해 제2선교지로 인도네시아 바탐을 정하셨다는 소식을 들었을 때 너무나 하나님께 감사했다.

　방문을 주선해 주신 김영곤 목사님과 함께 오셨던 목사님들과 장로님들, 모두 하나님의 은혜였다. 당시 우리는 풍구루 지역의 건축을 진행할 수가 없어 난감해하며 하나님의 뜻만 바라보고 있었는데, 서남교회는 유치원부터 고등학교(허락되면 대학까지)까지 교사를 지을 부지를 찾아보라고 연락했다.

　하나님의 응답이었다. 당시 광주서남교회는 제2선교지로 인도네시아 바탐을 정하고 볼리비아 에덴의 꿈을 인도네시아 바탐까지 펼쳐 마침내 바탐, 티반 지역에 학원 선교의 비전을 또다시 심기로 하고 물심양면으로 전적인 후원을 해 주었다.

　인도네시아는 단일국가로는 최대의 회교 인구를 가진 나라이다. 그러나 공식적으로 종교의 자유가 허용되고 있으며, 또한 기독교학교를 통한 종교교육(성경교육)이 이루어지므로 기독교학교를 통한 인재 양성이야말로 이 나라에서는 큰 희망의 산실이다.

　당시 부지를 구하느라고 전 바탐 지역을 돌아다녔고, 입술이 부르트고 몸은 피곤하여 지쳤지만 행복하고 기뻤다. 하나님이 나의 기도를 들어주셨다는 기쁨 때문이었다. 그리고 마침내 티반 지역에 부지로 2헥타르의 땅을 구입할 수 있었다.

그때 광주서남교회 당회에서는 선교사인 우리에게 모든 권한을 주고 부지 구입을 위해 협조를 아끼지 않았다. 당시 당회원이신 국제선교위원장 박준상 장로님과 국내선교위원장 김경호 장로님께 너무 감사했다. 바쁜 일정임에도 오셔서 선교지의 어려움을 그대로 교회에 알려서 기도와 협력을 베풀어 주셨다. 인도네시아를 10여 차례 이상 방문해 몇 달씩 선교지에 계시면서 손수 부지도 고르시고 건축에도 관여하시는 등 협력 선교의 좋은 모범을 보여 주셨다.

부지 구입 과정에도 하나님은 개입해 주셨다. 땅 주인은 다름 아닌 바탐 시청에서 오랫동안 근무하였고, 당시 바탐에서 몇 번째 안 가는 주요 인물이었다. 그의 도움으로 주택용 부지를 교육용 부지로 용도 변경할 수가 있었고, 우리 재단 책임자 이부로스카의 전적인 도움으로 법적인 부지 구입 절차를 잘 마칠 수 있었다.

그때 나는 선교는 좋은 현지 동역자의 협력이 없이는 불가능하다는 것과 좋은 현지 동역자와의 만남이야말로 정말 소중한 협력 선교임을 깨달았다.

드디어 그 땅 위에 건축을 시작, 기공 예배를 드리게 되었다. 당시 안영로 목사님과 당회원 약 20여 명이 참석해 주셨는데, 직접 선교 현지 상황을 피부로 느끼고 학원 선교의 비전을 공유할 수 있는 중요한 방문이었다.

광주서남교회는 그 후 안영로 목사님의 후임으로 오신 조택현 담임목사님과 당회원의 협조로 현지인 두 부부와 우리 부부를 한국으로 초대해 주셔서 이곳 기독교학교 건립과 바탐 선교를 위해 귀중한 섬김을 해 주셨다. 당시 함께 간 현지인들은 한국 방문 때 보여 주신 희생과 섬김을 지금도 감사해하고 있다. 서남교회는 선교 지역의 인프라 구축을 위해 3년째 의료선교를 이 티반 지역을 중심으로 해 오고 있다.

선교지에서 선배 선교사님과의 만남, 방파선교회와 한국 교회의 전적인 신뢰와 변함없는 후원 및 비전 공유, 그리고 선교지에서 좋은 현지 동역자와의 만남과 협력이 어우러져 오늘의 티반 기독교학교를 세울 수가 있었다.

티반이란 지역 이름이고, 학교 이름 뜨라미아는 세상의 빛과 소금이 되라(마 5:13이하)는 세 인도네시아 단어의 빛(Terang)+소금(Garam)+세상(Dunia) 중에서 글자를 떼어서 만든 이름(Teramia)이다. 지금은 유치원 3개 반 학생 58명, 교사 4명, 초등학교 2학년까지 학생 130명, 교사 7명, 직원 4명이 지내며 초등학교 3학년을 위해 건축이 진행 중이다. 건축 중에도 선교 후원을 결정해 주시고 지원해 주신 시온성교회(윤길원 원로목사님, 최윤철 담임목사님)에 감사 드린다.

나는 선교지에서 참으로 소중한 만남의 은혜를 경험했다. 하나님께서 주신 이런 만남의 축복을 통해 지금도 기쁜 마음으로 선교지 바탐에서 아름다운 비전을 그려 가고 있다.

앞으로도 티반 기독교학교와 인도네시아에는 할 일이 산적해 있다. 그러나 만남의 축복을 주신 주님이 이곳에 계시기에, 그리고 좋은 동역자들이 있기에 나는 행복하다. 이런 좋은 만남과 협력이 있는 곳에서 우리 주님께서 또 한 번 역사를 이루시기를 기

대한다. 🌿

> 적도의 나라, 인도네시아 바탐 땅에서 선풍기가 없어도 더위를 버틸 수 있는 이근수 선교사는 바람만 불면 행복하다는 아내 손영신 선교사와 선교지 인도네시아에서 사는 것이 축복이라고 말하는 두 아들 예훈(고2)과 성훈(중2)을 두고 있다.

13

함께 울고 함께 웃게 하소서!

―인도네시아 선교사 손영신

1년에 한 번 정도 인도네시아 바람에 의료선교팀이 다녀간다. 의료선교팀이 선교지에 입국하기까지는 여러 과정을 통과해야 한다. 의료팀이 입국하기 전, 의료 지역의 동·반장의 허가, 그 지역의 보건부에 해당하는 관할 지역의 허가, 의약품 목록, 세관신고 등등.

현지 의사들은 외국 의료팀이 오는 것이 그렇게 달갑지 않단다. 어쨌든 험난한 여러 경로를 통과하여 오케이라는 허락이 떨어져야 의료선교팀은 선교지를 밟게 되고, 이들의 헌신적인 수고와 땀방울이 이 땅에 떨어진다.

일반 서민에게 의료비 부담은 만만치 않은 비용이다. 더구나 가난한 이들이 병원 문턱을 넘는 것은 정말 쉽지 않은 일이다. 그래서 많은 사람들이 민간요법 내지는 그냥 병을 앓으면서 시간에 맡기는 경우가 허다하다. 간단히 치료받으면 될 것을 시간을 넘겨 어려움을 당하는 경우도 다반사이다. 어려운 섬 지역에 갈수록 이들의 건강 상태는 정말 열악하다.

  4년 전 한방 의료봉사팀이 바탐을 방문했다. 그때만 해도 바탐의 한방 의료는 현지인에게 약간은 생소한 진료 과목이어서 많은 사람들이 무서워했다. 그런 분위기 속에 몇 명의 작은 아이들이 끼어 있었다. 비타민제 하나라도 받아 보려는 마음에서였다. 그중 지금도 잊히지 않는 아이들의 말이 있다.
  "넌 아직 어린데, 어디가 아파서 온 거야?"
  "밥맛이 없어요."
  그리고 몇 명의 줄을 지나 또 작은 소년이 서 있었다.
  "어디가 아파서 왔니?"
  전에 왔던 아이와 같은 대답이었다.
  "밥맛이 없어서요."
  이 아이들의 손목과 덩치는 전혀 나이에 걸맞은 체구가 아니었다. 두세 살 아래의 나이라고 해도 믿기 어려울 만큼 왜소하고 지쳐 있었다.
  왜 이런 어린 아이가 밥맛을 잃었을까?
  그 며칠 전, 우연히 한 아이가 불면 날아갈 듯한 안남미에 간장으로 간을 해서 밥을 먹는 것을 보았다. 이런 이유로 이 작은 아이가 밥맛을 잃었다 생각하니 정말 마음이 아팠다.

한번은 50대의 만삭이 된 초로의 여인을 만났다. 누가 보아도 임신할 나이가 아닌데 배는 완전히 만삭이고, 병색으로 얼굴이 초췌했다.

"할머니, 왜 이렇게 배가 불러요, 언제부터 이랬어요?"

주위에 있는 아주머니들이 이 할머니는 암이고 일가 친척이 없어 이웃들이 주는 음식으로 연명하는 분이라고 귀띔해 주었다.

갈색 피부의 얼굴에 노란빛을 띤 30대 남자, 간암이란다. 어떻게 알려 줘야 할지, 그리고 어떻게 위로해야 할지 고민스러웠다.

돋보기를 공짜로 받기 위해 서너 시간 줄을 서는 것도 힘들지 않은 듯했다. 비타민제 하나라도 더 받고 그동안 병원에 가지 못했던 병을 한국 의사에게 상담하고 약을 듬뿍 받으니 너무 행복한 표정이었다.

작년 이맘때이다. 한 선교사님이 의료선교팀이 온다고 통역을 부탁했다. 나에게 할당된 진료 과는 산부인과였다. 이 의료선교팀은 하루에 두 군데씩 돌며 생활이 어려운 지역의 가난한 사람들을 진료하며 섬겼다. 그 뜨거운 날씨에 두 군데씩 장소를 옮기며 진료를 하는 것이 쉽지 않았지만 선교팀의 열정은 적도의 땅, 바탐의 열대 날씨보다 더 뜨거웠다. 가는 곳마다 많은 환자들이 북새통을 이루었고, 의료팀은 그 속에서 최선을 다하여 예수 그리스도의 사신으로 섬겼다.

40대 초반의 아주머니가 곱살한 얼굴에 큰 눈망울로 나를 쳐다보며 말했다.

"결혼한 지 15년이 넘었는데, 임신조차 한 번도 한 적이 없어요. 나도 임신이 된다면 얼마나 좋을까요? 내가 무슨 문제가 있는지 알아봐 주세요!"

그녀의 목소리는 너무나 간절했다.

"네, 그러시군요. 그동안 마음고생이 심하셨겠네요. 일단 의사 선생님이 초음파 검사기를 가져오셨으니 검사를 해 보고 말씀을 들어 보지요."

조금 후, 의사선생님이 이 아주머니의 배에 초음파 검사를 하시면서 하시는 말씀,

"와! 이 아주머니 임신하셨네! 거의 6주 정도 되었습니다!"

"네? 뭐라고요?"

믿기지 않았다.

"이 작은 점을 보세요. 조금씩 움직이는 이 작은 점! 이것이 바로 아기의 생명입니다."

내가 너무 의아해하자 의사 선생님이 다시 확인시켜 주셨다.

"이 아주머니 확실히 임신하셨다니까요. 이것 보세요, 이거. 이게 아기예요."

다른 사람보다 검사 시간이 더 걸리자 그 아주머니는 뭔가 문제가 있다고 생각했나 보다.

"왜 나에게 무슨 문제가 있나요?"

나는 너무 흥분되고 가슴이 벅차 소름이 다 돋았다.

"아주머니, 임신하셨대요. 지금 6주 정도 되셨대요."

"뭐라고요? 내가 임신이라고요? 정말인가요?"

"이것 보세요. 이 점, 이것이 아기라는군요."

그 아주머니는 믿을 수 없다는 듯이 몇 번을 확인하더니 막 울기 시작했다. 그동안 쌓였던 설움이 폭발한데다 자기가 임신한 사실이 꿈만 같아 어찌할 줄 모르고 엉엉 울며 "하나님, 감사합니다! 하나님, 감사합니다!"를 연발했다. 내가 큰 소리로 거기에 모인 모든 사람에게 아주머니의 임신 소식을 알리자 그 교회 사모가 제일 먼저 아주머니를 껴안고 함께 통곡하며 놓을 줄 몰랐다. 주위의 많은 이웃들이 돌아가며 그 아주머니를 껴안고 함께 엉엉 울었다. 모두들 넋을 놓고 함께 울며 기뻐했다. 감격적인 순간이었다. 모든 진료도 잠시 마비가 되었다.

주여! 우는 자들로 함께 울고, 기뻐하는 자들로 함께 기뻐하게 하소서. 이것이 이곳에 나를 심으신 당신의 뜻이거늘.

> 인도네시아의 건강한 가정 회복을 꿈꾸는 손영신 선교사는 아내 몰래 살짝살짝 현지인에게 물건을 갖다 주고 시치미 떼는 남편 이근수 선교사와 바탐에서 1,200킬로미터 떨어진 살라띠가라는 곳에서 기숙사 생활을 하고 있는 두 아들 예훈과 성훈을 두고 있다.

14
내 작은 등불이
어둠 속에 빛이 되기를

—인도네시아 이근수 선교사 자녀 이예훈

나는 2001년 초등학교 2학년 때 인도네시아에 처음 도착했다. 그때와 현재의 내 생활은 많이 바뀌었다. 그중 개인적으로 가장 큰 변화는 중학교 1학년 때부터 부모님을 떠나 기숙사 학교를 다니게 된 것이다. 내가 다니는 학교는 인도네시아의 중부 자와 섬에 있는, 유치원에서 고등학교까지 전체 학생 수가 200명 정도밖에 안 되는 작은 크리스천 학교이다.

우리 집이 있는 바탐에서는 약 1,200킬로미터 정도 떨어져 있다. 한 번씩 집에 갈 때는 거의 다섯 시간 이상(비행기와 버스)이 소요되고, 비행기가 제 시간에 뜨는 경우가 많지 않아 두세 시간 이상은 더 기다려야 한다. 그래도 두 달에 한 번씩 하는 방학 기간에 나와 동생은 집에 돌아가 부모님과 모처럼 즐거운 시간을 가진다.

처음 학교를 옮긴다고 했을 때 사람들은 적응이 어려울 거라고 걱정했지만 생각만큼 어렵지는 않았다. 벌써 5년이 흘러, 고2가 되었다. 처음 방학 때 비행기를 타고 집으로 갈 때는 인도네시아 사람을 기준으로 만들어진 좌석이 제법 넉넉했는데, 이제는 다리를 제대로 뻗을 수 없다는 것을 느끼면서 많은 시간이 지났음을 실감하게 된다.

우리 학교는 크리스천 학교이기 때문에 미션 트립을 적어도 1년에 한 번 이상은 가게 된다. 올해에도 나는 마두라는 섬에 세 번째 미션 트립을 갔다.

마두라 섬은 인도네시아 자바 섬 동쪽 위에 자리 잡고 있다. 이 섬은 주민 모두가 이슬람이라고 해도 지나치지 않을 만큼 이슬람세가 아주 강한 지역이다. 그래서 마두라 섬은 어디서든지 쉽게 회교사원을 볼 수 있다. 작년까지만 해도 버스를 배에 싣고 바다를 건넜는데, 올해에는 자바 섬과 마두라 섬을 연결하는 다리가 완공되면서 바로 마두라로 갈 수 있게 되었다. 나는 그렇게 많은 준비를 하지 않고 그곳에서 만날 아이들에게 어떻게 영어를 잘 가르칠 수 있을까에 대해 생각하며 그곳으로 향했다.

약 열두 시간 버스를 타고 이른 새벽에 도착한 우리 팀은 열대야의 모기들과 씨름하며 조금의 불편함을 무릅쓰고 잠시 눈을 붙일 수 있었다. 한 네 시간 정도 잠을 잔 후에, 우리 학교에서 간 25

명의 학생들은 근처에 있는 현지 국립학교에서 영어를 가르쳤다. 외국인들을 본 적이 없는 마두라인들은 우리를 신기하게 보았다. 아이들이 "노래 좀 불러 주세요!"라고 외치던 그 반에서 나는 기타를 치며 아리랑을 불러 주었다.

그날 오후에는 이슬람 기숙사 학교에 가는 일정이 있었다. 이슬람 종교학교로, 학생들은 새벽 3시에 일어나 알라에게 샬랏(기도)을 드리는 것으로 일과를 시작하여 밤 10시에 이슬람의 성서인 알-쿠란을 읽는 것으로 하루를 마쳤다. 나는 영어를 가르치기 위해 한 친구와 일대일로 대화를 했다. 나랑 동갑내기인 고등학교 2학년 바드룻이라는 친구는 인도네시아어와 영어를 섞어 가면서 함께 많은 이야기를 나눴다.

"네 이름이 뭐니?"로 시작된 우리의 대화는 축구, 국가 등 다양한 주제로 이어졌다. 그런데 갑자기 바드룻이 나에게 물었다.

"너는 어떤 종교를 믿니?"

나는 갑작스러운 바드룻의 질문에 잠시 어떻게 대답해야 할지 망설였다. 모든 마두라 주민들은 강경 이슬람인데 내가 기독교인이라고 대답하면 어떻게 반응이 나올지 약간 불안했기 때문이다. 그러나 나는 곧 이 기회가 얼마나 중요한지를 깨달았다. 왜냐하면 나를 통하여 이 친구 바드룻이 복음에 대해 들을 수 있는 단 한 번의 기회를 얻을 수 있다는 사실을 알았기에!

그래서 "나는 크리스천이야"라고 분명하게 대답했다. 그 대답은 바드룻이 나에게 더욱 많은 질문을 하게 만들었다. 나와 바드룻은 서로의 종교에 대하여 한참 말하였다. 그리고 바드룻이 나에게 "크리스천들은 어떻게 천국에 가니?"라고 물어보았을 때, 나는 예수님의 이야기를 전해 주고 이렇게 대답하였다.

"너희가 선지자라고 부르는 그 이사 알마시(예수)를 우리 크리스천은 하나님의 아들이라고 믿어."

바드룻은 그것 참 이상하다고 말했다.

"너희 하나님은 어떻게 아들을 낳아?"

나는 그 질문에 순간 터져나오려는 웃음을 참고 침착하게 설명을 해 주었다. 한 시간 동안 서로의 종교에 대해 말했고, 나는 예수 그리스도를 통한 구원에 대하여 집중적으로 이야기를 했다. 그러고 나서 졸업 후 진로를 물어보았다. 바드룻은 고등학교를 졸업한 후 형편이 되면 종교대학에 가서 이슬람 종교 교수가 되고 싶다고 하였다.

그 대화가 끝난 후에 나는 인도네시아에서도 이슬람이 가장 강한 마두라 섬에서 예수님에 대하여 전한 것이 믿기 어려울 만큼 신기했고, 그 기회를 주신 하나님께 감사 기도를 드렸다. 그날 밤에, 나는 친구 몇 명과 그 학교를 다시 방문했다. 바드룻을 찾아보려고 했지만 바드룻의 친구들이 바드룻은 지금 샬랏(기도)을 하고 있고, 늦게 끝날 것이라고 말해 주었다.

바드룻을 만나지 못해서 조금 아쉬웠지만 나는 마짓이라는 다른 학생과 다시 대화를 시작할 수 있었다. 마짓은 한국에 대해서 궁금한 것이 참 많았다. 나는 한국에 대해서 내가 아는 한도 내에서 많은 것을 알려 주었다. 점심때 바드룻과 한 대화를 떠올리면서 용기를 내어 마짓에게 본인이 믿는 이슬람에 대해서 물어보았다. 대부분 마두라 지역의 이슬람 친구들은 예수에 대해 들어 본 적이 없다고 말했다.

이번에도 나는 예수 그리스도의 삶과 죽음에 대하여 말을 해 줄 수 있는 기회를 얻은 것이다. 마짓은 의외로 이사 알마시(예수)에 대해 궁금한 것들이 많았고, 내가 말해 주는 이야기들을 조심스레 들었다. 마짓은 다음에도 꼭 마두라에 들르라고 말하였고, 나와 친구들은 숙소로 돌아갔다.

이렇게 마두라에서 할 수 있었던 작고 보람 있는 일들을 통해 하나님은 내가 인도네시아에 있다는 사실을 자랑스럽게 여길 수 있게 도와주셨다. 마태복음 5장 15절에서 예수님은 이렇게 말씀하신다.

> "사람이 등불을 켜서 말 아래에 두지 아니하고 등경 위에 두나니 이러므로 집 안 모든 사람에게 비치느니라."

나는 결코 큰 등불이 아니고 작은 등불과 같다. 그럼에도 불구하고 이 작은 등불을 켜서 등경 위에 둘 때엔 이 작은 등불이 빛을 발하게 된다. '예수님'이란 등경 위에서는 나 같은 작은 불빛도 마두라의 어둠 속 빛이 될 수 있다는 것을 깨달았다. 강경 이슬람으로 똘똘 뭉친 이 친구들이 예수님의 품으로 돌아오기를 간절히 기

도한다. 🌿

> 사진 찍기에 관심이 많고, 하고 싶은 일이 너무 많다는 이예훈은 가끔씩 친구처럼 놀아 주시는 자상한 아빠 이근수, 손영신 선교사의 장남이며, 운동 중에서도 특히 농구를 좋아하는 동생 성훈이의 듬직한 형이다.

15

나를 따르라

−필리핀 선교사 유준수

하나님이 주신 귀한 만남과 파송

해발 1,800미터 산지 필리핀 '바기오'는 참으로 하늘과 가깝다. 그래서인지는 몰라도, 가끔씩 들려오는 비행기 소리에 나의 두 눈은 이미 하늘을 향해 있고, 내 코는 '찡' 하는 통증과 함께 고국에 대한 향수가 물밀듯 밀려와 모든 것이 그립기만 하다. 이 힘겨운 타국에서 가족을 돌보며 선교사역을 감당한다는 것이 너무 버겁기 때문일까, 그렇지 않으면 영육 간에 담대함을 잃어버린 것일까? 아니면 경제적인 삶이 고단해 당장이라도 한국에 돌아가고 싶다는 것이 나의 솔직한 마음 상태일까 생각해 본다.

그러나 나는 어느 목사님과 한 믿음의 약속 때문에 이곳 필리핀을 결코 떠날 수 없다. 그분은 바로 방파선교회 총무이신 김영곤 목사님이다. 전남 목포의 조그만 낙도에서 목회를 하는 전도사였던 내가 이곳 필리핀에 선교사로 온다는 것은 거의 불가능한 현실이었다. 더불어 나의 작은 체형과 함께 여러모로 부족한 주변 상황들은 선교 후원을 해 주겠다는 곳이 거의 없는 황무지 그 자체였다.

무작정 전화기를 들어 방파선교회 총무 김영곤 목사님께 전화를 걸었고, 따스하고 관심 섞인 목사님의 목소리에 힘입어 긴 하소연을 하게 되었다. 사실 선교 후원처를 개발해 보고자 교회에 편지와 전화를 해 본 경험이 있는 분들은 알겠지만, 실무자나 당회장 목사님과 직접 전화로 대화를 나누는 일은 매우 어렵다. 꽤 긴 시간 동안 나의 하소연을 듣고서 전화기 너머에서 들려온 김영곤 목사님의 대답은 다음과 같았다.

"유준수 전도사! 선교사역과 신앙의 열정을 편지로 빠짐없이 적어서 우리 사무실로 보내게! 그리고 우리 방파선교회 사무실로 직접 찾아오게나!"

나에게는 희망의 메시지였다.

그리고 2007년 2월 1일, 서울 리베라 호텔에서 열린 총회에서 드디어 선교사 파송 예배가 열렸다. 그날 감격의 눈물은 그치질 않았고, 김영곤 목사님의 조언은 지금도 나에게 새 힘이 되어 주고 있다.

"유준수 전도사! 내가 30년 넘게 많은 선교사를 파송하고 면접을 해 봤지만, 자네처럼 무작정 전화한 사람도 처음이고, 자네처럼 가진 것 없이 해외에 나가는 사람도 처음이네. 그러나 자네의 신앙 열정과 순수한 마음을 보고, 내 평생 처음으로 우리 방파선 교회에서 자네를 믿고 파송할 테니, 최선을 다해 일하게."

선교지 방문과 고희 축의금을 선교헌금으로

오직 신앙의 열정으로만 필리핀에 온 지 1년이 되어 갈 무렵, 김영곤 목사님으로부터 연락이 왔다. 선교지 현장을 방문하고, 얼마나 열심히 일을 하는지 직접 살펴보신다고. 사실 목사님은 70세 고희를 맞이하여 받은 개인 축의금 1천만 원을 준비하여, 이 부족한 종을 돌보시고자 이곳 바기오 시와 산페르난도 시를 직접 방문하신 것이다.

사실 한참 후에 알게 된 일이지만, 고희 때 공식적인 개인 축의금을 일체 받지 않으시고 손수 만들어 오신 귀한 선교헌금으로, 당신의 친자녀들에게조차 주지 않고 오직 선교를 위하여, 또 부족한 종을 위하여 직접 가지고 오셨던 것이다.

사회·경제학자들은 이 세상을 가리켜 '도태 연속의 사회' 라고 표현한다. 즉 힘없고 가난한 민중들은 이 가시덤불과 같은 광야에서 끊임없이 걸러내지는 삶의 현장을 쉼 없이 걷고 있다는 뜻이다. 마치 우리 어머니들이 가족을 위하여 새벽에 밥을 지을 때, 조리로 돌을 걸러내는 모습과 비슷하다 하겠다.

이런 약육강식의 세상 풍토 속에서 아무 보잘것없는 나에게 목사님은 "유준수 전도사! 자네를 필리핀에 파송하고서 생각해 보니, 아무것도 없이 보냈는데 어떻게 살고 있는지 걱정이 되어서 이렇게 왔네. 그래서 내가 내 아들이나 딸에게도 안 주고 이렇게 선교헌금을 가져왔으니, 이것을 시작으로 열심히 하나님의 선교를 하게"라는 권면의 말씀을 해 주셨다.

영적인 아버지로서, 신앙의 선진으로서, 목회의 스승으로서

현재 나는 필리핀 선교사로 사명을 감당하고 있지만, 이제 겨우 3년 차인 햇병아리 선교사이다. 바기오 시의 외곽 컨트리클럽이란 곳에서 현지인 교회 목회를 하고 있다. 비록 자체 건물은 없지만, 현지인 여성 교인의 집 담벼락에 대나무와 천막을 이용하여 지붕을 만들고, 좁은 공간의 직사각형 시멘트 바닥에 플라스틱 의자를 놓고, 교인 20명과 어린이 40명과 함께 3년째 하나님의 선교를 감당하고 있다. 또한 산페르난도 라우니언시의 시내에 227평의 선교 대지를 구입하여 코피노 고아원 사역을 준비 중에 있다.

이러한 사역을 감당할 수 있었던 것은 하나님의 도우심이라 고백한다. 더불어, 영적인 아버지로서 친자녀보다 선교사를 더 생각하시는, 방파선교회 김영곤 목사님의 자애로운 마음을 생각해 본다.

또한 목회의 스승으로서 직접 파송과 함께 선교 현장에 찾아와 가르치고 권면하시는 모습, 신앙의 선배로서 내가 잘못하고 게으를 때는 거침없이 혼내기도 하시는 그분을 만나 감사한다.

선교 그 불타는 나날들, "나를 따르라"

선교사는 누가 뭐라고 해도 믿음, 진실, 성실, 양심이 우선적으로 필요하다. 그러나 선교사에겐 자신을 파송해 준 선교회로부터의 기도와 경제적인 후원, 그리고 가르침이 필요하다. 그런 면에서 '나는 참으로 복 받은 선교사'라고 고백해 본다.

며칠 전, 김영곤 목사님의 따님이신 김숙경 전도사님으로부터, 목사님의 건강이 안 좋으셔서 방파선교회 사무실에조차 나가시기 어렵다는 말을 듣게 되었다.

목사님은 이곳 필리핀에 오셔서도 주무시기 전에 한 손 가득히 약들을 드시곤 하셨다. 그래서 내가 "목사님! 무슨 약을 그렇게 많이 드세요?"라고 물은 적이 있었다. 그때 목사님이 "음, 매주 방파선교회에서 파송한 선교사들의 경제적 후원을 위하여 전국에 있는 교회들을 방문하다 보니, 잠도 못 자고 머리가 많이 아프네!"라고 말씀하신 것을 결코 잊을 수가 없다.

예수님은 자신의 제자들을 직접 찾아내고, 사람 낚는 어부가 되게 가르치고 훈련시키고자 제자들을 찾아가셨다. 사실, 방파선교회의 김영곤 목사님은 자신이 직접 말씀으로 "나처럼 최선을 다해서 선교하게!"라고 하신 적은 없다. 그러나 성경에서 예수님이 "나를 따르라"고 하신 그 말씀을 좇아, 자신의 생명과 남은 인생을 선교사를 위해 헌신하시며 실천하신다.

선교를 위한 그 불타는 나날들! 보내는 선교사로서, 한 손 가득히 알약들을 먹고서 또다시 전국의 후원 교회들을 찾아다니며 선교사를 위해 호소하는 목사님의 가르침, 그것은 바로 "나를 따르라"는 그분의 선교 사명이며, 이제 나의 선교 사명이 됨을 고백한다.

16

스테파니를 위한 눈물의 기도

-필리핀 선교사 유준수

싱글 맘 자키 자매와의 첫 만남

나의 아내는 필리핀 현지인 여성이며 이프가오 산골 처자이다. 2000년 전주 한일신학대학원 1학년 1학기를 휴학하고 이곳 필리핀 바기오 시에 와서 견습 선교를 할 때에, 하나님께서 평생 선교 동역자를 선물로 주신 것이다. 그러다 보니 아내에게는 참 많은 현지인 친구들이 있고, 종종 각양각색의 도움과 요청들이 있다.

아내가 졸업한 나사렛 신학교 후배로부터 긴급한 연락이 온 것은 2009년 5월의 일이었다. 한 여성을 직원으로 써 달라는 내용이었다. 내용을 들어 보니, 자키라는 여성이 있는데, 바레인에서 3년간 가정 도우미 일을 하고 돌아왔지만 직장이 없어서 둘째 딸 스테파니가 병원을 못 간다는 것이었다.

자키는 고등학교 졸업 후 결혼한 남편과 딸만 두 명을 낳은 후 이혼을 하였다. 첫째 딸은 현재 초등학교 1학년인 미쉘이다. 문제는 둘째 딸이 태어난 지 얼마 안 되었을 때, 시아버지 되는 분이 술에 취해 손녀를 돌보다 그만 스테파니를 땅바닥에 떨어뜨려 아이의 목과 중추신경에 문제가 생기는 바람에 그 후 얼굴만 커지고, 몸의 모든 신경이 마비되어 말도 못하게 된 것이다.

시아버지가 그 사실을 숨겨 몇 달 후에야 가족들이 그 사실을 알게 되었고, 자키가 둘째 딸의 치료비를 벌기 위해 머나먼 타국 바레인으로 식모살이를 떠나게 되었다. 그런데 설상가상으로, 남편 되는 사람이 아내가 타국에서 보내오는 돈으로 새살림을 차리고 아이들을 내팽개쳐 버린 것이다. 그리고 새로 장가 간 여성에게서 이미 다른 자녀들을 낳아서 키우고 있더라는 것이다. 이에 상처를 받은 자키가 남편에게 찾아가 보았지만, 이미 버림받은 처량한 신세가 되어 자키의 친정 어머니가 두 아이들을 돌보기로 하고 우리 가정에 온 것이다. 사실 우리 가정도 월급을 줘 가며 일꾼을 쓸 형편은 아니었다.

전주문정교회 박성곤 목사님의 부친이신 박병돈 목사님의 눈물의 기도

이곳 바기오 시에서 시외버스를 타고 두 시간 남짓 가면, 자키의 고향 산페르난도 시에 도착한다. 나와 아내가 스테파니를 살펴

보니, 전혀 먹지를 못해 손과 발목은 비틀어져 있고, 제대로 알아듣기나 하는 건지 참으로 몰골이 말이 아니었다. 그래서 우리는 기도를 하고 약간의 선교헌금을 주고 왔다.

마침, 전주문정교회 박성곤 목사님의 아버님 박병돈 목사님께서 현지 교회들을 방문하며, 연속 순회 복음집회를 하고 계셨다. 나의 간절한 부탁으로 자키 가정을 심방하셨고, 가만히 스테파니를 바라보던 목사님이 눈물을 흘리시기 시작했다.

이미 78세의 고령이신 목사님께서 온몸이 비틀어진 그 아이를 품에 안으시고, 진정으로 눈물을 흘리시며 통성기도하시는 그 모습을 보는 순간, 나는 그만 고개를 떨어뜨릴 수밖에 없었다.

나는 그저 형식적인 기도였는데, 박병돈 목사님의 그 눈물의 기도는 마치 성령이 우리 옆에 계신 것처럼 당시 옆에 있던 모든 이들의 마음을 훈훈하게 만들었다. 기도가 끝난 후 스테파니의 얼굴에 평온함이 머물러 있었다.

'아, 이것이 바로 예수님의 한 영혼을 사랑하는 마음이구나!'

전주강림교회 양인석 목사님의 기도와 전주 예수병원 이병호 원장님의 진찰

감사하게도 이 모든 것이 하나님의 계획이었던지, 전주강림교회 양인석 목사님과 전주 예수병원 이병호 정형외과 원장님이 우리 선교 사역지에 의료선교를 오셨고, 나의 요청으로 다시 자키의 가정을 방문하셨다. 물론, 스테파니의 건강을 위한 기도와 진찰을 하기 위해서였다. 너무도 감사한 것은, 양인석 목사님도 이 가엾은 스테파니를 두 손으로 감싸안으시고, 그 아이의 머리에 손을 얹고 너무도 평온한 기도를 해 주셨는데, 똑같은 성령의 임재를 느낀 것이다.

더불어, 전주 예수병원 이병호 정형외과 원장님의 따스하고 사랑스러운 진찰을 받게 된 스테파니는 또 한 번 평온함을 느꼈다.

"우리 아이가 얼마나 아픈지요? 우리 아이가 얼마나 오래 살 수 있을까요? 우리 아이를 고칠 수 있는 방법이 있나요?"

자키 자매의 질문에, 마음이 무척 아팠을 텐데도 이병호 원장님은 솔직하게 답변을 해 주셨다.

"아이가 지금까지 산 것도 기적입니다. 앞으로 계속 살 수 있는 희망은 적습니다."

물론 자키 자매는 큰 비명 소리와 함께 울었고, 현실을 받아들이고 마음의 준비를 해야만 했다.

스테파니의 삶 5년 5개월을 마치며……

천진난만하게 살아가야 할 어린 여아, 스테파니의 사망 소식을 들은 것은 올해 2010년 1월 초였다. 부엌에서 일을 하던 자키가 전화를 받고 나서 갑자기 큰 소리로 대성통곡을 했다. 바로 둘째 딸 스테파니가 하나님의 나라로 간 것이다. 급하게 돈을 빌려 자키에게 주고, 일단 집으로 돌려보낸 뒤 다음 날 자키 집을 방문하였다.

아이의 시신을 확인하러 장례식장에 들어간 나는 너무도 큰 충격을 받았다. 온몸이 비틀어져 숨만 간신히 쉬던 그 아이의 고통이 사라진 것이다. 이제는 그 앙상한 발도 쭉 펴져 있었고, 마치 천사처럼 해맑은 미소가 얼굴에 퍼져 있었기 때문이다. 스테파니를 돌보았던 자키의 친정 어머니의 간증을 들어 보니, 그동안 한국의 두 목사님의 기도와 의사 선생님의 진찰이 있은 후부터 아이가 평온해졌다는 것이다. 할렐루야!

타인을 불쌍히 여기는 마음, 그것이 바로 선교사의 마음입니다

스테파니는 이제 하나님의 나라에 간 지 벌써 3개월이 되었다. 자키는 현재 우리 가정에서 집안일을 돌보기도 하고, 교회에 나와서 나의 일을 돕기도 한다. 때로는 죽은 스테파니를 생각하면 가슴이 찢어질 것이다. 그럴 때마다 '과연 내가 할 수 있는 것이 무엇일까'를 생각해 본다. 그리고 깨닫는다. '그래! 내가 할 수 있는 일은 바로 눈물의 기도다.'

예전에 박병돈 목사님이 하셨던 바로 그 눈물의 기도! 그리고 양인석 목사님이 아이를 두 손으로 감싸안고, 진정 불쌍히 여기는 마음으로 하셨던 그 기도! 이병호 원장님의 따스한 진찰과 결단! 바로 이러한 일들이 계속해서 자키 자매에게 베풀어야 할 나의 과제인 것이다. 그리고 나는 믿는다. 하늘나라에 가 있는 스테파니가 영원한 평안을 얻고 있음을, 또한 따스한 신앙고백이 되어 바로 우리의 마음에 깃들어 있음을.

17
하나님은 실수하지 않으신다네

—필리핀 선교사 유준수

조그만 낙도 여섯 명의 교인들을 양육하며

 이 부족한 종이 필리핀 선교사로 오기 전, 나름대로 하나님의 충실한 종이 되기 위해서는 담대한 믿음이 필요하다는 생각을 늘 했다. '어떻게 하면 아무리 힘든 상황이 닥쳐도 포기하지 않고 선교사역을 감당할 수 있을까?' 그래서 선택한 것이 바로 2004년 5월부터 2008년 1월까지 전남 신안군 신의면의 '기도교회'에서 담임 교역을 하는 것이었다.
 전북 전주에서 목포 여객선 터미널까지 아내와 두 아이를 직행 버스에 태우고 다니고, 쉴 틈 없이 바로 한 시간 40분 정도의 여객선을 타고, 약 35분 정도의 새마을호 배를 갈아타는 과정은 결코 쉽지 않았다. 누가 시켜서 그런 것은 절대 아니다. 그 고된 3년 8개월의 시간이 바로 영성 훈련임과 동시에, 단 여섯 명의 교인들을 양육하며 사랑하는 과정을 통하여 차후 필리핀 현지인들을 돌보는 준비를 하고자 한 것이다.

매주 장거리 운전으로 인한 무릎 관절염과 치질이 시작되었고, 피곤할 때 찾아오는 오른쪽 신장의 통증도 심해졌다. 양쪽 눈도 시력이 좋지 못한 고도 근시였고, 불규칙한 식생활과 쌓인 피로로 인한 속 쓰림 등 건강관리 면에서는 빵점이었다. 단지 열심히 일하면 하나님께서 건강을 지켜 주시겠지 하는 기도가 전부였다.

방파선교회 총무 김영곤 목사님 소개로 목포 빛과소금교회 조현용 목사님을 찾아가 뵈었다. 목사님의 권면은 다음과 같았다.

"이미 우리 교회에서 두 분의 평신도 선교사가 파송되었고, 네 분의 목사님이 필리핀 선교사로 가려고 하니 후원해 달라고 하는데……유 전도사가 낙도에서 목회한 것 하나 보고 기도하며 후원하겠네."

필리핀 선교사로 지낸 지 1년쯤 지났을 때였다. 방파선교회 김영곤 목사님처럼 빛과소금교회 조현용 목사님도 이 부족한 종이 걱정되어, 마닐라 김현국 선교사님의 선교 사역지를 방문하여 피곤하신데도 불구하고 사모님과 성가대원들, 그리고 78세의 할아버지 집사님을 인도하여, 무려 여덟 시간이 넘는 고된 장거리를 한걸음에 오셨다. 선교헌금을 손에 쥐어 주시며, "유 전도사! 선교 차량을 사든지 교회 악기를 사게" 하시며 다시 마닐라까지 그 먼

거리를 돌아가셨다.

그 선교헌금으로 산 악기 세트는 지금도 바기오 시 외곽 지역과 산페르난도 시 외곽 지역의 무교회 지역을 돌며 설교할 때에 귀하게 쓰이고 있다. "하나님! 감사합니다."

보다 많은 필리핀 현지인들을 양육하며

목포중앙병원 창립 10주년기념 해외의료봉사와 목포 빛과소금교회 영어예배팀의 단기 선교 답사를 위해 조현용 목사님과 김영배 목사님께서 필리핀 산페르난도를 폭우 속에 방문하셨다. 그 고된 장거리 선교 답사를, 폭풍우로 인해 쏟아지는 빗줄기 속에서, 20년 넘은 중고 자동차 안에서 조금은 위험스러운 운전 중에도, 조 목사님은 나와 김영배 목사님의 대화를 듣고 계시던 중 나에게 한마디 던지셨다.

"유 전도사! 목회를 열심히 하는 줄 알았더니, 자꾸 여러 가지 잡다한 일들을 생각하고 있는 것 같네."

그 당시 나는 선교사로서 뭔가 큰일을 해야 한다는 조바심과 뭔가 특별한 것을 목사님께 보여 줘야 한다는 의욕이 앞서 있는 철부지였다.

하나님께서는 이 부족한 종의 모래와 같은 필리핀 선교지에 목포중앙병원 의료팀과 빛과소금교회 영어예배팀을 보내어, 나로 하여금 귀한 선교 역사를 경험케 하셨다. 마치 사도 베드로가 반석이 되는 그 과정을 직접 경험한 것처럼 하나님의 그 기적이, 인구 10만 명의 해변 도시 산페르난도 시에서 이루어졌다. 약 1,500명 필리핀 현지인들의 질병을 치료하고, 총 14곳 초등학교와 유치원 그리고 고등학교를 방문하여, 2천 명이 넘는 학생들에게 복음을 전하는 경험을 하게 해 주셨다.

더불어 직접 선교 현장 답사를 하시고, 철부지 선교사에게 주신 애정 어린 조 목사님의 권면-흐트러진 영성을 바른 길로 인도해 주는 꾸지람-이 있었기에 가능했던 복음 사역이었다. 선교사로서 10년을 준비하고 기도해도 못해 봤을 그 경험을, 이제 풋내기 선교사가 선배 목사님의 추천과 선교 현장에 찾아와 부족한 선교사에게 직접 몸으로 가르치시는 애정이 있었기에 이뤄낼 수 있었다. "우리 하나님께 영광을 올립니다."

한 사람의 영혼을 살리라

목회자는 항상 세 가지를 준비하고 있어야 한다. 첫째는 설교할 준비, 둘째는 이사할 준비, 셋째는 죽을(순교할) 준비다. 그런데 나는 참으로 귀한 분들을 하나님께서 매 순간마다 만나게 하시어 목회(선교)를 배우고 훈련하게 하시니, 하나님의 그 특별한 은총에 감사의 고백을 해 본다.

선교사로서 해야 할 세 가지 사역은 성경에 증거되어 있는 것처럼, 첫째는 가르치는 사역(to teach), 둘째는 말씀을 전하는 사역(to preach), 셋째는 치유하는 사역이다(to heal). 이것은 필리핀 선교에서도 마찬가지이다. 양심과 진실 위에 굳건한 믿음으로 그 사역을 충실히 한다면 해내지 못할 일이 무엇이 있겠는가! "I can do everything through him(Jesus Christ) who gives me strength(내게 능력 주시는 자 안에서 내가 모든 것을 할 수 있느니라- 빌 4:13)."

선배 목사님들은 항상 이렇게 권면하신다.

"유준수 전도사! 잡동사니 파는 것처럼 이것저것 하려 하지 말고, 오직 하나님의 성전을 건축하여 교인들을 양육하는 것이 선교의 기초가 아니겠는가! 한 사람의 영혼을 살리는 그 일이 가장 중요한 선교사의 일이 아니겠는가!"

그렇다! 현재 나는 철부지 부족한 종에 불과하다. 영성도, 전문적인 선교사로서의 역량과 재정도 부족하다. 그러나 선교 후원을 위해 뛰시는 많은 선배 목사님들의 가르침과 권면에 순종한다면, 오직 하나님 안에서 하나님의 선교사가 된다면 한 영혼을 구원하는 복음 사역에 충실할 수 있을 것이다.

이곳 필리핀 현지인 싱글 맘들과 코피노(한국 남성과 필리핀 여성 사이에 태어난 혼혈 고아)들에게 직접 믿는 자의 삶을 통하여 이 '하나님의 사랑'을 그대로 전하고 싶다.

하나님은 실수하지 않으신다네

이 부족한 종이 2009년 한국을 선교보고차 방문했을 때, 하나님께서는 많은 사랑을 보여 주셨다. 특별히 전주 예수병원 이병호 원장님의 소개로 고도 근시를 전주삼성안과에서 수술받았고, 전주 예수병원에서는 신장을 검사받을 수 있었다. 전주항도외과에서 위장내시경을 통하여 십이지장궤양 진단과 약물 치료, 그리고 대장내시경 검사를 통하여 용종 제거 수술도 받았다. 육신의 질병을 치료해 주신 분들은 모두 하나님을 믿는 분들로, 내가 선교사라는 이유 하나만으로 하나님의 사랑을 온전히 치료로 보여 주셨다.

또한 이 부족한 종의 영적 성장과 선교를 위하여 보냄의 역할을 감당하신 신앙의 선배(방파선교회 총무 김영곤 목사님, 목포 빛과소금교회 조현용 목사님, 전주문정교회 박성곤 목사님과 박병돈 목사님, 전주강림교회 양인석 목사님)들을 만나게 해 주셨다. 하나님은 결코 자신의 일을 위해 헌신하는 자들을 외면하지 않으시고 사랑하시며 치유하신다. 나는 혹 몸이 더 상할지도 모르지만 두렵지 않다. 왜냐하면 하나님께서 우리 모두를 선교의 도구로 쓰시고, 다시 재충전해 주셔서 하나님의 온전한 일꾼으로 쓰실 거라 믿기 때문이다.

선교 현장에 직접 가서 삶을 헌신하는 모든 선교사님들과 보내는 선교사로 기도하며 후원하는 모든 이들과 함께 A.M. 오버튼의 신앙고백 "하나님은 실수하지 않으신다네"를 나누고자 한다.

> 내가 걷는 이 길이 혹 굽어 도는 수가 있어도,
> 내 심장이 울렁이고 가슴 아파도,
> 내 마음속으로 여전히 기뻐하는 까닭은
> 하나님은 실수하지 않으심일세.
> 내가 세운 계획이 혹 빗나갈지 모르며,

나의 희망 덧없이 쓰러질 수 있지만

나 여전히 인도하시는 주님을 신뢰하는 까닭은

주께서 내가 가야 할 길을 잘 아심일세.

어두운 밤 어둠이 깊어

날이 다시는 밝지 않을 것 같아 보여도,

내 신앙 부여잡고 주님께 모든 것 맡기리니

하나님을 내가 믿음일세.

지금은 내가 볼 수 없는 것 너무 많아서

너무 멀리 가물가물 어른거려도

운명이여 오라 나 두려워 아니하리.

만사를 주님께 내어 맡기리.

차츰차츰 안개는 걷히고

하나님 지으신 빛이 뚜렷이 보이리라.

가는 길이 온통 어둡게만 보여도

하나님은 실수하지 않으신다네.

필리핀에서 만나 결혼한 필리핀 여성인 아내 유 플로라 조이 선교사가 늘 고맙기만 한 유준수 선교사. 가족으로 아내 조이 선교사와 아들 유사랑, 딸 유기쁨이 있다. 유준수 선교사는 사랑이와 기쁨이뿐 아니라 필리핀 여성과 한국인 남성 사이에 태어난 모든 '코피노' 아이들의 친아버지가 되기를 바라며 사역하고 있다.

18

주님이 보내 주신 천사

—캄보디아 선교사 은영기

'아니, 이럴 수가! 사람이 이렇게 변형될 수도 있단 말인가!' 얼굴이 찌그러지고 사지는 뒤틀렸고 머리와 발이 뒤쪽(등쪽)으로 구부러져 있는데 꼭 반달 모양이었다.

가정 형편이 어렵고 위중한 환자가 있다는 주변 사람들의 얘기를 듣고 찾아갔더니, 말도 못하고 대소변도 못 가리는 17세 소녀가 아무것도 입혀지지 않은 채 누워 있었다.

쌍둥이 자매 중 동생인 이 소녀는 우측 고관절이 기형으로 성장을 멈춰서 오른쪽 발이 왼쪽보다 6센티미터 가량 짧았는데, 시간이 지날수록 더 많이 절뚝거릴 것이라고 함께 갔던 이근욱 정형외과 선생님께서 말씀하셨다.

소녀의 어머니도 심장 질환을 앓고 있고, 아버지는 폐 질환으로 고생을 하고 있었는데, 이 소녀는 태어날 때부터 뇌성마비질환 환자로 손가락 하나 움직이지 못하여 밥도 먹여 줘야 하는 상황이었다고 했다.

바싹 마른 몸을 만져 보니 마른 나뭇가지마냥 도저히 펴지지가 않았다. 힘을 주어 강제로 펴면 뚝 하고 끊어져 버릴 것만 같아서 근육을 풀어 주고 혈이 통하게 아주 조심스럽게 한 시간 동안 지압을 해 주었다. 처음엔 경계하듯 바라보던 소녀의 가족들도 소녀에게 정성을 다해 지압하는 것을 보더니 점차 미소를 지으며 다가오기 시작했고, 지압을 마치고 나서 함께 기도를 하자고 했더니 응해 주었다.

3일 후에 다시 오겠다고 약속하고 돌아오면서 '과연 그 소녀가 3일 동안 살아 있을까?' 라는 생각이 들었다. 하늘을 바라보며 하나님께 물어보았다.

"하나님! 풀 한 포기라도 다 쓸모가 있어서 이 땅에 존재한다고 하셨는데, 하물며 하나님의 형상을 입은 이 아이가 이 땅 어디에 쓸모가 있어서 보냄을 받았습니까? 그 가정이나 일가친척들에게 도움이 되기는커녕 일손이 모자라는 농촌 지역에서 소녀를 돌보느라 힘들게 하고 부모의 가슴에 상처만 안겨 주는 이 소녀가 어찌하여 이 땅에 보냄을 받았을까요?"

이렇게 투덜거리듯 기도를 하면서도 눈이 오나 비가 오나 일주일에 두 번씩 찾아가 한 시간씩 지압과 침을 놓고 기도하기를 반복했더니 어느새 3년의 세월이 훌쩍 지나 버렸다.

그러던 어느 날 소녀의 이웃 주민들이 자기 집에 와서도 기도를 해 달라고 요청했다. 옆에서 보기에 곧 죽을 줄 알았던 소녀가 죽지 않고 살아 있을 뿐 아니라, 활처럼 굽어 있던 몸이 반듯하게 펴진 것이 기도의 힘이라는 것을 그들도 알게 되었기 때문이었다.

이 소녀의 처참하게 일그러진 육체를 치료하는 동안 많은 시간 주님과 교통할 수 있었다. 그리고 주님께 간절히 기도 드렸다.

"주님! 이 소녀야말로 남에게 나쁜 말 한마디 못하고 욕심도 없고 화낼 줄도 모르는, 정말 수정같이 맑고 깨끗한 아이입니다. 불쌍히 여겨 주십시오."

나의 간절한 기도에 대한 응답이었을까. 소녀의 가정을 방문한 지 4년쯤 되던 해에 소녀의 가족들이 모두 주님을 영접하고 집 근처 중국인 교회에 나가기 시작했다. 그리곤 붉은 벽돌집에 도배하듯 붙어 있던 부적들이 하나둘 사라지더니, 그 자리를 붉은 십자가와 성화 달력이 대신하게 되었다.

소녀의 집을 방문할 때마다 아이가 좋아하는 과자와 함께 계절별로 가족들이 입을 수 있는 옷가지를 가지고 갔는데, 예전에는 말 한마디 못하던 소녀가 제법 미소를 지으며 "니하오(안녕하세요)" 하며 반겨 주었다. 아직까지 일어나서 활동을 할 수는 없으나 많은 진전이 있는 것 같아 기쁜 마음이었다.

병원에 근무한 지 6년이라는 긴 시간이 흘렀을 즈음, 6년 전 그 소녀를 처음 보면서 온 가족에게 짐만 되는 아이를 이 땅에 보내신 뜻이 무엇이냐고 항의하듯 하나님께 기도 드렸던 기억이 떠올랐다. 그때, "아……" 하는 탄식과 함께 주님께서 주님의 방법대로 일하고 계심을 깨달을 수 있었다. 나는 주님께서 일하시는 방법에 큰 감동을 받음과 동시에 그 자리에서 무릎을 꿇고 감사와 회개의 기도를 드렸다.

주님의 방법이란 가난하고 누구도 돌보지 않는 가정의 괴상한 환자를 돌보기 위해 주님의 도구를 보내셨고, 주님께서 온 세상에 베푸셨던 그 크신 사랑을 당신의 도구를 통해 조금이나마 그 소녀에게 전달하심으로써 그 가족 전체가 주님을 영접하게 하시는 것이었다.

치료를 시작한 지 4년 만에 현지인 전도사님과 연계되면서 소녀의 가정을 구원해 하늘나라의 백성으로 만드시는 주님의 뜻과 방법을 깨달았을 때의 기쁨과 감동은 이루 말할 수 없을 정도였다.

나는 다시 한 번 감사를 드린다. 뇌성마비 소녀를 치료하면서 소녀가 이 땅에 온 것은 모든 사람에게 근심과 고통의 짐이 되기 위함이 아니라 '그 가정과 이웃을 구원하는 천사로 보내졌다' 라는 사실을 알게 되었기 때문이다.

지금은 비록 몇 안 되는 사람이 주님을 영접하는 것으로 시작되었지만 10년 후, 또는 20년 후에는 그들을 통해 복음의 씨앗이 30배, 60배, 100배의 결실을 맺게 되리라 믿는다. 그렇게 해서 하나님께서 그 소녀를 이 땅에 보내신 분명한 목적이 그 가정과 이웃의 구원에 있다는 것이 증명될 수 있으리라 생각한다.

성경 말씀에 믿음, 소망, 사랑 그중에 제일은 사랑이라 하였다. 하나님께서는 나에게 주님의 사랑을 몸으로 실천하게 하셨고, 그 과정 속에서 주님의 은혜로 구원의 천사를 알아볼 수 있는 영안이 열리고 그 가정과 이웃이 구원을 받는 하나님의 임재하심을 경험하게 하셨다. 할렐루야!

19

악취가 변하여 향기로

−캄보디아 선교사 은영기

왕권일이라는 55세 중국인 남자 환자가 있었다.

중국 요녕성 단동시 호산성에 있는 양로원에 위탁되어 혼자 살고 있던 사람인데, 어느 날 양로원에서 나무 뽑는 작업을 하던 중 깊은 웅덩이에 거꾸로 추락하여 머리를 크게 다쳤다. 사고로 뇌가 손상되어 손발을 전혀 움직이지 못하는 식물인간이 되었으며, 소변은 줄줄 새고 대변은 관장을 해야만 하는 상황이 되었다. 이 환자를 한 달 동안 방문 치료했으나 상황은 호전되지 않았고, 그대로 양로원에 두면 환자의 상태가 더 위험해질 수 있다는 판단하에 내가 근무하는 병원에 입원할 것을 권유하였다.

환자를 병원으로 옮겨 온 후 성경을 읽어 주고 목욕도 시켜 주면서 음식도 먹여 주고 대소변 수발까지 정성을 다하였으나, 마치 잠금 장치가 고장 난 수도꼭지처럼 시도 때도 없이 바지에 소변을 보곤 했다. 기저귀를 사용해가며 치료를 거듭한 끝에 소변을 가릴 만 하게 되자, 이젠 변비와 싸워야 할 상황에 봉착하였다.

아침에 눈을 떠서 만나는 사람마다 "그 환자 대변을 보았습니까?"라고 묻는 것이 아침 인사가 되어 버릴 정도였다. 심지어 식사 중에 그런 대화가 오가는 게 다반사였음에도 전혀 불쾌하거나 더럽다는 느낌이 들지 않을 정도로 그 환자가 볼일을 보기를 마음 졸이며 기다리고 있었다.

왕권일 환자가 대변을 보지 못한 지 11일, 12일이 지나 13일째가 되자 가뭄에 논과 밭의 식물이 말라 죽어 가듯이 내 속도 타들어가는 듯했다. 환자의 배는 풍선마냥 통통 부풀어 오르고, 끙끙거리는 신음과 더불어 배가 아프다고 식사량이 뚝 떨어져 기운 없는 모습을 볼 때마다 내 속도 바짝 타들어갔다.

또다시 관장을 해 봤으나 그 방법은 통하지가 않았다. 비눗물을 사용해 봤으나 상태가 호전되지 않아 주사기에 약품을 넣어 항문 깊이 호스를 통해 주입한 후 힘을 주는 방법을 써 봤다. 그러나 상황은 해결되지 않고, 변을 보기 위해 힘을 줄 때마다 개구리를 땅바닥에 내동댕이치면 파르르 떠는 것같이 경련을 일으키는 환자를 보면서 너무 불쌍하고 안타까워서 똑바로 바라볼 수가 없었다. '저러다 잘못돼서 죽거나 혈관이라도 터지면 어쩌나……' 하는 별의별 생각이 꼬리를 물었다.

그렇게 변비와의 전쟁이 나아질 기미를 보이지 않자, 최후에 남은 방법은 하나밖에 없었다. 손가락을 이용해 직접 파내는 방법. 위생 장갑을 끼고 바셀린을 발라 가며 돌덩이처럼 단단해진 변을 조각 내서 파내었다. 조금씩 파내면 다시 장 위쪽에서부터 밀고 내려와야 또 파낼 수 있어서 경련을 일으키며 힘을 쓰게 해 내려오는 시간을 기다렸다가 파내기를 두 시간여 동안 반복한 끝에 작업 목적을 달성할 수 있었다.

한 생명을 살려야 한다는 간절한 마음에 모든 생각을 집중하다 보니 전혀 악취를 느끼지 못했다. 아니, 지독한 변 냄새가 코를 마비시켰는지도 모르겠다. 오히려 냄새 나는 변들을 다 빼내고 나니 내 가슴이 뻥 뚫리는 기분이 들고, 무거운 짐을 바닥에 내려놓는 듯한 상쾌함에 어찌나 기쁘고 감사했던지. 천하보다 귀한 생명들을 살리시기 위해 십자가를 지기까지 하셨던 주님의 마음을 조금이나마 헤아릴 수 있을 것 같았다.

시간이 지나자 환자의 얼굴에 화색이 돌면서 배가 고프다고 했다. 이후 침술 치료와 생활 돌봄이 계속되면서 왕권일 환자를 병원에 입원시킨 지 2개월 만에 손발이 조금씩 움직이기 시작했고, 며칠이 지나자 자기 손으로 밥을 먹기 시작하였다. 그리곤 휠체어를 타고 복도를 왔다갔다하는가 싶더니, 어느새 휠체어를 밀고 다니는 모습을 볼 수 있었다.

입원한 지 3개월 만에 완전히 자유스럽지는 않았지만, 한 손에 지팡이를 짚고 천천히 걸어 다니는 모습을 보는 모든 사람들이 놀라운 마음과 함께 하나님의 은혜에 감사와 찬양을 드렸다.

이 환자를 위해 동역하는 선교사들 모두가 새벽마다 기도를 했고, 금요 철야기도 때마다 합심하여 통성으로 기도하며 하나님께 간절히 구하곤 했는데, 역시 기도 외에는 이런 일이 일어날 수 없음을 다시 한 번 깨달을 수 있었다.

하나님께서는 당신의 종들의 기도를 선교 현장에서 응답해 주셨고, 나는 확신과 믿음이 생겼다. 왕권일 환자가 이곳에서 걷는 날이 하나님께는 영광이요 우리에게는 큰 기쁨이 될 것이라는 것을. 왕권일 환자는 예수님을 영접하였다. 또 주님 은혜에 감사한다고 하였다. 할렐루야!

사람들은 흔히 음식을 먹은 후 냄새 나는 변을 못 보는 사람을 변비증 환자라고들 말한다. 그런데 세상에는 많이 배워서 남에게 지식 자랑은 하면서도 정작 가난해서 못 배운 사람들에게 지식을 나눌 줄 모르는 지식 변비증 환자가 있는가 하면, 넘치는 재물을 가지고도 가난해서 굶고 병들어 죽어 가는 이웃들에게 나눌 줄 모르는 물질 변비증 환자도 있다. 또 주님으로부터 엄청나게 큰 사랑을 받았으면서도 그 사랑을 다른 이들과 나눌 줄 모르는 사랑 변비증 환자들도 있다.

그렇다면 나는 어떤 변비증 환자일까?

주님의 말씀이 떠올랐다.

"사랑하라, 내가 너희를 사랑한 것같이 너희도 서로 사랑하라. 가장 작은 자를 사랑하는 것이 바로 내게 하는 것이니라."

이 말씀으로 힘을 얻어 지식 변비증, 물질 변비증, 사랑 변비증을 치료하고 하나님께 영광 돌리는 자가 될 수 있기를 간절히 소

망해 본다. ✺

> 은영기 선교사는 평신도 선교사로서 샘선교회에서 세운 단동병원의 침술사로 환자들을 치료하며 사랑과 기도로 복음을 전하는 일에 최선을 다하였으며, 6년간의 사역을 마치고 2008년 캄보디아로 재파송되어 한방의료를 통한 선교에 최선을 다하고 있다. 가족으로는 임유순 장로(양문교회)와 1남 3녀가 있다.

20

8·19의 기적

—캄보디아 선교사 강은규

나는 오십이 갓 넘어 선교를 시작한 선교사이다. 남보다 늦게 시작한 선교이지만 때가 되었기에 불러 주셨다고 확신한다. 나는 아름다운 꽃과 코코넛 열매를 생각하며 선교 현장에 꽃씨와 코코넛 나무를 심었다. 만 7년이 지난 지금 이곳 선교 현장에는 여러 가지 아름다운 꽃들이 피어 있다.

나는 언제나 든든한 위의 백을 의지하고 그분을 믿으며 선교의 나팔을 불고 있다. 잠시 세상에서 살 때 꼭 가고 싶은 곳을 가겠다고 여러 번 결심하여 작은 부담감을 안고 자유롭게 여행을 다니며 28년 동안의 한방 치료사역(한방 군의관 포함)을 통하여 많은 연단 끝에 부르심을 받아 이곳 캄보디아 땅에서 제3의 천국 잔치를 준비 중이다.

하나님의 은혜로 캄보디아 아홉 곳에 성전 건축을 했지만 선교 센터 없이 31명과 함께 공동체 생활을 하기란 여간 힘든 것이 아니었다. 특히 16명의 청년 대학생들이 먹고 잠자고 훈련받고 예배드리는 공간이 많이 협소했다. 비전트립 팀과 외부 손님의 쉴 공간이 없어서 하나님께 떼를 쓰며 매달린 끝에 지금 4층 건물(각층 70평)의 선교 센터를 건축 중이다.

하나님의 계획과 섭리는 알 수 없다. 선교 센터 건축은 2009년 5월 방파선교회 제9차 선교대회를 이곳 캄보디아 바탐방 시에서 1,200여 명의 성도들과 76곳 현지인 목회자들과 함께 은혜 가운데 마친 것이 계기가 되었다.

선교대회 후 3개월 만인 2009년 8월, 나는 선교보고를 드리기 위해 조국을 방문했다. 하지만 18곳의 성전에서 선교보고를 드리던 40여 일 동안 특별한 응답을 받지 못했다. 선교보고 기간 동안 여러 차례 분당 가나안교회 담임이신 장경덕 목사님께 전화를 드렸고 네 번의 통화가 이루어졌지만 해외와 국내에 말씀 선포를 위해 출타 중이셨던 목사님을 좀처럼 만나 뵐 수 없었다.

전화 통화 중 장경덕 목사님은 "무엇을 도와드리면 되겠냐?"고 물어보셨다. 나는 목사님의 질문에 전화로는 어떤 요구와 대답을 일체 하지 않았다. 다만 "저를 만나 주시는 것만 해도 감사합니다"라고 말했다.

다섯 번째 전화 통화를 통하여 드디어 목사님께서 선약을 미루시면서 우리 부부를 가나안교회로 불러 주셨다. 성전 장소를 몰라서 있는 우리를 마침 김영곤 목사님께서 보시고 가나안교회 성전 문 앞에 내려놓으시고는 그냥 돌아가셨다. 나는 성전 문 앞에서 크고 멋진 십자가 건물을 보고는, 도로변에 위치한 성전 기둥을 붙잡고 대낮에 사람들이 보든지 말든지 무릎을 꿇고 부르짖었다.

"주님, 좀 모자라는 제가 당신의 심부름을 하기 위해 찾아왔습니다."

그리고 곧바로 3층 본당 십자가 밑에서 무릎을 꿇고 선교 센터를 달라고 했다. 약속한 시간에 당회실에서 목사님을 뵈었다. 나는 즉시 "선교 센터를 위해 왔으니 꼭 가나안교회를 통해서(열아홉 번째 선교보고) 기쁜 소식을 받아 가길 원합니다"라고 했다.

나는 선교지에 대한 목사님의 질문에 대답했다.

장경덕 목사님이 10분가량 밖으로 나가신 순간, 갑자기 슬픔이 찾아왔다. 왜냐하면 선교 센터를 건축하기 위해 이미 여러 교회의 성도님께 열여덟 번이나 말씀 드렸는데 대답은 없고 기도해 주겠다는 말만 들었기 때문이었다. 순간 오열과 함께 눈물이 흐르기 시작했다. 나의 그 모습을 보고 놀란 사모님께서 "왜 우십니까?"라고 물으셨다. "예, 저의 믿음의 자녀들이 먹고 자고 쉬며 예배 드릴 장소인 선교 센터 때문입니다"라고 대답했다.

"선교사님, 그러면 목사님께 말씀 드리세요."

진지한 표정이 오고 갔다. 잠시 후 목사님이 들어오셨고, 사모님이 "목사님! 선교사님이 막 우셨어요"라고 말씀하셨다.

목사님은 우리 선교지 현실과 사정을 들으신 후 "이 일은 하나님께서 일하십니다"라고 말씀하셨다. 그것이 그분의 답이셨다. 그 외에 일절 다른 말씀이 없으셨다. 나도 더 이상 묻지 않았다. 그 이유는 내 마음에 확신이 왔기 때문이었다.

2009년 8월 19일 수요 저녁예배 때 가나안교회에서 선교보고를 할 수 있도록 허락받았다.

선교보고를 하는 동안, 캄보디아 바탐방 지역에서 함께 예배와 중보기도를 드리도록 전도사인 샤끼에게 전화로 부탁하였다. 수요일 밤 한국 시간으로 7시, 캄보디아 시간으로 5시, 한국에서 선교보고를 하는 동안 캄보디아에서는 현지 목회자 30여 명과 성도 120명의 통성기도가 진행되고 있었다.

나는 선교 현장에 믿음으로 돌아와 한 주일 만에 나의 선교 시작과 과정, 현재 진행 중인 선교사역과 앞으로의 선교계획 등을 장경덕 목사님께 소상하게 서면으로 보고 드렸다. 다시 2주일 후에 장경덕 목사님과 사모님께 안부 전화를 드렸다. 목사님이 나의 안부를 다 들으신 후 조용히 말씀하시길 "우리가 선교 센터 한 층을 맡을게요. 그리고 꼭 필요하시면 한 층 더 맡을게요."

오! 하나님, 감사합니다. 8·19의 기적이 캄보디아 땅에 이루어지는 순간이었다.

나는 평생 그 순간을 잊지 못할 것이다. 바로 그때 내 몸속에 하나님께서 주신 치료 호르몬 유전자, 즉 엔돌핀보다 4,000배나 강한 다이돌핀이 생산되어 제 기능을 못하던 내 심장의 여러 부분들이 다 치료되었다고 믿는다(그 당시 나는 심장병 치료 중이었는데, 2년 동안 나의 심장 40퍼센트가 제 기능을 못하고 있었다).

목사님의 그 말씀을 듣는 순간 선교 현장의 숱한 사연으로 생긴 눈물과 가슴 조이게 했던 모든 것들이 눈 녹듯 녹아내렸다.

2010년 2월 18일에 가나안교회 장경덕 목사님과 청년회 비전 트립팀, 그리고 70여 교회의 현지 목회자들과 한국인 선교사님들, 지역 주민 400여 명과 2009년 8월 19일에 중보기도를 했던 현지 목회자들이 함께 기도의 기적을 눈으로 확인하며 캄가나안센터 기공 예배를 하나님께 드렸다.

이 일은 나의 간증이 되었고, 생명의 새싹인 4층 선교 센터가 현재 8주째 건축 중이다. 이 모든 영광을 하나님께 올려 드린다.

21

19세 미혼모의 새로운 삶

-캄보디아 선교사 강은규

캄보디아에서 3년째 문화와 언어를 배우며 한방 치료를 통한 농장사역과 치료사역을 할 때의 일이다.

우리 농장 사역장에서 700미터 떨어진 곳에 남달리 키가 크고 얼굴과 몸이 예쁘고 피부가 검은 19세의 아라이라는 자매가 살고 있었다. 그녀는 결혼은 하지 않았는데 세 살 된 딸이 있었다. 그리고 아빠가 누구인지 알 수 없는 임신 5개월 아이의 엄마가 된 이 일은 나중에 알게 되었다.

아라이 자매는 고향 마을 이웃 동네에 좋아하는 청년이 있었는데 결혼하지 않고 임신을 하여 딸을 낳았다.

캄보디아는 모계 사회이므로 자녀에 대한 아버지의 책임은 적고 양육의 책임은 대부분 엄마의 몫이다. 또한 300불 되는 유산 비용이 없어서 아이가 생기는 대로 낳는 실정이다. 당시는 쌀 한 가마니(50킬로그램)가 미화로 8불(한화로 약 10,000원) 하던 때이다. 그래서 대부분의 사람들이 비싼 병원비를 치르고 아이를 유산시키는 것보다 자녀를 낳아 기르는 것이 경제적이라고 생각했다.

고향을 멀리 떠난 이 세 살짜리 아이의 미혼모 아리아 자매는 우리 농장 부근으로 왔고, 이웃의 또 다른 유부남과 몰래 만나던 중에 새로운 생명이 또 잉태되었다.

어느 날 이른 아침에 아주머니 한 분이 나를 찾아와서는 "큰일 났어요! 사람 살려 주세요!"라고 해서 즉시 차를 몰고 가 보니 평상 위에 아라이 자매가 누워 있고 평상 밑에는 얼핏 봐도 1리터 가량의 피가 고여 있어서 피비린내가 진동했다.

아라이 자매는 백지장과 같은 얼굴에 가늘게 떨리는 목소리로 "선생님, 살려 주세요! 살려 주세요!"라고 부르짖었다.

농장에서 병원까지는 한 시간 거리이다. 그 순간 나는 '지체하면 이 사람이 죽겠구나! 먼저 응급처치부터 해야겠다'는 생각을 하면서 집으로 데리고 왔다.

그리고 비상 대책으로 링거 세트를 이용해서 내 피로 수혈을 하기 시작했다. 감사하게도 나의 혈액형은 만능 공급자인 O형이다. 잠시 후 그 자매의 창백한 얼굴이 많이 좋아졌고, "이제 살았구나! 감사합니다!"라는 말을 되풀이하였다. 그 자매의 목소리가 또렷해진 것을 듣고 시내 병원으로 옮겨 치료하여 3일 만에 정상으로 회복이 되어 퇴원했다.

사고의 원인은 옆 동네의 유부남과 아라이 자매가 의논 끝에 아이를 낙태시키기로 결정한 후 시내에 있는 무허가 의사 가정집에서 싼 값으로 낙태를 시켰는데, 자궁벽 혈관을 터트리고 지혈이 다 되지 않은 상태에서 비포장도로를 통하여 오토바이로 이동한 것이 화근이었다.

몸이 회복된 후 고구마를 가지고 찾아온 아라이 자매는 자기를 살려 준 은혜에 감사하다면서 이렇게 말했다. "나는 예수 믿는 선교사의 피를 받고 살았으므로 선교사의 피가 나의 몸속에서 평생 돈다고 믿는다." 그리고 "돈은 없고 내가 가진 것은 몸밖에 없다"고 하면서 자기 몸으로 일을 도우면서 살겠다고 했다.

아라이 자매는 1년이 며칠인지 또 몇 주인지 알지 못했다. 내가 바닷물이 짜다고 했더니 믿지 않았고, 글을 쓸 줄도 몰랐다. 그런 아라이 자매가 약 10개월 동안 복음과 훈련을 받고 고향으로 되돌아갔다.

캄보디아 사람들은 인생이 어디에서 와서 무엇을 하다가 어디로 가는지 알지 못한다. 그러기에 우리가 이 땅 캄보디아로 찾아왔다. 지금도 나는 아라이 자매가 자신의 입술로 주님을 노래하며 기도하고 자랑하길 기도한다.

킬링필드의 옛 땅 캄보디아에서 40도씨 이상의 뜨거운 살인 더위보다 더 뜨거운 십자가의 사랑의 피를 캄보디아 현지인에게 나눠 주기를 갈망하는 강은규 선교사는 전문인 의료 선교사로서 오늘도 제2의 고향인 캄보디아에서 하나님의 사명을 잘 감당하고 있다. 가족으로는 현지인과의 공동체 생활을 사랑으로 실천하고 있는 아내 김양희 선교사와 부모님의 뒤를 이어 선교사의 길을 준비하고 있는 하나님이 주신 믿음의 상속자 원철, 원미가 있다.

22

여호와께서 대사를 행하셨도다

—캄보디아 선교사 송춘명

2007년도 6월 3일, 당시 방파선교회 회장 공용준 목사님께서 시무하시는 양문교회에서 파송 예배를 드리고 캄보디아 바탐방에 선교사로 오게 되었다. 그날은 1985년 5월 1일에 영등포 노회에서 목사 안수를 받은 뒤 한 번의 안식년도 없이 21년간 감당해 온 국내 목회를 한순간에 내려놓는 날이었다.

그때 나는 만 21년 동안 목회를 하면서 남은 것이라고는 여러 가지 어려운 상황들 속에서 진 개인적인 빚과 카드 빚만 있는 상태였다. 섬기던 교회가 교회 건축으로 빚을 많이 안고 있었다. 당회와 제직회에서 "교회가 열심히 벌어, 즉 교회가 해야 할 선교를 하면서 갚으면 빚도 아니다. 그러니 선교비, 교육비, 목회자 생활비 감축 등 아껴서 갚으려 하지 말자"고 하였지만 계속 아껴서 갚으려는 정책으로만 나가니 교회는 성장하지 못하고 겨우 현상 유지에 급급하게 되었다. 게다가 당회에서 목회자의 책임을 물어 생활비를 상식 이하로 삭감하는 지경에 이르자 많은 빚을 안고 있는 나로서는 결단을 해야 했다.

그래서 2007년 부활절을 기해 교회가 선교를 제대로 하지 못한 책임이 모두 나에게 있음을 고백하고, 나이가 많아 늦은 감은 있지만 내가 선교사로 나가겠다고 선포하였다. 그리고 그해 경남노회 봄 노회에 사직서를 내고 후원교회가 결정되지 못한 채 세계선교부에 노회 파송 선교사로 청원하였다.

"후원 문제는 걱정하지 말고 무임 목사가 되지 않도록 경남노회소속 선교사로 인준해 달라"고 간절히 청원하여 허락을 받게 되었다. 그런데 그날 놀라운 일이 일어났다. 내가 선교사로 나가겠다고 하니 강정식 목사님께서 시무하시는 거제도의 소랑교회에서 "해외선교를 위해 준비한 헌금이 있는데 교회 창립 60주년 기념으로 목사님이 캄보디아에 개척교회를 세워 주시면 좋겠다"고 하였다.

하나님께서는 캄보디아 선교가 얼마나 급하셨는지 선교사로 파송되기도 전에 개척교회까지 예비해 두고 계셨음을 알 수 있었다. 소랑교회 강정식 목사님과 윤정석 장로님은 내가 선교사로 나올 때 캄보디아까지 동행해 주셨다. 직접 바탐방에 들러 개척교회 부지를 돌아보고, 아직 매입하지도 않은 땅이었지만 그 위에서 기공예배를 드리며 개척헌금을 작정해 주셨다.

그리고 그해에 교회가 건축되어 개척교회가 세워졌다. 그 후에도 2층에 사택을 지을 수 있도록 계속 후원해 주셔서 깜뽕 싸이마 소랑교회가 우뚝 세워져 지금까지 섬기고 있으며, 가난한 강변 마을이 조금씩 변화되고 있다.

또 나의 빚 문제도 이렇게 저렇게 정리하고 남은 2천만 원을 딸 여름이에게 갚으라 하니, 철없는 딸은 물정도 모른 채 자기가 갚겠다고 걱정하지 말라고 하는데 부모로서 마음이 너무나 아팠다. 그런데 어느 날 중국 상하이에 있는 처 이종사촌 동생에게서 결혼 후부터 모아 온 돈이 있는데 기도하는 중에 하나님께서 누나에게 돈을 보내라고 하셨다며 4천만 원이 훨씬 넘는 돈을 보내왔다. 그 돈을 받는 순간 하나님께서 나에게 시편 126편의 말씀을 주셨다.

"여호와께서 시온의 포로를 돌려보내실 때에 우리는 꿈꾸는 것 같았도다 그때에 우리 입에는 웃음이 가득하고 우리 혀에는 찬양이 찼었도다 그때에 뭇 나라 가운데에서 말하기를 여호와께서 그들을 위하여 큰일을 행하셨다 하였도다 여호와께서 우리를 위하여 큰일을 행하셨으니 우리는 기쁘도다 여호와여 우리의 포로를 남방 시내들같이 돌려보내소서 눈물을 흘리며 씨를 뿌리는 자는 기쁨으로 거두리로다 울며 씨를 뿌리러 나가는 자는 반드시 기쁨으로 그 곡식 단을 가지고 돌아오리로다."

그래서 모든 빚을 다 갚게 되었고, 하나님께선 선교사로 나가는 우리에게 물질로부터 자유할 수 있는 날개를 달아 주셨다. 지금까지 묵묵히 부족한 우리에게 선교 후원금을 보내 주시는 여러 교회와 성도님들이 계시는데, 그중에서도 경남노회 해운동부교회 이병건 목사님은 개척교회로 교회 운영이 어려운 형편이면서도 내가 선교사로 결단하기 전부터 준비해 온 선교 후원금을 주시면서 힘을 내라고 기도해 주시던 모습은 지금까지도 잊을 수가 없다.

파송 당시 군복무를 하고 있던 아들 이레(장로회신학대학교 재학 중)는 우리가 선교사로 나간다는 소식을 듣고 "가서 순교하십시오" 했는데 한편으로는 고맙기도 하면서 조금은 섭섭한 마음도 들었다.

그리고 선교사로 나와 있는 동안 돌아가셔서 다시는 이 땅에서 그 음성을 들을 수 없게 된 이모님도 계신다. 내가 목회를 내려놓고 선교사로 나간다는 소식을 듣고 안타까워하시다가, 어머니에게서 이제 송 목사가 가장 귀한 하나님의 일을 하게 된 것이라는 설명을 들으시고 "그럼 됐다" 하시던 이모님. 나를 아들처럼 아껴 주시던 이모님의 목소리도 귀에 쟁쟁하다.

이렇게 캄보디아 선교사로 결단하고 파송을 준비하며, 사임한 교회 사택에서 안산에 사는 여동생집 옥상에 나를 위해 지어 준 창고로 이사했는데 짐이라고는 책밖에 없었다. 이삿짐을 나르던 트럭 기사가 놀라면서 "이렇게 검소한 짐은 처음입니다. 존경스럽습니다"라고 했다. 하나님 앞에 언제나 부끄럽기만 한 나에게 존경스럽다 하여 트럭을 타고 가면서 자초지종을 이야기해 주니 다 듣고서는 자기도 선교 후원을 하고 싶다 하여 무척 고마웠다.

그런데 이사하고 나서 이삿짐을 나른다고 무리했는지 왼팔을 움직일 수가 없었다. 평소에 혈압이 높았던지라 중풍 초기 증상은 아닌가 싶어 후배이자 하남시 의사회 회장이었던 김영철 원장의 도움으로 정형외과 병원에 갔는데, 엑스레이 사진을 보더니 수술해야겠다고 하였다. 곧 선교사로 나가야 하는 상황에서 수술을 해야 한다 하여 걱정했는데 후배가 걱정하지 말라며 난생처음으로 MRI 촬영도 받게 해 주고 신경외과 병원에서 판독 받을 수 있게 해 줬다.

그 결과 수술받지 않아도 될 것 같다고 하였다. 그래도 왼팔을 움직일 수 없어 고통스러웠는데, 파송받는 날 움직이지 못하던 팔을 머리 위까지 번쩍 올릴 수 있게 되었다. 우연한 일 같지만 하나님께서 선교사로 나가는 나에게 "선교는 네가 하는 것이 아니라 내가 한다"라고 주시는 사인임을 알 수 있었다.

이렇게 "하나님이 다 하셨습니다"라고 고백할 수밖에 없는 나는 다시 한 번 선교는 하나님의 선교(Missio Dei)라는 사실을 깊이 깨닫고, 모든 원망도 걱정도 다 내려놓았다. 그리고 여기 캄보디아 바탐방에서 하나님 선교의 작은 도구로 쓰임 받기 위해 열심히 기도하며 일하고 있다.

23

100원과 후원기도회

-캄보디아 선교사 송춘명

내가 남석교회에서 청년부에 있을 때에 우리 교회 박윤숙 전도사님께서는 내가 신학교에 입학하자 감사하게도 자신이 쓰던 바클레이 주석전집을 선물해 주셨다. 언제나 기도의 본을 보여 주신 분으로 그 후에 상처하신 감리교회 목사님과 결혼하시게 되어 사모님이 되셨다는 소식을 들었는데, 어머니와 계속 연락을 나누고 계셨다고 한다.

그래서 캄보디아 단기 선교 팀으로 오셨을 때에 나에게 전화해 주셔서 20여 년이 훨씬 넘는 세월이 지나 떨리는 마음으로 시엠립에서 반갑게 만나 뵈었다. 내가 선교사로 파송되었다는 소식을 어머니에게서 전해 들으신 후부터 박윤숙 사모님은 매일같이 사모님이 이끄시는 기도 모임에서 나를 위해 기도해 주시며 모임을 가질 때마다 선교 후원금으로 100원씩을 모아 오셨다며 나에게 후원금을 전해 주셨다.

 그때 나는 이렇게 건강하게 선교사역을 감당할 수 있었던 힘이 어디에서 왔는지, 그 강력한 기도의 힘을 온몸으로 느낄 수 있었다. 그 어떤 큰돈보다도 더 크고 귀한 사랑과 기도의 후원을 느끼며, 그야말로 천군만마를 얻은 것보다 더 큰 힘을 얻었다.

 마틴 루터가 "기도 잘한 사람이 연구 잘한 사람이다"라는 말을 영적 좌우명으로 삼았다는데, 선교는 물질로 하는 것이 아니라 기도로 한다는 진리를 다시 한 번 체험하며 나도 "기도 잘한 사람이 선교 잘한 사람이다"를 좌우명으로 삼게 되었다.

> 캄보디아에서 현지인들에게 한국어를 가르치며 그들에게 한국어로 성경 말씀을 가르치고 있는 송춘명 선교사는, 선교는 성장이라고 생각하며 하나님께서 붙여 주시는 많은 사람들을 만나 성장하기 위해 열심히 뛰고 있다. 가족으로는 본인보다 더 많은 사역을 감당하고 있는 아내 현정미 선교사와 한국에서 여러 모양으로 부모님을 지원하고 있는 딸 여름이와 다일교회 교육전도사로 섬기고 있는 아들 이레가 있다.

24

선교의 깃발을 휘날리며

—캄보디아 선교사 **현정미**

벌써 이 캄보디아 땅에 발을 디딘 지도 2년이 훌쩍 넘었다. 뒤돌아보면 하나님께서 이 일을 위하여 벌써 오래전에 계획해 놓고 기다리고 계시고, 우리의 삶의 자리를 바꾸어 놓으셨음을 고백하지 않을 수 없다. 우리 일생에서 내려놓지 못한 것들을 내려놓게 하시고, 모든 것으로부터 자유롭게 하심에 대한 은혜를 생각하게 된다.

이곳으로 부르신 하나님의 계획을 생각하며, 이곳에서의 우리의 사역은 주님의 눈이 머무는 곳이 어디인지를 생각하며 그곳을 보기 원하며 나아가기 위해 애쓰고 있다. 그리고 이 민족을 향한 뜨거운 열정을 가지고 주님의 마음으로 사랑하려고 한다.

이 일을 위하여 먼저 이웃들과의 관계를 중요시하고 그들과 함께하기 위한 연습으로 음식을 나누고 마음을 나누며, 외국선교사와도 교류하면서 서로의 사역들에 대해서도 이야기하곤 했다. 처음에는 언어의 부족으로 대화하는 게 많이 힘들었다. 그렇지만 나는 선교를 '관계' 라고 정의하며 진실한 관계를 가지려고 애쓰고 있다.

이곳 사람들은 두려움을 안고 살아가고 있는 모습을 자주 보게 된다. 예수님을 모르기에 여러 가지 미신과 악한 영에 눌려 무서워하는 것 같다. 임마누엘 주님이 함께하심으로 두려움이 없는 선교사들에게 은근히 놀라는 눈치다.

그리고 이 땅에 살아가면서 이 나라 사람들이 느끼는 작은 행복에 대해 많은 생각을 하게 된다. 하나님께서 지으신 자연만으로도 충분히 행복한 이들, '창문으로 살살 들어오는 솔솔 부는 바람만으로도' 이들처럼 우리 또한 행복을 느끼며 살아가고 있다.

이곳 캄보디아는 영적으로 너무나 어두운 곳이지만 그래도 우리가 사역하는 바탐방 지역은 그나마 조금은 깨어 있는 곳이다. 그래서 이곳에는 믿음의 선조들로 인해 축복을 받아 누리고 사는 가정들도 제법 있다.

우리가 이곳에 처음 와서 한 일 중 하나는 믿음의 가정에서 자란 속힘 자매를 잘 양육하여 한국의 신실한 청년과 중매를 해서 결혼시킨 일이다. 속힘 자매는 한국 청년과 결혼하여 지금 한국에서 살고 있다.

속힘 자매네 가정은 2대째 믿음을 지켜 온 가정으로, 어머니는 포트 시대에 핍박을 받아 돌아가시고 아버지가 2남 3녀의 자녀들을 믿음으로 키우셨다. 아직까지 혼자 사는 큰언니는 프놈펜의 바이블 칼리지의 영어성경 교수이며, 오빠와 남동생은 각각 바탐방과 프놈펜에서 목회하고 있는 목회자이다. 이 가정을 보면서 우리 주님의 축복하심을 느낄 수 있었다.

우리는 하나님께서 속힘 자매를 한국에 취업 또는 결혼하여 나가 있는 많은 캄보디아인을 위한 복음 전파의 통로로 쓰실 것을 기대하며 역파송하였다.

지금도 속힘 자매와 그곳의 목사님에게서 종종 기쁜 소식을 듣는다. 어느 날에는 캄보디아인이 어떻게 알고 교회로 속힘 자매를 찾아왔다고 하는데, 그때 속힘 자매가 그들에게 복음을 전하였다고 한다. 속힘 자매가 한국에 들어갈 때 우리는 캄보디아인을 위하여 캄보디아 성경을 꼭 챙겨가야 한다고 했는데 그 덕을 톡톡히 보고 있다. 그녀는 지금은 임신 중인데 아버지를 너무 그리워해서 한국으로 초대했다고 한다.

하나님께서 우리 손에 많은 젊은이들을 붙여 주고 계신다. 그들의 배우고자 하는 열망이 얼마나 큰지, 무엇이든지 배우려고 애쓰는 것을 본다. 아마도 바탐방이 교육 도시라서 그 영향을 받는 것 같다.

그들과 함께 크마에(캄보디아어) 성경을 읽다 보면 성경에 불교 용어들과 왕족이 쓰는 용어들이 많이 섞여 있는 것을 발견하게 된다. 이것을 빨리 고치는 작업도 필요하다. 그렇기에 그들을 잘 양육해서 누구나 성경을 쉽게 읽을 수 있도록 새로 번역을 해야 할 것 같다.

요즈음 이곳의 젊은이들에게서 희망을 보았다. 주님을 영접하고 복음을 듣는 눈망울이 반짝이고 있다. 그들이 "예수님을 알기 전에는 꿈이 없었습니다. 목적이 없었습니다. 하지만 예수님을 알고부터 지금은 분명한 목적과 꿈이 생겼습니다"라고 고백할 때 가슴이 한없이 벅차올랐다.

우리가 꿈꾸면 하나님께서 일하신다. 이 젊은이들을 통해 이 나라에 주님께서 역사하심을 기대해 본다. 그래서 우리는 또다시 꿈을 꾼다. 하나님 나라가 그들 마음속에 임할 때까지 오늘도 선교의 깃발을 힘차게 휘날리며 선교의 최전선을 향해 나아간다.

> 남편 송춘명 선교사의 가장 좋은 협력자인 현정미 선교사는 날마다 캄보디아 성경을 열심히 읽으며 주님의 마음으로 캄보디아를 품고 있다. 자녀로는 직장생활하는 딸 여름이와 장로회신학대학에 다니며 다일교회에서 교육전도사로 섬기고 있는 아들 이레가 있다.

25

룰루랄라 전임 강사

―캄보디아 선교사 최은옥

내가 다니던 서울의 광암 교회는 매년 봄, 가을로 20일 특별 새벽 기도회가 있다. 2008년에는 봄철 특별 새벽 기도회를 40일간 하시겠다고 이상섭 담임 목사님께서 주일 예배 시간에 광고를 하셨다. 난 권사로서, 그리고 집이 바로 교회 코앞이고 해서 평소에도 새벽 기도회를 별로 빠지지 않는 편이라 그렇게 놀랄 일도 아니지만 '왜 갑자기 40일이지?' 라고 생각하는 사이 특별 새벽 기도회가 시작되었다.

당시 난 그야말로 룰루랄라 하는 즐거움에 빠져 있었다.

장로인 남편이 2007년 봄 모 교단의 신문사에서 국장으로 60세 정년을 마치자마자(요즘 세상에 글쎄 60까지 직장을 다녔다는 게 보통 일이 아니잖은가) B건설사에 부사장으로 스카웃되어서 한참 잘나가고 있었다. 주위에서 시샘 섞인 부러움도 많이 받고, 더군다나 회사에서 지급된 부사장 전용 차량이 요즘 한창 말썽이 되고 있는 일본 T회사의 L이라는 차였다. 가끔 퇴근 후에 그 차를 얻어 타고 나들이하면 무슨 귀부인이나 된 듯해, 말년에 이게 웬 축복인가 하며 하나님의 은혜에 감사하며 즐거운 마음으로 시작한 40일간의 특별 새벽 기도회도 어느덧 끝나 가고 있었다.

새벽 기도회 기간 동안 남편의 얼굴이 썩 밝지 않아 보였지만 무심히 지나치고 말았다. 그리고 40일 특별 새벽 기도회가 끝나는 날 목사님께서 느닷없이 성령님의 인도하심에 따라 7일간을 더 연장하여 특별 새벽 기도회를 하겠다고 말씀하셨다. 모두들 '목사님께서 무언가 응답을 못 받으셨나 보다'라고 생각하면서 군소리 없이 새로운 일주일 특별 새벽 기도회가 시작되었다. 새로운 일주일 첫날 새벽 기도회를 마치고 아침 식사를 하는데 남편으로부터 폭탄(?) 선언을 듣게 되었다.

"여보, 사실은 말이야. 목사님께서 특별 새벽 기도회를 일주일 연장하신 건 아마 나 때문인 것 같아."

"아니, 무슨 뚱딴지같은 소리예요? 왜 당신 때문에 새벽 기도회를 연장해요?"

"사실은 내가 정확히 기억은 안 나지만 40대 초반쯤에 한참 세계 선교에 불붙어서 하나님께 서원기도를 했거든."

"서원기도요? 아니, 무슨 기도를요?"

난 너무 당황스러워서 다그치듯이 물어 댔다.

"언제라고는 안 했지만 반드시 내가 선교사로 나가겠다고 말이야."

"그런데요?"

"그런데 이번 40일 특별 새벽 기도회가 시작되자마자 그 서원 기도가 떠올랐고……."

난 남편의 말을 중간에 자르고 급히 되물었다.

"그래서요?"

"그리고 하나님께서 '나에게 약속한 선교 일은 언제 할 거냐'고 물으셨어."

"그래서요?"

난 또다시 다그쳐 되물었다.

"그래서는 무슨 그래서야? 지금 회사가 얼마나 바쁜데, 내가 하나님께 뭐라고 말씀 드리겠어? 그냥 아무 말씀도 못 드렸어."

"내 참, 원……."

나는 잠시 말문이 막혔다. 딱히 아무 생각도 들지 않았다.

다시 남편의 말이 계속되었다.

"그런데 갑자기 목사님께서 새벽기도를 일주일 연장하시지 않겠어? 그래서 이 일은 나 때문이라는 걸 깨닫고 오늘 새벽에 '모든 걸 내려놓고 당장 가겠습니다'라고 하나님께 말씀 드렸어. 그러니 당신의 동의가 필요하고, 당신도 동의하면 당신도 빨리 당신이 하던 여러 가지 봉사 일들을 정리해야 해."

"……."

"나 출근해!"

"……."

"다녀올 테니 퇴근 후에 얘기해."

말을 마친 남편은 후련하다는 듯 훌쩍 출근해 버렸다.

이것이 내가 지금 물 설고 낯선 이곳 캄보디아 바탐방이라는 곳에 와 있게 된 사건의 전말이다.

이제 이곳에 온 지도 벌써 한 달이 훌쩍 넘었다. 낮의 온도가 37-38도를 넘나드는 뜨거운 더위, 향초 내음으로 뒤덮인 음식들, 배워도 배워도 입이 안 열리고 귀도 안 열리는 어려운 캄보디아 말, 전혀 다른 관습들 등으로 선교의 길이 멀고도 험하구나 하는 생각과 함께 선배 선교사님들이 존경스럽게 보이면서도 광야 40년의 이스라엘 백성들처럼 슬슬 옛 생각이 들 때에 하나님께서는 참으로 놀라운 사건으로 나를 깨우치시고 은혜를 베푸셨다.

이곳은 캄보디아의 수도인 프놈펜에서 약 300킬로 정도 서북 방향으로 떨어져 있다. 인구는 약 140만 명 정도로 주산업은 농업이며, 경제력은 아직 미미하고 인구수는 이 나라 두 번째라고 한다. 수도인 프놈펜에서 이곳으로 오는 데는 자가용 이외에 유일한 교통 수단인 시외버스로는 여섯 시간이 걸린다. 왕복 2차선의 아스팔트 도로지만 소, 우마차, 경운기, 사람, 자동차, 오토바이, 자전거 등 걷거나 달릴 수 있는 모든 것들이 사이좋게 이용하고 어두워지면 전깃불이 없어 칠흑같이 캄캄해서 거리가 비록 300킬로밖에 안 되지만 여섯 시간이나 걸리는 것이다.

어쨌든 이곳에 인구가 많아 교육 도시로서 대학이 국립과 사립을 합쳐서 다섯 곳이나 된다. 그런데 며칠 전 이곳의 유일한 국립

대학인 UBB(University of Battambang) 대학 총장에게서 만나자는 연락이 왔다. 물론 이런 연락 사항은 나보다 언어가 빠른 남편이 다 대행한다. 그래서 약속을 하고 남편과 함께 그 대학 총장, 부총장, 그리고 우리 부부를 소개한 한국국제협력단(KOICA)의 김 선생(이 대학에서 한국어를 가르치는 여성 단원), 이렇게 다섯 명이 모였다. 무슨 일로 대학 총장이 만나자고 했는지 무척 궁금하고 가슴 설레는 시간이었다.

40대 중반의 총장은 단도직입적으로 이렇게 말했다.

"저는 KOICA 김 선생으로부터 당신이 한국의 대학에서 성악을 전공하고 남편과 함께 선교사로 와서 이곳의 아이들에게 피아노와 노래를 무료로 가르친다는 말을 들었습니다. 만약 당신이 이 대학에서도 학생들에게 성악을 가르쳐 준다면 우리 대학에 성악과를 신설하고 학생을 모집할 테니 당신의 의견을 듣고 싶습니다."

내가 대답도 하기 전에 총장은 자기 얘기를 계속했다.

"우리 대학은 약 3,500여 명의 학생과 45명의 교수가 있습니다. 그런데 예·체능계 학과가 없습니다. 만약에 당신이 우리 제안을 받아들인다면 우리는 당신을 우리 대학의 전임 강사로 정식 임명하겠습니다."

물론 나는 이 제안을 감격 속에서 받아들이고 왔다. 비록 무보수이고 피아노 등 음악 교육에 필요한 모든 기자재도 우리가 준비하는 조건이었지만 3월 22일 2학기 개강 초부터(이 나라는 10월이 1학기 시작이다) 이 나라 국립 대학의 어엿한 전임 강사로서 젊은이들에게 음악을 통하여 복음을 전할 수 있게 되었다.

지금 남편은 성악과 학생들을 주축으로 대학생 선교회를 만들어, 이들이 졸업하고 사회에 진출하였을 때 크리스천으로서의 삶을 통하여 이 나라의 복음화에 초석이 되리라는 희망에 들떠 있다. 물론 우리가 이곳으로 올 때 몇 가지 선교사역을 계획하고 준비해오긴 했다. 그러나 하나님께서는 우리를 더 크고 넓은 곳으로 인도하셔서 당신의 뜻을 이루시고자 한다는 깨달음을 주셨다.

아! 하나님께서는 우리가 세상의 작은 것들을 붙들고 룰루랄라 기뻐하다가 그것들을 버리고 하나님을 기쁘게 하였더니 이렇게 크고 놀라운 룰루랄라 기쁨으로 우리를 채워 주셨다. 그것도 우리가 전혀 예상도, 상상도 할 수 없는 방법으로 말이다.

어쩌면 주의 일을 하시는 모든 분들에게 이런 기쁨을 주셨는데, 이제 내일모레면 환갑인 내가 늘그막에 작은 일 하나 하고 큰 선물을 받은 기쁨에 넘쳐 주책없게 글을 쓰지 않았나 싶어 걱정도 되지만 그러면 어떤가? 기쁘고 좋은 걸.

우리 하나님 만세!

> 조기 은퇴 후 인생의 황금기를 캄보디아 선교사로 헌신한 남편 이상노 선교사를 따라 캄보디아에 온 최은옥 선교사는 캄보디아 국립대학에 음악과 교수가 된 것도 감사하고, 남편 이상노 선교사가 같은 학교의 일본어과 교수로 청빙된 것도 감사하다. 큰아들과 며느리, 사돈의 든든한 기도와 물질 후원에도 감사하고, 부모님을 따라 평신도 선교사로 헌신한 둘째 아들로 인해 감사하다. 그래서 오늘도 룰루랄라 선교사의 삶을 살고 있다.

26

행하시는 이는 하나님이시니

—태국 선교사 조준형

1기 사역(1987-1993)을 감당하던 어느 주일, 보통은 금요일이나 토요일에 온 식구가 함께 신학교를 떠나 맡아서 돌보던 태국 교회들과 산 부족을 위해 세워진 교회를 방문했다. 늘 다니던 도로는 몇 년 동안 진행 중인 포장 공사의 마무리를 하느라 다닐 수가 없어 그날은 가깝게 교제를 나누던 태국 목사와 함께 다른 도로로 가야만 했다.

운전해 가는데 태국 목사가 잠시 차를 세우라고 했다. 그리고 내려서 한 곳을 지목하더니 설명을 시작했다. 그가 지목한 곳은 큰 도로변에 있는 장소였다. 설명인즉, 100년 전에 이곳을 미국 선교사가 개척해서 교회를 세워 150명의 교인들이 있었으나 제2차 세계대전 시 일본군에게 빼앗겼고, 교인들은 뿔뿔이 흩어져 지금은 보이는 대로 황폐한 곳이 되어 버렸다면서 아주 격앙된 목소리로 설명을 했다.

과거 하나님의 사역을 감당하던 그곳이었으나, 지금 눈에 보이는 것은 십자가 모양의 교회 터 위에 일반인이 들어와서 제멋대로 화초를 길러 팔고 있고, 자동차 정비소, 가라오케, 식당 등등 시랑이 머무는 곳이 되었다. 우거진 숲과 나무들 사이로 버려진 우상 단지들이 널려 있고, 으슥한 분위기로 젊은이들이 이곳에서 마약을 하는 등 무질서하고 황폐한 곳이 되었다.

밤늦게까지 싸구려 선술집에서 흘러나오는 노랫소리로 지나가는 사람들이 고개를 젓게 하는 곳. 그곳의 역사를 아는 사람들은 뭐라고 했을까? 얼마나 하나님을 훼방하며 영광을 가리는 언어들을 쏟아냈을까? 태국 목사의 설명이 더 필요 없었다. 찬양과 경배가 가득 차야 할 곳이 이렇게 하나님을 알지 못하는 자들의 장사하는 곳이 되어 버리다니. 이곳을 밟는 자들이 갖은 말로 하나님을 모욕하고 영광을 가렸을 것을 생각하니 가슴으로부터 눈물이 솟구쳤다.

"하나님, 이 땅을 회복하기를 원합니다. 하나님의 이름의 영광이 회복되기를 원합니다."

오랫동안 그곳이 뇌리에서 지워지지 않았다. 안식년을 마치고 돌아오니 후원교회가 도시에 교회를 개척하기 원하였고, 나 역시 지난 1기 사역 기간 동안 태국 교회를 배웠던 터라 그곳을 말씀 드리고 그곳에 선교 센터를 짓기로 하였다. 모든 건축 절차는 태국과 한국 양 교단의 합의 후에 시작되었다.

센터가 지어지는 도시 사방에 절이 있었다. 태국에서 인구수 대비 절과 승려가 가장 많은 도시였다. 센터 건물을 지을 동안 가까운 곳에서 개척교회를 시작했고, 태국인 전도사를 초청하여 아주 재미있게 목회를 감당했다. 능력 있고 뜨거운 전도사를 만나서 감사했고, 시작한 지 얼마 되지 않아 20-30명의 교인도 나와 세례를 베풀었다. 아름다운 공동체였다.

그러나 다 설명할 수는 없지만 현지인 전도사와 교인들이 한데 뭉쳐 문제를 일으켰다. 함께 기도하고 준비해야 할 시점에 참 안타까웠다. 그러나 공사는 계속되어야 했다. 개척교회는 어려움이 생겼지만 건축을 진행해야 했다.

사실 나는 우리 아이들도 제대로 돌보지 못한 채 올인하고 있는데, 태국인 형제들은 오히려 내 것 네 것 생각하고 있는 것을 바라보니 실망감이 몰려왔고 모든 것을 포기하고 싶은 마음이 들었다. 내 개인적인 일이라면 그냥 저들이 원하는 대로 해 주고 떠나오고 싶었다. 그러나 주님께서 이곳을 회복하시기를 우리보다 더 원하고 계시기에 불 같은 시험 속에서도 주의 강권적인 역사와 도우심으로 헌당하는 날이 되었다.

800-900명의 태국 형제들과 한국 후원교회의 많은 분들이 참석하셨고, 한인 선교사들이 특별 찬양을 드렸다. 앞에 앉아 있는 나나 뒤에서 상기되어 있는 아내나 그 감격을 이루 말할 수가 없었다. 예배 후에 기념 사진을 찍기 위해 계단에 섰는데 십자가 위로 무지개가 곱게 떴다. 무지개가 우리에게 주는 의미를 알기에 우리뿐 아니라 태국인 형제들도 기뻐했다.

그것은 "다시는 물로 심판하지 않겠다"고 보여 주신 구원의 증표가 아닌가! 이 교회의 터는 하나님의 사역이 무너지고 하나님을 모르는 자들이 들어와 땅을 차지하고 우상을 세우고 섬기고 조롱하고 훼방하던 곳 아닌가! 하나님께서 한국 교회와 우리를 이 땅을 회복시키기 위한 도구로 사용하심에 감사와 감격이 넘쳐났다.

동시에 현지 태국인 목회자와 교인들이 일으킨 일련의 사건을 통해 '이곳의 주인은 오직 하나님이심'을 새롭게 보여 주는 기회가 되었다. 이 땅은 언제든지 떠날 수 있는 곳, 우리는 떠나나 하나님께서 관리하시고 통치하시는 곳임을 고백하게 되었다.

태국인 목회자를 초청해 앞에서 목회하도록 했다. 무당도 예수를 영접하고, 귀신 때문에 오랫동안 괴로움을 겪던 아줌마와 딸이 고침을 받고, 에이즈로 곧 죽을 것이라는 판정을 받은 자매가 생명 연장을 받아 건강하게 지내고, 그 외에 밤무대에서 노래하던 싸구려 가수들이 예수를 믿고 교회 성가대원들이 되어 섬기는 등 주님께서 은혜를 주셔서 태국 내에서 가장 교회 성장이 빠른 교회로 소문이 났다. 그곳 태국인 목회자는 여기저기 초청을 받아 말씀으로 섬기고 있다.

2005년, 우리는 그곳을 떠나 새로운 선교지인 우돈타니로 옮겼다. 후배 선교사들이 적지 않은 어려움을 겪으면서도 잘 협력하여 섬기고 있다. 눈물로 씨를 뿌리는 자는 기쁨으로 거둔다는 말씀을 붙들며 사역하고 있다. 사역을 감당함에 눈물과 인내가 필요한 것이 사실이다. 그런 중에 기쁨으로 거두는 역사를 보게도 하시기 때문이다.

우돈타니에 아름다운 선교 센터를 지어 헌당하였으며, 교회는 안정되고 개인적으로는 두 번째 안식년을 준비하는 시기였다. 그때까지도 여전히 같이 센터 교회로 들어오지 않은 개척교회 당시의 교인들에 대한 상한 마음이 있었다. 그러나 가르친다고 되는 것이 아님을 알기에 안타깝고 아쉬웠지만 기도하는 일 외에는 방법이 없었다. 그러나 하나님께서는 이 종의 무거운 마음을 아셨다. 저들을 애타게 사랑하는 마음을 말이다.

어느 주일 주동해 나를 반대하던 집사가 직접 찾아와서 울면서 "처음부터 마지막까지 다 잘못했다"며 용서해 달라는 것이었다. 같이 기도하면서 나도 울었다. 무엇을 용서하겠는가? 하나님께서는 이 종의 마음을 아셨다. 주님이 역사해 주시기를 바라면서 견디어 온 이 부족한 종의 마음을 말이다.

감사하면서 묵었던 체증이 뚫리듯 가벼워졌다. 주님이 부르셨고 맡기셨고 함께하시고 지시해 주시고 직접 해결해 주시니 무엇이 걱정인가? 물론 답답한 시간도 있었다. 내가 동굴 안에 갇혀 있나 하는 생각이 들 때도 있었다. 그러나 그곳은 빠져나오는 데 시간이 걸리는 좀 긴 터널이었을 뿐이다.

선교 센터를 세우기 위해 준비하며 그곳에 살던 사람들을 내보내는 과정에서 있었던 일들, 저들이 법원을 찾아다녔던 일들, 그때 이미 하나님께서 준비해 놓으셨던 사건들을 이 짧은 지면에 다 표현할 수 없어 안타깝다. 이 일을 통해 하나님은 살아 있는 역사를 보여 주셨다. 그것은 어디로 보내시든, 어떠한 일이 주어지든 담대하게 나아갈 수 있는 원동력이 되고 있다. 다시 한 번 동행해 주신 주님께 감사를 드린다.

> 불교 문화권 속에 살고 있는 6천 5백만 영혼들에게 예수 그리스도가 참 구주 되심을 23년째 전하고 있는 조준형 선교사는 태국뿐 아니라 인도차이나와 세계 속에 그리스도의 은혜를 전하길 기도하고 있다. 가족으로는 아내 이명화 선교사가 있다.

27

삼중고의 폭풍의 언덕

−동북아시아 선교사 이드로

한민족과 연변

연변은 우리 한민족과 불가분의 관계에 있다. 그곳은 우리 민족의 애환이 서린 곳이다. 한민족의 탄생지, 선구자들의 고장, 지금은 남북 분단의 최 일선 완충 지대 역할을 하는 곳이다. "동해물과 백두산이 마르고 닳도록 하느님이 보우하사 우리나라 만세"는 단순히 나라 사랑만의 노래가 아니다. 민족의 탄생과 흥망성쇠, 운명을 가름한 한민족의 노래이자 나라 사랑의 노래이다. 애국가의 기초 배경이 되는 곳이 바로 백두산이요 연변 땅이다.

나라가 풍전등화와 같은 위기에 처해 나라 밖에서라도 살길을 찾아보자고 나선 곳이 옛 간도, 만주 땅, 지금의 연변이다. 우리는 그들을 선구자라고 부른다. 또한 지금의 남북 분단의 고통을 안고 이산가족들의 만남의 장소, 북한 돕기 창구, 살길을 찾아 뛰쳐나온 북한 동포들의 탈출 루트 역시 바로 연변이다.

삼중고의 폭풍의 언덕

1980년대부터 러시아 벌목공으로 팔려간 북한 사람들은 혹독한 추위 속에서 시베리아 원시림 벌목공으로 혹사를 당하다가 추위, 배고픔, 고독감, 말도 통하지 않는 문화적 충격으로 견디다 못해 연변으로 스며들었다. 그들은 연변 동포들의 몫이다. 또 연변에 가 있는 한인들의 몫이기도 하다. 그들을 돌보다가 북한 공작원에게 납치된 안승훈 목사(1997년)는 지금도 평양에 억류되어 있다.

두 번째는 탈북자들의 행렬이다.
1990년대부터 북한은 가뭄, 홍수 등 자연재해와 화전을 일구다가 민둥산이 되어 버린 산사태 등의 인간 재해로 식량난이 심각했다. 살길을 찾아 두만강을 넘어 연변으로 탈출하는 북한 사람들이 매년 수십만에 이른다. 굶어 죽고, 얼어 죽고, 빠져 죽고, 잡혀 죽고, 죽음의 행렬이 오늘도 여전히 이어지고 있다.

탈북자! 잘못 붙여진 이름이다.
예부터 지리적, 문화적, 민족적으로 국경 없는 지대처럼 넘나들며 살던 우리의 형제요 친척들이다. 60년대는 연변이 살기 어려워 많은 지식인들, 연변 동포들이 북한에 가 살기도 했고, 오늘은 그 북한 동포들이 곤란을 면하고자 연변에 찾아온 것이다. 그런데 '탈북자' 마크를 붙여 국제사회에 떠돌아다녀야 한단 말인가? 그들은 옛날같이 오늘도 형제, 친척집에 찾아온 것이다.

그래서 연변 동포들은 조상들처럼 그들을 끌어안고 밥도 주고 돌봐 주고 숨겨도 준다. 선구자의 후손들은 오늘도 그 조상들의 길을 걸어가고 있는 것이다. 한국의 김동식 목사는 그들을 돕다가 2000년 북한 공작원에게 납치, 2001년 처형되어 2008년 12월 그 유골이 한국에 이송되었다. 그러한 위험은 아직도 연변에 상존하고 있다.

삼중고의 그 세 번째 폭풍이란 이른바 '한국 초청장 사기 사건'이다.

1992년 한국과 중국이 지난 50년의 긴 어둠의 역사를 묻고 세계의 새 역사 대열 속에 합세, 한·중 수교를 맺었다.

당시 한국은 무역 강국으로 부상, 세계무역량 11-12위로 막대한 인력난에 시달리고 있었다. 특히 3D 업종은 더욱 심각했다. 매년 20만 명의 노동력이 동남아에서 몰려올 때 우리 말과 글을 아는 연변 조선족 동포들이 노동 현장에 투입되어 노사 양쪽에 좋은 기회가 되었다.

그러나 사회주의 사회에 익숙한 연변 동포들은 능률면에서 효과를 내지 못했고, 동포들 역시 노동 현장의 조건과 임금에 불만을 품고 다른 현장을 찾아 전전긍긍했다. 결국 노동 현장에서는 연변 동포 기피 현상이 일었고, 동포들은 떠돌이가 되거나 불이익을 당해 귀국 조치되는 악순환이 있었다.

반세기 동안 서로 왕래가 없던 친척, 친지 등이 한국을 방문하여 받는 환대와 도움, 중국에서 가져온 약 판매로 얻게 되는 수입, 20배가 넘는 한국의 노임 등으로 인해 연변 동포들은 한국행 비자를 얻으려고 무슨 끈이라도 잡고 매달렸다. 그 기회를 타 악덕 브로커들이 가짜 초청장을 가지고 대거 중국에 가서 친척 방문, 유학, 취업 등의 감언이설로 연변 동포들에게 사기 행각을 벌인 것이다. 집을 팔고, 빚을 내고, 친척들 집까지 저당 잡혀 인민폐 1만 원에서 10만 원 이상 주고 그 가짜 초청장을 산 것이 결국 사기 행각에 걸려들게 된 것이다.

비자는 나오지 않고 결국 집도 가산도 빚쟁이들에게 다 빼앗기고, 몰매 맞고, 죽임당하고, 자살도 하고, 유랑민 되어 마치 전쟁터 피난민 행렬같이 사회의 저변에서 방황하고 있다.

이런 동포들에게 북한 형제 친척도 찾아오고, 러시아 벌목공들도 살려 달라고 하니 이 어찌 삼중고의 폭풍의 언덕이라 하지 아니하겠는가?

광복 전 학도병으로 일본군에 끌려갔다가 탈출하여 중국에서 독립운동에 가담했던 장준하 씨가 그 당시의 실상을 담은 《돌베개》라는 책을 썼다. 그 책 속에는 이런 구절이 있다.

내 영혼 저 노을처럼 번지리
내 겨레의 가슴마다 핏빛으로
내 영혼 영원히 헤엄치리
조국의 역사 속에 핏빛으로.

그는 자신의 생명을 겨레의 가슴과 조국의 역사 속에 묻고 싶다는 순교적 고백을 했다. 해방 후 〈사상계〉를 발간하여 우리 민족의 사상적 선구자의 길을 걷다가 군사 독재 시절에 의문에 싸인 죽음으로 미궁 속에 묻혀 있다. 그의 고백처럼 그의 영혼이 겨레의 가슴과 조국의 역사 속에서 영원히 번지고 헤엄치고 있을지도 모른다.

그는 《돌베개》 책 말미에 우리 민족의 가슴속에 경종을 울리는 한마디의 짧은 말을 남겼다.

"다시는 못난 조상이 되지 말아야 한다."

새기고 또 되새기며 살아야 할 우리 민족 모두의 좌우명으로 삼아야 하지 않을까?

> 방파선교회 초대 총무였던 이드로 선교사는 동북아시아에 희망복지촌을 건립하고 50채의 집을 지어 어려움을 당한 조선족들에게 무상으로 3년간 대여하는 등 조선족을 위한 사역을 하고 있다.

4부

서아시아 및 중앙아시아

이스라엘 ■ 카자흐스탄

28

주만 바라보는 사람

―이스라엘 선교사 정예후다

선교지에서의 자기 반성과 반추는 늘 주님이 처음 선교로 부르실 때 하신 말씀에서 시작된다.

"너는 나만 바라보아야 한다."

이와 꼭 같은 말씀을 고 김사무엘 선교사님이 남겨 주셨다.

"선교사는 주님만 바라보는 사람이다."

이 말씀은 어느 틈엔가 내 마음의 비석에 새겨지고 내 길을 비추는 등불과 같이 되었다. 고난과 위기의 순간에도, 궁핍함과 간절한 필요의 순간에도, 한 영혼을 마주하고 생명의 복음을 나누는 순간에도, 내딛을 걸음이 막막한 순간이나 모든 것이 형통하게 풀어지는 순간에도, 주님의 이름을 부르고 주님의 이름으로 이기며 주님의 이름에 영광을 돌리는 선교사의 삶이 이 말씀 속에 녹아들어 있다.

현장에서 사람이 고난이 되고 사람이 위기가 될 때, 사랑하러 찾아간 땅이 광야가 되고 사막이 되어 다가올 때, 보이지 않는 영적 싸움이 몸을 병들게 하고 마음을 지치게 할 때, 후방 공급과 지원이 잠시 미약하여 영육이 헐떡일 때, 주님 한 분만 바라보고 붙잡는다는 것은 신뢰의 훈련, 순종의 훈련, 곧 십자가 지고 옛 사람의 죽음을 배우는 훈련으로 되살아났다.

이스라엘은 광야가 절반이다. 메마른 땅, 타는 햇빛, 바짝 마른 입술로 걷다가 숨은 골짜기에 졸졸 흐르는 시내를 만나는 기쁨은 사실 매일같이 기도로 엎드리며 하나님의 말씀 앞에 나아가는 묵상의 시간(Quiet Time) 없이는 불가능했다. 홀로 하나님 앞에 서는 묵상과 기도의 시간을 통해 하늘의 시내가 나의 목마르고 갈한 영혼에 흘러들고, 이정표 없는 광야 같다고 느끼는 순간 뚜렷한 화살표 하나 화인처럼 남겨 놓는다.

이스라엘에 들어간 지 얼마 되지 않아 집안에 큰 시련이 찾아왔다. 가문의 종손인 큰 조카가 사고를 당하여 하늘의 주님께로 돌아갔다. 그는 너무도 사랑스러운 스무 살 외아들이었다. 함께 주의 종의 길을 걷고 있는 그 아이의 아비이자 내 맏형의 비통함이 내 영혼과 육신을 사로잡았다. 그가 얼마나 고통스러울까 생각하면 밥알을 씹다가도 입술 사이로 신음이 흘러나왔다. 광야가 내려다 보이는 곳에 서면 메마르고 황폐해졌을 형님의 심령과 어머니를 비롯한 온 가족의 고통이 삭풍이 되어 갈비뼈 사이를 훑고 지나갔다. 이 고통스러운 때에 곁에 있어 줄 수도 없다니…….

칠 주야가 지나도 눈물샘은 나의 통제를 벗어나 제멋대로 움직였다. "하나님, 왜……?" "하나님이여, 도우소서!" 등의 질문과 간구가 신음처럼 새어 나왔다. 폭풍이 치고, 불꽃이 일어나고, 모래바람이 지난 후에 세미한 음성이 찾아온다고 하였던가. 한 달 여의 씨름 후에 이마에 흐른 땀을 식히는 감동이 내 영혼을 잠잠하게 해 주었다. "주신 이도 여호와, 취하신 이도 여호와, 여호와의 이름이 찬송을 받으소서." 대주재의 주권과 선하심이 나를 사로잡아 고요히 예배하며 엎드리는 자리로 이끌어 주셨다.

고통스러워도 말씀 앞에 서고, 지치고 힘겨워도 기도의 자리로 나아간다. 그 외에 다른 길은 알지 못하며 또 알기를 원치도 않는다. 매일 정한 묵상과 기도의 시간에 주님은 임재의 위로와 감동으로 새 힘과 소망을 주시며 더욱 넓고 깊은 지경으로 나아가도록 도전시키신다.

'선교사는 주님만 바라보는 사람이다!' 주님만 바라보며 사는 삶이 생명의 삶이다. 이와 같은 생명의 삶이 선교사의 삶이라 믿고 이 길을 간다.

복음의 시발지 예루살렘에서 교회 개척을 준비하고 있는 정예후다 선교사는 현지 교회들과의 협력을 통해 이스라엘과 열방이 예수님 안에 한 새사람으로 연합하여 다시 오실 주님을 맞이할 준비를 하고 있다. 가족으로는 이스라엘의 대표적인 나무 열매를 이름으로 가진 김올리브 선교사가 있다.

29

낙타 등에 복음과 꿈을 싣고

-중앙아시아 선교사 황도연

내가 어렸을 적, 매일 아침이면 들판으로 나가 이슬이 송송 맺혀 있는 논두렁에서 소에게 먹일 꼴을 한 망태기씩 베어 와 소를 먹이고 온 가족이 상 앞에 둘러앉아 아침을 먹었다. 그때 바지 가랑이가 이슬에 다 젖도록 논두렁에서 꼴을 벨 때면 마을 회관 지붕에 매달아 놓은 스피커에선 흘러간 옛 노래가 온 들판으로 구성지게 울려 퍼졌다. 그중에 지금도 애틋하게 가슴에 남아 있는 노래가 고복수 선생님이 부르셨던 "사막의 한"이다.

    자고 나도 사막의 길 꿈속에도 사막의 길
    사막은 영원의 길 애달픈 나그네의 길

낙타 등에 꿈을 싣고 사막을 걸어가면
황혼에 지평선의 석양도 애달파라.

연해주에서 강제 이주당했던 고려인들이 중앙아시아 사막 길을 오가며 불렀다는 노래, 혹은 독립군들이 이역만리 이국땅에서 고향을 그리워하며 불렀다는 노래, 나는 오늘 이 사막의 나라, 오아시스 도시 타슈켄트에서 이 노래를 부른다. 실크로드 중앙에 있는 오아시스 도시 타슈켄트, 옛날 중국 장안(시안)에서 출발한 아라비아 대상들이 사막을 횡단하느라 갈한 목을 이곳 타슈켄트에서 축이고 갔다 한다.

내가 이곳에 온 지 벌써 5년 반이 되었다.

그 옛날 어릴 때, 논두렁에서 꼴을 베면서 이 노래를 애틋한 심정으로 들을 때는 그 의미도 몰랐는데 어느새 내가 오십이 넘어 이 사막 한가운데 살면서 이 노래를 입속으로 되뇌인다.

2004년 8월 17일 오후 5시 30분, 아시아나 항공 인천발 타슈켄트행 비행기가 창공을 향해 힘차게 발진하였다. 우리 가정이 올망졸망 다섯 자녀를 앞세우고 꿈의 선교지 중앙아시아 우즈베키스탄 타슈켄트를 향해 출발한 것이다. 한방 전문 병원을 세우고 선교 한의과 대학을 세워 중앙아시아 한복판에 연세대학과 같은 선교대학, 세브란스병원과 같은 선교 한방 병원을 만들겠다고, 그리고 한국 교회에 의지하지 않는 완전 자립 선교의 모본이 되겠다고 자신만만하게 비행기에 올랐다. 비행기에 한국 사람은 몇 사람 없고,

한국에서 돈 벌어 고향 집으로 돌아가는 우즈벡 사람들이 듬성듬성 앉아 있었다. 비행기가 이륙하고 한 시간이 지나자 여행에 지친 다섯 자녀들이 곯아떨어지고 아내 혼자 창밖을 내다보면서 울고 있었다.

내가 처음 이 우즈베키스탄을 찾은 것은 지금부터 15년 전이다. 거리는 침침하고 한국에서 폐차한 버스가 한국어 글귀를 그대로 붙이고 검은 매연을 뿜어내면서 시내버스로 이용되고 있었다. 무엇보다 의료 상황이 좋지 않아 단기 의료 봉사팀이 하루 100명씩 진료했다. 그래서 복음의 사각지, 선교의 황금어장이라고 믿고 열정만 가지고 앞뒤 가리지 않고 서둘러 들어왔다.

그러나 막상 도착해 보니 단기 선교 때와는 근본적으로 달랐다. 무엇보다도 준비가 너무 엉성했다. 언어도 안 되고 길도 잘 모르고 도움을 받을 만한 사람도 없었다. 함께 일하자고 나를 초청했던 H씨는(자칭 선교사) 미국으로 휴가를 떠나고 없었고, 단기 팀과 함께 가지고 온 물건을 나누어 줄 때는 반가워하던 현지 사역자들도 막상 도움이 필요할 때는 쌀쌀하기만 했다.

처음 한 달 동안은 우즈벡 사람이 살던 집에서 살았는데 컨테이너가 도착하지 않아 부엌 식기를 약간 빌려 썼다. 그런데 그릇에서 노린내가 어찌나 나던지 음식을 먹을 수가 없었다. 거기다 설상가상으로 물이 맞지 않아 온 식구가 한 달 동안 설사를 했다.

낮에는 기온이 50도를 넘어 대문 밖으로 나갈 수가 없는데다 길도 모르고 말도 안 통하여 집 안에 감금되어 살고, 밤에는 집 주인이 도둑 무섭다고 황소만한 개를 풀어놓아 문 밖으로 나갈 수가 없었다. 음식과 물에서 노린내가 나고, 한낮에는 기온이 50도를 넘고, 밤에는 황소만한 개가 온 집을 어슬렁거리고 다니고, 말도 안 통하고, 길도 모르고, 쌀은 어디서 사고 반찬은 무엇을 어디서 사다 해 먹어야 할지? 창밖으로 비치는 보름달은 한국에서 한여름 밤에 보던 것처럼 휘영청 밝은데 울려고 내가 왔던가?

이렇게 한 달을 어정거리며 보내고 나니 불볕더위가 한풀 꺾이고 바람이 서늘해지는 9월이 되었다. 마침 나를 초청했던 H씨가 미국에서 여름 휴가를 보내고 돌아왔다. 단기 선교 왔을 때는 그렇게 친절하고 함께 일하자며 온갖 감언이설로 충동질을 하던 사람이 막상 한국 생활 정리해서 가족을 데리고 40피트 컨테이너에 의료장비 싣고 도착하니 목에 힘이 들어가면서 자기 하수인처럼 부리려 했다.

결국 1년 만에 많은 돈만 낭비하고 그가 운영하는 재활원에서 쫓겨났다. 누구 하나 아는 사람도 없고, 말도 안 통하고, 길도 잘 모르는데 이 남의 나라 사막 한가운데에 내팽개쳐졌던 것이다. 한국으로 다시 돌아갈 수도 없고, 어디서 무엇을 어떻게 해야 할지 막막하기만 했다. 한국에서 가지고 온 돈(달러)은 다 떨어져 가는데, 매일 막연히 잘 알지도 못하는 남의 나라 골목길을 이리저리 헤매며 다녔다.

아이들의 학교 문제, 비자 문제, 거주 등록 문제, 당장 아이들 데리고 살 주택 문제 등 시급한 문제들 때문에 답답하고 불안하여 잠이 오지 않았다. 기도를 하려고 눈을 감아도 앞이 깜깜할 뿐 기도도 되지 않았다. 긴 터널이나 칠흑처럼 어두운 밤 같았다. 그러나 하나님께서는 내가 알지 못하는 그때, 우즈베키스탄 한방 의료 선교를 위해 가장 적절한 사람을 당신의 사역을 위해 준비해 두고 계셨다.

김 미하일 세르게비취. 구 소련 시절 공군 정보 장교를 지낸 고려인. 그에겐 간질병을 앓는 성인 아들이 있었는데, 그 부인이 간경화 말기로 절망 속에서 투병하고 있었다. 나는 정성으로 그 아들을 치료해 주었고, 그 부인을 치료하기 위해 광주 기독병원에 연락하여 도움을 청했다.

너무나 감사한 것은 광주에서 복잡한 절차를 생략하고 기꺼이 받아 주겠다고 연락이 온 것이다. 이 자리를 빌려 광주 기독병원에 깊이 감사 드린다. 한국까지 가서 치료했지만 안타깝게도 3년 만에 그 부인은 세상을 떠났다.

그러나 이 일을 계기로 김 미하일 씨는 타슈켄트에 '은혜한방병원'을 위한 부지를 구입하고 법인을 설립하고 병원 허가를 받는 일을 적극적으로 도와주었다. 그리고 통역을 맡은 우게라 씨는 끝까지 나를 도와주었다. 이 두 분께 하나님의 축복을 빈다.

금년 8월이면 내가 타슈켄트에 온 지 만 6년이 된다. 아내는 내년 1년 안식년을 갖자고 하는데 나는 쉴 수가 없다. 그동안 치료받았던 환자들이 입에서 입으로 소문을 내 700킬로미터 떨어진 곳에서도 우리 병원을 찾아온다. 나는 내 생명이 다하는 날까지 이 선교의 터를 지키며, 환자가 있는 그곳을 향해 낙타 등에 복음과 침 가방을 싣고 저 사막을 횡단해 갈 것이다.

내 한 몸이 죽어 이 땅(중앙아시아)에 주님의 교회가 세워진다면 아! 이슬처럼 죽겠노라! 아멘. 🌿

> 한방의료 선교사 황도연 선교사는 선교가 헌법으로 금지된 모슬렘 나라 우즈베키스탄에 세운 한방병원과 한방침술학교(장래 한의과 대학)를 베이스캠프로 삼아 중앙아시아 선교를 하고 있으며, 한국 교회에 의지하지 않고 완전 자립선교를 목표로 사역하고 있다. 가족으로는 성품이 참 좋아 한국형 현모양처인 아내 김정임 선교사와 러시아어와 영어를 한국어처럼 잘하는 예쁜 두 딸 려진, 예린이와 지혜롭고 건강한 세 아들 다니엘, 사무엘, 모세가 있다.

30

서 목사, 너를 사랑한다

- 카자흐스탄 선교사 김영덕

카자흐스탄에서의 지난 20년 사역을 되돌아보니 한 편의 파노라마처럼 지나간다. 많은 선교 이야기들이 있었지만, 그중에서 하나를 꺼내라면 카자흐스탄을 위한 현지인 교회를 건축한 일일 것이다.

교회 건축을 하는 동안 영하 20도를 오르내리는 지독한 추위가 하루 이틀도 아닌 거의 날마다 계속되었다. 차가운 눈비가 내려서 땅은 얼어붙었고, 길이 미끄러워서 차를 탈 수도 걸을 수도 없는 날씨가 지겹게 이어졌다. 이런 차가운 날씨에 설상가상으로 거의 매일 전기, 가스, 난방 공급이 중단되어 집에 들어오면 냉동실 속에 들어오는 것 같았다.

교회를 건축 중이라서 하루 종일 건축 현장에서 일을 하다 보니 집에 들어오면 무엇보다 필요한 것은 따뜻한 방과 구수한 먹을거리였다. 그래야 그날의 피로를 풀고 다음 날 또 일을 할 수 있기 때문이었다. 그러나 그렇지 못한 어려운 상황이 계속되었다.

집에 가서 신발을 벗자마자 울었던 적이 한두 번이 아니었다. 한편으로는 현장에 올라가는 길에 쌓아 둔 쓰레기더미를 뒤지는 몇몇 할머니들보다는 내 상황이 낫지 않은가 하며 스스로 위로하기도 하였다.

어느 날 아침 일찍이 건축 현장으로 올라갔다. 집에서 현장까지 올라가려면 약 20-25분이 소요되었다. 그때에는 아직 도로가 나지 않았기 때문에 마치 험한 산길을 가는 것처럼 힘들었다. 중간쯤 가는데 이상한 사람들이 나타났다. 다짜고짜 두 사람이 양쪽에서 나의 팔을 비틀어 잡고, 한 사람은 뒤에서 목을 조이면서 가방을 빼앗으려 했다. 워낙 힘센 장정들이 양쪽에서 두 팔을 붙잡고 있고 뒤에서는 목을 조이는 바람에 소리를 지를 수가 없어서 몸부림만 쳤다. 가방은 빼앗기고 말았다.

그 가방 안에 그날의 인건비를 지불하려고 약간의 돈을 넣어 두었는데 다행히 많은 돈이 아니었다. 목숨을 빼앗기지 않은 것을 감사하면서 후들후들 떨면서 건축 현장에 간신히 도착했다. 이와 비슷한 난제와 위험이 한두 번이 아니었다. 그러나 지금까지 도우시는 은혜로 생명이 무사했고, 부족한 우리를 통하여서 교회 건축이 완공된 것이 무엇보다 감사하고 즐거웠다.

하지만 교회 건축이 마무리되었을 때의 기쁨도 잠깐이었다. 2001년 8월, 생각지도 못했던 불행이 우리 가정에 찾아왔다. 한국의 대형 병원에서 종합 진찰까지 받고, 신체 각 부분에 대하여 걱정할 만한 부분이 없다는 병원 의사의 말도 있었던 터라, 그때까지만 해도 건강이 좋아서 건축 현장을 이리저리 활발하게 다녔던 그가 갑자기 쓰러져 식물인간처럼 되어 버렸다.

급히 구급차가 와서 병원으로 이송하여 검진을 받은 결과, 도저히 어떻게 할 수 없다고 의사들이 손을 들어 버렸다. 나는 병원 원장님에게 부탁해서 응급실에 머물도록 했다. 병원에 있기는 했지만 아무것도 먹을 수도 마실 수도 없었다. 의사들은 식도를 뚫고 먹어야 생명이 유지되지 않겠느냐고 했다. 나는 조금만 기다려 보자고 했다. 3일이 지나서야 물이 조금 넘어갔다. 의사들은 최선을 다해서 치료했다.

서 목사가 쓰러지기 하루 전에 시내의 어떤 병원 의사가 환자를 집도하는 중에 뇌졸중으로 쓰러져 며칠 있다가 죽었다는 소식을 들었는데 머지않아 서 목사도 그렇게 되겠지 생각하며 마지막 날을 기다리고 있었다.

그런 한편, 쓰러진 지 닷새 되는 날에 한국에서 목사님 한 분이 오셨다. 하나님께서 서 목사의 장례를 위해서 목사님까지 보내셨으니, 이제는 삶의 희망을 접고 눈물을 흘릴 수밖에 없다는 생각만 들었다. 다만, 이렇게 허무하게 끝나면 신앙을 가진 지 얼마 안 된 사람들에게 큰 실망과 의문을 안겨 주지 않을까 염려가 될 뿐 아니라 하나님께 무슨 영광이 되겠는가 하는 생각이 들어 이런 위기가 닥치지 않도록 기도하는 길밖에 없었다.

의사들은 혈관과 근육에 열심히 주사를 처방하고, 간호사들은 극진히 간호해 주었다. 그러나 기다리던 끝 날은 오지 않았고, 조금씩 건강이 호전되어 가고 있었다. 쓰러진 지 20일째 되는 날에는 그동안 움직일 수도 없었고 힘이 전혀 없었던 왼쪽 다리와 팔이 조금씩 원기를 찾은 것 같았다. 그러나 아직도 자력으로는 움직일 수 없었던 터라 화장실을 혼자서 가지 못했고, 음식도 먹여 주어야만 했다. 입원한 지 한 달 만에 이젠 집으로 가서 치료하라고 해서 할 수 없이 집으로 왔다.

집에 온 지 5일째 되는 밤 12시경이었다. 그동안 서재에 혼자 있던 그가 내 방으로 왔다. 자력으로는 도저히 올 수 없던 사람이 걸어서 온 것이었다. 어떻게 된 일인가 물었더니 다음과 같은 말을 들려주는 것이었다.

"혼자 누워서 자는 둥 마는 둥 했는데 이상한 환상을 보았어. 혼자 누워 있는데 옆을 지나가는 사람이 있었는데, 나를 병원에서 치료해 준 유대인 의사 같은 생각이 들었어. 그 의사가 지나가면서 매우 실망한 모습으로 누워 있는 나를 물끄러미 보는 거야. 나도 이제는 가망이 없구나 생각되어 절망했지. 조금 후에 다시 한 사람이 내 곁으로 오는 것을 느낄 수 있었어. 슬며시 쳐다보니 그는 흰옷을 입고 보통 사람보다 키가 큰 편이었어. 그런데 그분이 지나가면서 누워 있는 나를 내려다보고 측은해 하면서 또박또박한 음성으로 '서 목사, 내가 너를 사랑한다' 하는 거야. 그 소리를 듣는 순간 알지 못할 힘이 솟구치는 것을 느끼고 자리에서 불쑥 일어났어. 그 순간부터 전혀 힘이 없던 팔과 다리가 힘을 얻고 좋아진 거야."

이것이 서 목사가 비몽사몽간에 본 것이었다. 그런 일이 있은 후 내가 머무르고 있던 방에 누구의 부축도 없이 혼자 와서 조금 전에 일어났던 이야기를 해 주는 것이었다. 그 이야기를 듣고 우리는 같이 울었다. 그것은 감격에 넘친 울음이었다. 나는 그날 밤을 결코 잊을 수가 없다.

> 김영덕 선교사는 남편 서성주 선교사와 함께 80년대 한국의 근로자들이 중동으로 한참 파견근무를 나갈 때, 이란에서 한국 기업인들과 고려인들, 그리고 이란의 근로자들 및 원주민들을 위한 사역을 하였으며, 현재 카자흐스탄 침켄트 제일장로교회에서 사역하고 있다.

5부

아프리카

탄자니아

31

오랜 전통의 무당 산당들

—탄자니아 선교사 최재선

탄자니아 탕가 지역은 기독교 복음이 들어오기 수백 년 전부터 모슬렘의 영향을 크게 받아 이슬람 신앙과 함께한 아프리카 토속 무당 신앙이 존재하는 지역으로, 탄자니아 동쪽 해안을 끼고 있다. 우리는 2002년부터 인도양 해안에서 약 77킬로 내륙에 위치한 음카타(Mkata)라고 하는 큰 시골 마을에 선교 기지국을 개척했다.

많은 영적 싸움과 희생 가운데 말씀과 섬김의 사역이 시작되고 지역 사회 공동체 개발 사역과 복음 전파, 제자화를 위해 센터 대지로 약 10만 평을 구입하였다. 그 지역에 중심이 되는 지역을 선정하여 땅을 구입할 때 몇 명의 무당들이 계속 저주하고 대지 구입을 반대했다. 왜 그들이 싫어하는지 확실한 이유를 알지 못한 채 대지를 구입하고 보니, 우리가 선교 센터로 하려고 구입한 땅 안에 무당 산당이 세 개나 있었다. 오랜 세월 동안 무당들이 왕릉처럼 커다란 세 개의 개미집 안에서 제사를 지내고 부적을 만들어 현지인들에게 팔고 있었던 것이다.

땅을 구입한 이후 그 산당을 사용하지 못하도록 몇 번 이야기했지만 소용이 없었다. 밤마다 무당들은 우리의 센터 부지 안에 들어와 제사 지내기를 계속하였다. 그때에 마침 한국에서 대학생과 교회 청년 단기 선교팀 두 팀이 들어와 음카타에서 함께 사역을 하게 되었다.

이곳 현지 사역자들과 선교사들, 그리고 단기 선교팀이 함께 금식기도한 후 무당의 산당들을 허물기로 했다.

사실 이 지역 사람들이 가장 무서워하는 자들이 무당이다. 아프고 병들거나 어려움이 있으면 가장 먼저 찾아가서 도움을 청하는 곳이 무당의 집이다. 그때마다 무당은 닭, 염소, 설탕, 쌀, 옷, 돈 등의 대가를 요구하고 현지인들은 그것들을 가져다 바치는 것이다. 그래서 무당들에 대해서 누구도 함부로 대하지 못하고 혹시나 저주를 받을까 두려워하였다. 대부분의 무당들은 모스크 안에서도 이슬람 종교 지도자 역할을 하고 있다.

이 음카타 마을은 수백 년 전 아랍 상인들이 노예 무역을 하면서 형성된 마을로, 노예들의 중간 집합지이자 남자 노예의 생식기를 거세한 곳이다. 그래서 음카타 마을의 이름 뜻이 '사람을 자른다'이다. 이 지역에서는 노예와 상인들의 싸움도 있었고, 그 외에도 수많은 자들이 억울한 죽임을 당하고 많은 피를 흘렸다. 음카타 마을 가운데로 탄자니아에서 가장 중요한 동맥과 같은 국도가 지나가는데, 이 구간 국도가 최고 교통사고 다발 지역이다. 약 3주 전에도 22명의 승객이 죽고 많은 사람들이 중상을 입은 대형 사고가 났을 정도로 중보기도가 끊임없이 필요한 곳이다.

드디어 음카타 지역에 있는 무당 산당을 월요일부터 토요일까지 6일 동안 허무는 작업이 시작되었다. 산당을 허무는 첫날, 많은 동네 사람들과 무당들이 모여들었다. 무당들은 오자마자 큰 소리로 우리를 저주하기 시작했다.

"이 산당을 허무는 자는 누구든지 다 죽을 것이다", "당장 멈추어라"라고 온갖 저주를 했지만 아무런 대꾸도 하지 않고 우리는 허무는 일을 계속했다. 그때가 1월이었는데 가장 더운 한낮이어서 땀을 비 오듯 쏟고 개미와의 전쟁을 치르며 작업을 해야 했다.

산당을 허무는 작업이 워낙 큰일이라 우리는 음카타 지역에 있는 그리스도인들의 도움을 요청했다. 그러나 처음 3일간은 아무도 도와주지 않았다. 도와주지 않았다기보다 무당들의 저주가 무서워서 아무도 달려들어 우리와 함께 일을 할 수가 없었던 것이다.

그러나 하루, 이틀, 사흘이 지나도 우리 중에 아무도 다치지 않고 무당의 저주대로 죽지 않자 이곳의 예수를 믿는 현지인들이 합세하여 4일째부터는 함께 힘을 모아 토요일 오후까지 산당 세 개를 완전히 허물어 버릴 수 있었다.

산당을 허는 우리가 죽을 것이라는 무당들의 저주는 계속되었고, 그를 무시하고 담대하게 일하고 있는 한국에서 온 예수 믿는 청년들을 보려고 음카타 사람들이 잔뜩 둘러서서 구경하고 있었다. 이들에게는 커다란 관심거리였고, 무엇보다 무당들이 섬기는 신과 예수 믿는 자들이 믿는 하나님 중 누가 능력이 더 큰지 궁금해했다. 자기들이 두려워하는 무당들의 저주가 과연 이루어질 것인가에 대한 기대감과 함께…….

월요일부터 토요일까지 아무 일도 없었고, 토요일 마지막 산당을 헐고 작업을 마치는 오후 시간에 동쪽엔 아름다운 무지개가 떠서 마치 지난 6일 동안 땀 흘려 수고한 우리 모두를 위로해 주시는 하나님의 약속처럼 느껴지는 큰 기쁨이 있었다.

산당이 무너진 후 3년

무당 산당이 무너진 지 만 3년이 조금 지났다. 동네 사람들 반응은 단순했다. 누가 더 능력이 있느냐는 것이다. 무당들의 저주가 임하지 않고 우리가 계속 하나님의 일을 해나가는 것을 보고 그 후부터 음카타 지역에 있는 소수의 그리스도인들에게 존경을 표하기 시작하였다.

그리스도인들은 유일하게 무당을 두려워하지 않는 자들, 무당의 저주나 주술이 아무런 영향력을 행사할 수 없는 자들, 무당의 부적을 소유하지 않는 자들로 알려지면서 그때부터 음카타 지역의 예수 믿는 자들이 더 많아지기 시작했다.

가족 전체가 예수 믿기로 작정하고 목회자와 성도들을 자기 집에 초대하여 무당 물품들을 마당에 모아 태우고 믿음 생활을 시작한 무당들도 있었다.

산당을 헐기 전까지는 거의 저녁마다 하는 무당들의 제사 때문에 이 센터에서 잠자는 것이 어려울 때가 많았다. 요즘도 가끔은 소리가 나지만 잠을 잘 수 없을 정도로 밤새 시끄럽고 요란한 북소리가 들리진 않는다.

지난 2월에 음카타 지역에 있는 모든 성도들이 초교파적으로 우리 선교 센터에 모여 주일 연합 예배를 드리고 기독교 초등학교 기공식 예배를 가졌다. 다섯 마리 염소를 잡아서 식사하며 즐겁게 보낸 시간이었다.

4년 전 성도 전체가 주일날 마을 사람을 초청해 함께 모여 예배하고 식사를 할 때 어른 200여 명, 아이 100여 명이 모였는데, 금년에는 어른 450여 명, 아이들 300여 명이 함께 모여 식사하고 예배를 드렸다.

아직 강당이 없어 망고 나무 밑에서 예배를 드리고 있지만 4년 동안 배 이상의 천국 백성이 불어난 것은 참으로 감사하고 놀라운 일이 아닐 수 없다. 오직 하나님께 큰 영광을 돌린다.

음카타 이사피나 유치원에선 작년 12월까지 유치원 3기 졸업생이 나왔고, 2011년 1월부터는 초등학교 1학년부터 시작할 계획으로 준비하는 중이다.

이곳 음카타에서 사역을 시작하려 지역조사를 하던 바로 그날부터 오늘까지 하나님은 계속 이 땅을 향한 계획을 이루어 나가고 계신다. 사역을 시작할 때 주셨던 우리 주님의 말씀은 오늘도 음카타 땅에 역사하고 있다.

"다시는 너를 버림받은 자라 부르지 아니하며 다시는 네 땅을 황무지라 부르지 아니하고 오직 너를 헵시바라 하며 네 땅을 쁄라라 하리니 이는 여호와께서 너를 기뻐하실 것이며 네 땅이 결혼한 것처럼 될 것임이라 마치 청년이 처녀와 결혼함같이 네 아들들이 너를 취하겠고 신랑이 신부를 기뻐함같이 네 하나님이 너를 기뻐하시리라"(사 62:4-5).

> 스스로를 배우는 선교사라고 소개하는 최재선 선교사는 28년 차 선교사로 여전히 종의 모습과 섬기는 모습으로 현지인들을 열심히 섬기고 있다. 가족으로는 뉴비전 학교를 섬기고 있는 아내 이종순 선교사와 아빠의 선교 인생을 언젠가 책으로 쓰고 싶어 하는 문학소녀 딸 나드와 현재 하나님 말씀에 푹 빠져서 성경의 재미를 발견하고 있는 미래의 예비 선교사 나실이가 있다.

32

이래도 탄자니아인을 사랑하느냐?

―탄자니아 선교사 나정희

탄자니아 사람들에게서 이중성을 발견하는 것은 어려운 현상이 아니다. 사슴처럼 맑은 눈을 가진 사람이 어떻게 남을 속이고 도둑질을 하고 강도짓을 할까 하는 생각이 들지만 보이는 것이 전부가 아니라는 사실은 함께 생활을 해 보면 실감할 수가 있다. 간혹 단기 선교팀이 오면 이들의 외적인 모습만 보고 이렇게 판단을 하곤 한다.

"현지인들이 너무나도 순수하고 마음이 아름다워요."

난 이런 단기 선교팀의 마음이 더 아름답게 느껴진다.

2008년 12월 18일 한국에서 탄자니아로 파송을 받아서 출발할 때는 무척이나 추웠다. 두꺼운 옷을 여미며 출발하였는데 도착하여 보니 숨이 꽉 막히는 열기가 우리 가정을 환영하였다. 모든 것이 다른 환경에서 생활하는 것이 처음에는 무척 힘이 들었다.

그렇게 힘든 와중에 더 힘든 시련과 고난이 따라왔다. 몇 가지의 큰 사건이 우리 가정에 닥쳐왔는데 모두가 감당하기 힘든 사건들이었다. 하지만 모든 것이 그렇듯이 지나고 보면 하나님의 연단 과정이었음을 깨닫게 된다.

그중 한 사건인 노상 강도 사건을 통한 깨달음을 함께 나누고자 한다.

2009년 11월 찜통더위가 계속되던 어느 날 오후, 우리 가족이 함께 바자지(오토바이를 개조한 교통수단)를 타기 위해 기다리던 중 어디서 나타났는지 승용차 한 대가 빠르게 다가오더니 내가 어깨에 메고 있던 가방을 낚아챘다.

그런데 가방만 낚아채인 것이 아니라 나도 차에 매달려 끌려가게 되었다. 가끔 음주 운전자가 경찰을 차에 매달고 가는 뉴스를 보며 저건 살인 행위라고 말했는데 내가 그런 상황에 부딪히니 정말 살인 행위가 맞음을 확신하였다.

차의 속도로 도로에 몸이 끌리어 옷이 찢기고 살점이 떨어져 나가 피로 범벅이 되었지만 강도들은 속도를 늦추지 않고 달렸다. 차의 속도 때문에 일어설 수도 없고 어찌 해 볼 도리가 없었다. 가방의 끈이 느슨해지면서 한쪽 팔이 타이어와 마찰되어 살이 타는 냄새가 코에 역겹게 다가왔다. 바퀴에 빨려들어가면 어찌될지 모르는 상황에서 히스기야 왕의 심정으로 기도했다.

"주님, 살려 주세요. 저에게 힘을 주세요."

그리고 있는 힘을 다하여 차를 밀어내어, 바퀴로 빨려들어가려는 순간에 감사하게 차에서 튕겨 나올 수 있었다. 도로에 홀로 남겨지고 강도는 소음과 함께 사라졌다. 정말 아슬아슬한 순간이었다. 50여 미터를 끌려왔다. 어찌나 길게 느껴지던지. 지금도 생각하면 온몸에 전율이 느껴진다.

아내와 아이들은 놀라 울며 달려왔다. 아내는 주위에 몰려든 현지인들에게 탄자니아 사람들은 모두 나쁘다며 소리를 질렀고, 현지인들은 그저 바라만 보고 있다가 한 명 두 명 슬슬 자리를 떠나 버렸다.

팔과 다리의 살은 도로와의 마찰로 화상을 입어 진물이 나왔다. 발꿈치의 살은 어디로 떨어져 나갔다. 소독약을 바를 때 쓰라림에 눈물이 나기도 했으며 서러움이 솟구쳐 올랐다. 이 일이 벌어진 후 아이들은 한동안 혼자 잠을 자지 못하였다. 마음속에 두려움이 새겨진 것 같았다. 아내는 고통스러워하는 나의 모습을 보고 이곳을 떠나자고 하였다. 그때 아홉 살 된 큰딸이 이런 말을 하였다.

"우리는 선교사로 왔어요. 선교사가 이런 일로 떠나면 선교사가 아니죠."

뭘 알고 하는 말인지는 몰라도 마음에 큰 울림으로 다가왔다.

조용히 말씀을 묵상하며 기도하던 중 가슴속 깊은 곳에 다가온 주님의 음성이 있었다. 그것은 바로 "너 이래도 이 민족을(탄자니아인) 사랑할 수 있느냐?"라는 음성이었다.

나의 입술에서 나도 감당치 못할 고백이 튀어나왔다.

"예, 주님, 주님이 저를 사랑하신 것처럼 저도 이 민족을 사랑합니다. 이 민족은 저에게 상처를 주었지만 저는 이 민족에게 예수님의 사랑으로 이 빚을 갚겠습니다."

이 고백을 하고 침상이 젖을 때까지 한없이 울었다. 서러움의 눈물이 아닌 작은 순종의 눈물, 성령의 이슬로 마음을 풍족하게 채웠다.

이 사건으로 나의 몸엔 많은 상처의 흔적이 남았지만 영혼 사랑이 얼마나 귀한 것인지 깨닫게 되었다. 영혼 사랑은 예수님이 나에게 주신 사랑의 빚을 다른 사람에게 갚는 것이다.

> 2008년 12월 가나안교회의 파송을 받아 "동물의 왕국"의 주 무대인 아프리카 탄자니아로 간 나정희 목사는 현지인에게 받은 상처로 마음이 닫혀 있었으나 점점 현지인들에게서 소망을 발견하고 있는 아내와 푸른 들판과 인도양을 놀이터로 삼아 잘 적응하여 지내는 2녀 1남의 자녀들과 함께 100년이 지난 후에 현지인들에게 선한 영향력을 남긴 선교사 가정이 되길 기도하고 있다.

6부

오세아니아

바누아투 ■ 피지 ■ 팔라우

33

바누아투에 김씨 족장이 되다

―바누아투 선교사 김용환

뉴질랜드 장로교회의 소개로 남태평양 섬나라 바누아투 원주민 선교가 시작되었다. 남태평양은 21개의 크고 작은 섬나라들로 이루어졌다. 그중 하나가 바누아투라는 나라이다. 1980년에 프랑스, 영국으로부터 독립한 신생국가다. 독립한 지 약 30년밖에 안 되기에 모든 면에서 어려움이 많다. 교회도 제대로 자립한 교회가 거의 없어서 7-8개 교회가 교역자 한 분을 모실 정도이다. 그런 섬나라에 1990년 초에 들어가 원주민 사역을 시작하게 되었다.

바누아투 선교 첫날, 신학교 교장의 안내로 와이라파(Wairapa)라는 원주민 마을에서 지냈다. 한 원주민의 집에서 첫날 밤을 보내는데, 빛이라곤 전혀 없는 깜깜한 움막 안에서 땅바닥 위에다 코코넛 잎으로 만든 깔것만 깔고 자야 했다. 30도가 넘는 찜통 같은 움막에서 잔 첫날은 그야말로 생지옥 같은 밤이었다.

게다가 움막 안에는 어디서 왔는지 도마뱀이 천장에서 마라톤을 하고, 모기들이 달려들어 가려워서 견딜 수가 없고, '샌프라이'라는 한국의 깔따구 같은 것들이 얼굴이며 다리며 손발에 악착같이 달려붙었다.

견딜 수가 없어 움집을 나와 동네 한가운데 마을 마당을 보니 어둠 속에 희미하게 보이는 것은 아프리카 야생 동물원 같은 광경이었다. 풀어 놓은 동네 소 떼들이 운동장의 풀을 뜯으며 대소변을 방뇨하면서 다니고 있었다. 돼지 수십 마리가 무리를 지어 다니면서 소리를 지르면서 소란을 피우고, 개 떼들은 모여 싸우고 쫓고 쫓기고 있었다. 밤새도록 한숨도 못 잔 나는 아침에 동네 추장님께 지난밤 이야기를 했더니 오래전부터 전해 내려오는 운동장 풀 깎는 방법이라고 한다. 넓은 동네 마당을 오직 이 짐승들이 해결해 준다면서 지극히 평상적인 일로 생각하고 있었다. 아침에 동네 마당에 가보았더니 완전히 전쟁터였다. 밤새 짐승들의 똥과 오줌으로 진창이 되어 어느 한 곳 발 디딜 곳이 없었다. 그리고 온 동네가 짐승들이 배설한 똥과 오줌 냄새로 진동했다.

그날 아침 나는 조용히 생각했다. 그 혹독한 선교지에서의 첫날 밤으로 인해 바누아투 사람들의 보건과 위생에 대해 진지하게 생각하게 되었다. 아마도 하나님께서 그런 경험을 하게 하심으로 오늘 바누아투에 보건, 간호학교를 세우게 하시고 원시인 같은 원주민들에게 복음과 치유와 위생교육으로 영육을 살게 하는 사역을 하게 하신 것 같다.

그렇게 혹독한 첫날 밤을 지내면서 본격적으로 시작된 나의 바누아투 사역 중 가장 기억에 남는 것은 바누아투에서 김씨 족장이 된 것이다.

지난 20여 년간 선교사로 외국 생활을 하면서 미국과 뉴질랜드와 바누아투의 많은 사람들 사이에서 나는 Rev. Kim(김 목사)으로 통하고 있다. 특히 인구 약 30만 명의 작은 섬나라 바누아투에서 특별한 일을 하는 사람은 거의가 나를 잘 알고 있다. 이제는 빌라 공항의 직원들 대부분도 김 목사(Rev. Kim)라는 이름을 알고 있다. 간혹 한국 목사님들이 바누아투를 방문하는 경우 입국 시 이민국 직원이 김 목사(Rev. Kim)를 아는지 묻기도 한다.

한번은 산토(Santo)라는 섬을 방문하여 사역을 하는 중 사라테(Sarate)라는 부쉬 마을에 들어가니 처음 보는 동양인을 신기하게 보면서도 환영해 주었다. 복음과 복음송과 성경 이야기로 은혜로운 선교사역을 마치고 불도 없는 움막 속에 가마니를 깔고 자려고 하는데 동네 추장이 밤중에 찾아와 이렇게 이야기하였다.

"목사님! 오늘 우리 큰며느리가 아이를 낳았습니다. 그래서 오늘 귀한 복음을 전해 주신 목사님의 이름을 따서 손자 이름을 김(Kim)으로 지었습니다. 그러니 지금부터 김 목사님은 우리 집 손자 김의 조상이 되었습니다" 그러는 것이다.

나는 순식간에 산토 섬 사라테 마을 한 집의 김씨 조상이 되었다. 지금도 그 아이는 온 동네 사람들이 김으로 이름을 부르며 잘 크고 있으며, 교회도 열심히 잘 다닌다.

또 한번은 빌라 수도에서 배를 타고 그누나(Gnuna)라는 섬으로 들어가 선교사역을 하였다. 전에 산토 섬에서와 똑같은 일이 일어났다. 그 동네 추장의 딸이 아들을 낳았는데 역시 밤에 찾아와 이름을 김(Kim)으로 지었다는 것이다. 참으로 이상했다. 그 아이 역시 잘 자라고 교회에 잘 다니고 있다.

바라기는 김씨를 가진 그 두 아이가 잘 성장하여 바누아투 선교를 이어가는 선교의 김씨 후손이 되기를 간절히 기도한다.

> 남다르게 키가 큰 김용환 선교사는 하나님께서 택하신 선교라는 말에 뉴질랜드와 바누아투 남태평양 지역의 최초 한국인 선교사가 되었으며, 2006년 20년의 선교사역을 마치고 은퇴 후 현재 마지막 사역으로 아내 박인숙 선교사와 함께 바누아투 기독간호학교에서 의료선교를 하고 있다.

34
피지는 삼다도(三多島)가 아니라 사다도(四多島)이다

—피지 선교사 김상도

남태평양의 파라다이스라는 피지는 사다도(四多島)이다. 적어도 지난 3년을 이곳에서 사역한 우리에게는 그렇다.

첫째, 개미가 정말 엄청 많다. 음식이나 옷이나 전열이 통해 따뜻한 가전제품이나 가리지 않고 침투하여 먹어댄다. 종류도 여러 가지로, 부지런한 그것들의 천성 덕분에 우리도 매번 부지런하지 않으면 순식간에 공격을 받는다.

둘째, 좀도둑이 참 많다. 시내나 동네나 좀도둑이 들끓어 잠시라도 경계를 늦추면 여지없이 사건이 일어나곤 한다. 우리도 지난 3년 동안 다섯 번의 반갑지 않은 손님을 받았지만 매일 신문에 이런 일이 크고 작은 기사로 올라온다.

셋째로는 좀도둑이 많으므로 집집마다 개가 없는 집이 거의 없다. 거리에도 주인에게 버려진 개들이 사람들이 버린 쓰레기를 먹고 각종 피부병과 질병에 걸려 돌아다니고, 종종 도로에서 차에 치여 죽는 개들도 많다. 피지에서 살다가 한국으로 돌아가신 분들이 하시는 말씀 중에 밤에 개 짖는 소리가 안 들려 잠을 잘 잘 수 있다고 한다. 밤에 온 동네 개들이 모여 짖어 대면 철야기도하기에 아주 좋은 밤(?)이 되곤 한다.

마지막으로 피지에는 거짓말이 많다. 사람들의 말을 그대로 믿는 것이 곧 바보가 되는 지름길인 것 같다는 생각을 종종 한다. 마치 이곳 사람들은 진실을 알 수 없는 양파와 같은 어느 개그맨의 말처럼 "그때그때 다르다."

처음 거짓말로 인해 충격을 받은 것은 막내 아이 예환이의 학교에서였다. 막내 아이는 이곳에서 3학년으로 입학했는데, 그때는 아이가 영어를 잘 못해 모든 것이 어수룩하였을 때다. 하루는 아이의 하교 시간에 맞추어 학교에 갔는데 우리가 학교에 도착하자마자 같은 반 친구들이 우리 아이가 같은 반 아이에게 맞아 울었다고 하고, 우리 아이는 우리를 보자마자 설움에 복받쳤는지 엉엉 울면서 자기 반 친구가 왜 자기를 때렸는지 물어봐 달라고 하면서 계속 우는 것이었다. 그래서 우리는 막내를 때렸다는 아이에게 이유를 물어보고 우리 아이에게 그 아이의 행동을 잘 설명하고 집으로 돌아왔다.

그런데 다음 날 학교에 가니 교장 선생님께서 우리를 보자고 하더니 우리가 그 아이를 때렸다며 경찰서에 가야 한다고 하였다. 피지 학교는 모든 학교가 거의 같은 시간에 마치기 때문에 우리가 그 아이와 대화를 할 때는 우리 큰아들 정환이도 있었고 다른 학생들과 학부모들도 있었는데 그 아이는 계속 거짓말을 했다.

같이 본 같은 반 친구들도 우리가 그 아이와 그냥 대화만 하고 집으로 돌아갔다고 하는데도 그 아이는 또 다른 거짓말을 하면서 자기는 하나님을 믿기에 거짓말을 안 한다고 하는 것이었다. 솔직히 그 당시에 심한 충격을 받은 것은 우리보다 막내 아이였다. 하나님을 믿는 사람은 거짓말을 하지 않아야 한다고 배웠고, 했더라도 나중에는 회개해야 한다고 생각하던 아이에게 그 친구의 행동은 충격 그 자체였다.

그 후 우리 아이의 집요함(?)으로 1년 반 만에 사과를 받을 수 있었다. 우리 아이의 말인즉 그 아이를 볼 때마다 "너는 진실을 말하지 않고 우리 엄마, 아빠가 하지 않은 것도 했다고 하는 거짓말쟁이야"라고 했다는 것이다. 지금도 그 아이는 우리를 보면 고개를 숙이고 눈길을 피한다. 물론 그 아이의 부모도 마찬가지다. 이런 일이 처음 사역지에 온 우리에게는 무척 슬픈 일이었다.

처음 사역을 시작하면서 만난 인도인 목사님도 너무나 친절하고 유순한 말로 우리를 대하면서 우리 사역의 적극적인 동역자인 것처럼 행동하다가도 자기의 이익에 조금이라도 손해가 되고 자기 마음먹은 대로 되지 않는다고 생각되면 가차 없이 다른 동역자들에게 우리를 험담하고 이민국에 거짓 편지를 보냈다.

하지만 그러고도 재정적으로 도움이 필요하면 언제 그랬냐는 듯이 친절한 척 다시 와서 손 내미는 모습을 보면 솔직히 "주님! 주님!" 이 말밖에 할 말이 없었다. 그리고 우리 사역에 동역하고 싶다고 오시는 분들도 결국은 금전적인 것으로 연결되는 것을 보면 마음이 먹먹해지곤 한다.

도움을 청하는 이들도 마찬가지다. 한번은 우리가 사는 곳에서 한 시간 정도 떨어진 곳에 산다는 인도인이 찾아왔다. 자신은 노부모님과 아내, 자녀 5명, 그리고 이혼하고 온 여동생과 그 여동생이 데리고 온 조카 2명과 입양한 아이 2명과 함께 14명이 한집에 사는데 먹을 것이 없어서 지나가는 차를 얻어 타고 왔다고 했다. 그는 자기가 하나님을 믿는데 하나님께서 자기를 우리에게 인도하시면서 가면 도와줄 거라고 했다면서 도움을 청하기에 정말 우리가 도울 수 있는 최선을 다해 도와주었다.

하지만 그다음에는 아이의 학비가 없고, 그다음에는 이불이 없다고 하여 이번에는 직접 이불을 사서 주겠다고 했더니 굳이 돈으로 달라고 하는 것이 이상해 거절을 했다. 나중에 알고 보니 우리 집뿐만 아니라 다른 곳도 기웃거리면서 상습적으로 거짓말로 도움을 청하는 사람이었다. 우리가 사실을 알고 여러 가지를 물어보았더니 또 다른 거짓말을 하는 것이었다. 정말 청산유수 같은 거짓말로 우리를 속이고 두세 번 정도 우리가 속아 주는데도 그것을 계속 반복하는 강직함(?)에 혀를 내두를 수밖에 없었다.

이곳 피지에 사는 인도인들은 정말 독특하다. 상대방과 다투었을 때도 자기의 잘못을 인정하는 사람을 지금까지 본 적이 없고, 때로는 우리에게 상대방을 열심히 비방하다가도 자기의 이익과 부합이 된다고 생각하면 어느새 다가가 절친 사이로 돌변하는 모습을 보면 "주님, 이게 뭡니까?" 한마디 던지고는 그분들의 진실이나 진심은 무엇일까 생각하며 괜히 밤잠을 설칠 때가 참 많았다.

가족 사이에서도 철저한 금전 관계를 이루어 한집에 살아도 자식에게도, 부모에게도 월세 받고 밥값도 받는다. 그러다 금전 관계로 사이가 불편해지면 서로 상종을 안 하는 경우도 다반사다. 예수님을 믿고 교회에 다니는 사람들도 돈에 대해서는 무서울 정도로 철저하고 냉정하다.

이제는 상대방의 얘기를 들으면 곱씹고 또 씹으며 상대방을 있는 모습 그대로 보려고 하지 않는 요상한 버릇이 생겼다. 이것이 일명 선교지에서 생긴 선교사의 직업병이 아닐는지?

그런데 이런 일로 낙심하고 침체되어 있는 우리에게 주님께서 어김없이 주시는 말씀은 마태복음 9장 12-13절이다.

> "예수께서 들으시고 이르시되 건강한 자에게는 의사가 쓸데없고 병든 자에게라야 쓸 데 있느니라 너희는 가서 내가 긍휼을 원하고 제사를 원하지 아니하노라 하신 뜻이 무엇인지 배우라 나는 의인을 부르러 온 것이 아니요 죄인을 부르러 왔노라 하시니라."

그리고 한마디 더 하시는 말씀은 "그래서 내가 너희를 이곳에 보낸 거야"이다.

선교사인 우리도 주님이 없었다면, 이런 척박한 땅에 노예의 후손으로 태어났다면 이들과 별반 다를 것이 없었을 것이다. 짙은 어둠이 있기에 빛이 필요하듯, 이런 이들에게 필요한 것은 주님밖에 없음을 고백한다. 선교사는 '보냄을 받은 사람'이다. 우리를 보내신 분의 지시에 순종하는 것이 우리의 의무이고 책임이다.

그래서 마태복음 10장 16절의 "보라 내가 너희를 보냄이 양을 이리 가운데로 보냄과 같도다 그러므로 너희는 뱀같이 지혜롭고 비둘기같이 순결하라"는 말씀이 선교지에서 간절한 우리의 기도 제목이 되었고, 거짓말로 당하는 손실을 최소화하자 다짐하며 오늘도 내일도 그 다음 날도 잃어버린 영혼들을 만나러 간다.

> 남태평양 같은 이해심과 온유함을 가진 김상도 선교사는 가족으로 첫아이 입덧할 때 찾았던 인도 음식을 맘껏 즐기며 사역하는 아내 공미애 선교사와 항상 열린 마음으로 누나로서 사역의 세심한 것까지 잘 챙기는 유라, 더운 날씨에 비지땀을 흘리며 모든 궂은일을 도맡아 하는 든든한 큰아들 정환, 그리고 가족 중 제일 피지화되어 학교 옆 피지 길거리 간식을 가장 즐기는 예환 선교사의 리더로서 피지 인도인 선교에 앞장서 길을 열고 있다.

35
선교사에게 자녀는
사역의 아킬레스건일까?

—피지 선교사 공미애

어느 선교사님은 사역에 더 매진하고 싶어 하나님께 아이를 낳지 않기로 하셨다는 간증을 들은 적도 있는데, 셋이나 있는 우리는 너무 무모하고 미련한 것이 아닌가 하는 생각이 선교지로 떠나면서 들었다.

사역지인 이곳 피지로 올 때 큰아이 유라는 중학교 3학년, 아들 정환이는 중학교 1학년, 막내 예환이는 초등학교 1학년이었다. 몇 개월 동안 비자를 준비하였지만 비자 없이 갑작스럽게 선교지로 오게 되어 아이들에게는 출발 자체가 충격이었다. 비자를 받지 못해서 학교도 가지 못하고 지하 방에서 이름 모를 이상한 벌레들과 짜증 나는 더위와 싸우면서 아이들 셋은 보이지 않는 거대한 문화 충격과 불안감에 싸여 있었다.

우리 부부는 2006년 12월 5일 쿠데타와 계엄령으로 피지의 어수선한 사회 분위기 속에서 아이들을 잘 돌봐야 한다는 생각보다 비자 문제를 해결해야 한다는 생각에 아이들을 거의 방치할 수밖에 없었다. 지하에만 있는 아이들이 안쓰러웠는지 하루는 옆집 한국인 집사님이 우리 가족을 모두 데리고 바닷가로 소풍을 갔다. 오랜만에 한국 라면을 먹으면서 감격하여 울먹이는 큰아들 정환이의 모습이 왠지 우리의 마음을 찡하게 했다.

그러나 3개월간 지하 기도학교에서 보낸 시간은 아이들에게나 우리 부부에게 엄청난 축복의 시간이었다. 날마다 기도와 금식으로 온 가족이 하나가 되었기 때문이다. 먹고 자고 생활하는 데는 어려움이 있었지만 오직 주님만이 주시는 영적 축복은 흘러넘쳤다. 드디어 2007년 2월 5일에 비자가 발급됐다는 기쁜 소식이 왔을 때 세 아이 모두가 기뻐서 껑충껑충 뛰며 울면서 하나님께 감사의 찬양을 드렸다.

우리 하나님은 정말로 살아 계셔!

우리 하나님은 우리를 사랑하셔!

우리 하나님은 피지를 사랑하셔!

이 3개월의 체험은 선교지에서 하나님의 살아 계심과 우리를 향하신 하나님의 사랑을 확신할 수 있게 하였고, 사역의 큰 기초가 되었다.

피지는 1월 중순 정도에 학교가 시작하는데 비자를 늦게 받은 우리 아이들은 들어갈 학교가 없었다. 우리 부부가 이 학교, 저 학교를 찾아다니면서 책상과 의자를 사올 테니 입학을 허락해 달라고 해도 모두 정원이 차서 받아 줄 수 없다는 대답뿐이었다. 그러나 이제 기도의 엄청난 위력을 체험한 아이들은 우리 부부를 위로하면서 기도하며 하나님의 인도하심을 믿자고 했다.

정말 아이들의 기도대로 우리 컨테이너 작업을 도와주던 피지인 직원이 먼저 아이들의 학교는 어떻게 되었냐고 하면서, 자기 처제가 선생님으로 있는 피지에서 명문 학교로 알려진 학교를 소개해 주어 하나님의 은혜로 입학하게 되었다. 물론 현지 학교에 가서는 친구들의 엄청 센 암내, 땀 냄새, 무차별적인 모기들의 공격이나 불편한 환경으로 인해 투정을 부릴 때도 있었지만 3년이 지난 지금은 세 아이 모두 우수한 성적으로 장학금도 받으면서 훌륭하게 학업에 임하고 있다.

우리의 본격적인 인도인 사역으로 아이들은 또 다른 도전을 받게 되었다. 인도인 사역을 시작하기 전에는 아이들이 한국에서보다 아빠와 함께할 수 있는 시간이 많아서 좋다고 했지만 본격적인 사역이 시작되니 한국보다 더 바쁜 날들이 계속되었다. 낮에도 할 일이 있긴 했지만 대부분의 심방은 밤에 해야만 하니 아이들과 지내는 시간은 더 줄어들고, 밤에 아이들 셋만 지내야 하는 날이 점점 많아졌다. 게다가 이해할 수 없는 인도인 문화로 아이들의 스트레스가 극에 다다랐을 때였다.

피지 기독 한인 청소년들을 위한 집회가 '오병이어 청소년 선교회'의 주최로 2008년 2학기 방학에 있었다. 우리 부부가 아이들에게 그 집회에 참석하라고 했더니 딸아이 유라와 큰아들 정환이는 극구 싫다는 것이었다. 우리가 인도인 사역을 하고 한인들을 만날 기회가 적어서 그런지 아이들이 한인 청소년들을 만나는 것이 싫다는 것이었다. 한마디로 우리 부부는 몸이 달았다. 아이들이 우리 말로 은혜를 받을 수 있는 절호의 기회인데 극구 사양하니 협박도 하고 회유도 하고 미끼도 던져 보았지만 아이들의 대답은 예상외로 단호했다.

그래서 최후의 수단으로 우리 부부는 3일 금식기도를 하면서 아이들에게도 일주일간 기도하고 무조건 하나님의 뜻에 순종하자고 반강제로 했다. 물론 하나님의 뜻이 집회에 참여하는 것임을 아이들도 알았기에 울며 겨자 먹기로 참석하게 되었다.

집회를 마치고 돌아온 아이들은 어떻게 되었을까? 정답은 '우리 아이들이 달라졌어요' 였다. 두 눈이 퉁퉁 부어 온 딸아이 유라는 하나님의 은혜가 너무 크다며 엉엉 울면서 자기가 하나님께 인도인들이 정말 싫다고 하니까 주님이 말씀하시길 "내가 너를 끔찍이 사랑하듯이 인도인들을 똑같이 사랑한단다. 너도 나와 함께 그들을 사랑해다오"라고 하셨다며 자기가 받은 은혜를 나누었다.

큰아들 정환이도 한국에서 여러 부흥회와 청소년 집회에 참석했지만 하나님의 은혜와 사랑을 이렇게 뜨겁게 체험한 적은 처음이라며 자신들을 위해 금식기도하며 집회에 가도록 격려하여 주어 감사하다며 감사의 인사를 했다. 물론 아이들을 향한 하나님의 세심한 은혜로 우리 부부도 함께 울었다.

그리고 작년에 함께 사역했던 솔로몬 형제를 우리 집에서 함께 살자고 했을 때에도 아이들 셋의 반응은 전부 No, No, No였다. 우리가 왜 냄새나는 사람과 같이 살아야 하며, 더운데 옷도 함부로 벗지 못하고, 어떻게 음식도 같이 먹냐고 하며 불편한 점만 나열하였다. 이번에도 우리 부부는 비장의 무기인 기도로 아이들에게 하나님의 뜻을 물어보자고 했다.

그러나 하나님의 응답은 너무나 쉽게 막내아들 예환이의 QT로 이루어졌다. 아이의 말인즉, 자기가 빌레몬서를 읽는데 22절에 "오직 너는 나를 위하여 숙소를 마련하라 너희 기도로 내가 너희에게 나아갈 수 있기를 바라노라" 하였다며 그 형제를 위해 우리는 숙소를 마련하고 함께 사는 것이 하나님의 뜻이라고 주장 아닌 주장을 했다. 이제는 다른 솔로몬 형제와 함께 있지만 스스럼없이 큰오빠처럼, 큰형처럼 대하며 잘 지내고 있다.

이제 우리 사역에서 3남매는 엄청난 시너지 효과를 내는 든든한 동역자들이다. 딸아이 유라는 피아노 반주와 함께 악보가 없는 힌디 찬양을 컴퓨터 작업으로 악보를 만들고 주일학교 교사로 열심히 봉사하고 있다. 큰아들 정환이는 영상을 담당하며 솔로몬 형제와 매주 예배 준비를 위해 구슬땀을 흘리고 있다. 찬양을 좋아하는 막내아들 예환이는 힌디 찬양을 무의식적으로 하는 힌디 찬양 매니아가 되었다.

한국에서보다 하나님의 말씀을 더 열심히 묵상하며 그 말씀을 날마다 적용하며 살려고 애쓰는 3남매를 볼 때마다 아이들은 우리 하늘 아버지가 책임지시는구나 생각한다. 또 아이들 때문에 염려 아닌 염려를 한 우리의 작은 믿음과 부족함으로 인해 주님께 죄송해하며, 어느 목사님이 나누신 말씀처럼 "선교가 선교사에게는 사명이고, 선교사 자녀에게는 운명이다"란 말을 공감하면서 그 운명을 하나님의 은혜로 잘 받아들이고 순종하는 우리 3남매가 눈물 나도록 고맙고 또 고맙다.

> '내 한 몸 부서져도 선교하리' 라는 모토를 가지고 피지 인도인을 섬기는 공미애 선교사는 '나도 함께 부서지리' 라고 외치는 든든한 지원군인 남편 김상도 선교사와 어떠한 일이 있어도 믿음을 중요시하고 선포하는 믿음의 치어리더들인 유라, 정환, 예환 선교사와 함께 오늘도 내일도 피지 인도인의 복음화를 꿈꾸고 있다.

36

차라리 천국으로 가고 싶어요

—피지 선교사 박영주

몽롱한 가운데 눈을 떴다. 점점 의식이 들면서 병실에 누워 있는 나를 확인하였다. 곁에 있던 아내가 눈물을 글썽이며 웃고 있는 모습이 시야에 들어왔다.

"여보!"

내가 깨어나는 것을 보고 아내가 내 쪽으로 가까이 다가서며 나를 불렀다. 그리고 더 이상 말을 잇지 못했다. 잠시 후 아내가 내 손을 꼭 잡으면서 말했다.

"여보, 당신 수술 안 했어요."

나는 상황 파악을 못하고 얼떨떨했다. 그제야 생각이 났다. 분명 수술실에서 잔뜩 긴장해서 전신 마취를 하고 정신을 잃었는데 수술을 안 했다니 무슨 말인가?

"당신, 무슨 말이야?"

아내에게 물으면서 내 몸의 느낌을 살폈다. 수술했을 것이라 짐작되는 부분에 아무런 통증이 없었다. 아내가 웃으면서 약간은 흥분해서 말했다.

"당신, 다 나았대요. 마취가 다 풀리면 집에 가도 된대요."

"아니, 왜?"

의아해하는 나에게 아내가 설명을 해 주었다.

"문제가 저절로 해결되어서 수술할 필요가 없어졌대요. 그럴 수가 있느냐고 의사에게 물었더니 의사가 그러더라고요. '당신들이 믿는 하나님이 고쳐 줬나 보지요.'"

1995년 선교사로 피지에 도착한 지 4년 만인 1999년 4월 선교 사역을 중단하고 철수해야만 할 일이 발생하였다. 몇 달 전부터 복통이 간헐적으로 일어났다가 그 빈도수가 잦아지자 급히 선교 현장을 떠나 한국행 비행기를 탔다. 피지에도 국립 병원이 있기는 하지만 시설이 열악하고 중환자는 대부분 환자 부담으로 호주나 뉴질랜드로 이송되는 경우가 많기 때문이었다.

환자는 복잡한 절차를 거치지 않고는 비행기도 탈 수 없다는 말에 나는 환자가 아닌 척 비행기를 탔다. 피지에서 한국 공항에 도착하기까지 열 시간이 수일처럼 여겨졌다. 복통이 시작될 기미가 보이면 진땀을 흘리면서 속으로 얼마나 하나님을 불렀는지 모른다.

"주님, 제발 한국에 도착할 때까지만이라도 고통을 감하여 주옵소서."

내가 고통스러워하면 옆에서 아내가 안타까워하며 내 손을 붙잡고 기도해 주었다. 얼굴이 하얗게 질린 가운데 한국에 무사히 도착한 우리는 서울에 살고 있는 처제네 집에서 짐을 풀었고, 다음 날 친구인 H목사님이 미리 예약해 준 서울 목동의 H병원에서 검진을 받았다. 첫 진단은 왼쪽 신장이 많이 부었고 요로의 중간까지 함께 부어서 자칫 신장을 떼어내야 하는 지경에 이를 수 있다는 것이었다.

더욱 염려스러운 것은 요로 중간의 협착된 부분에서 결석을 확인할 수 없었는데, 이는 요로 외부에서 압박하는 어떤 요인이 원인일 수 있고 이 경우 암일 가능성이 높다는 것이었다. 며칠 후에 담당 내과 의사와 이비인후과 의사가 동석한 가운데 나와 아내를 불렀다.

"신장이 붓고 요로까지 부어 있는 경우 결석일 가능성이 높은데 아무리 찾아봐도 결석을 찾아낼 수가 없습니다. 아무래도 요로의 바깥쪽 어느 부분에서 요로를 압박하고 있는 무엇이 있지 않나 생각됩니다. 그 원인이 암일 가능성을 배제할 수 없습니다. 며칠 경과를 지켜보고 컴퓨터 단층 촬영과 함께 정밀 검사를 다시 해 봐야겠습니다."

의사의 말을 듣고는 머릿속이 하얗게 되어서 아무 생각도 나지 않았다. 집에 돌아와서도 잠을 이룰 수가 없었다. 어떻게 기도해야 할지 생각을 정리할 수가 없었다. 젊은 아내와 이제 중·고등학교에 다니는 두 아이들은 어떻게 될 것인가? 방바닥에 무릎을 꿇었다.

"하나님!"

하나님을 불렀는데 그 다음 문장을 만들 수가 없었다. 하염없이 눈물이 났다. 그러다가 천국이 가까이 왔다는 생각이 실감이 나면서 말할 수 없는 기쁨과 흥분이 일어났다. '이제 이 땅의 모든 수고를 끝내고 쉬게 되는구나. 주님이 나를 데려가신다면 아내와 아이들은 주님이 책임져 주시겠지.' 죽음에 대한 공포보다는 이제 영원한 안식에 들어가게 되었구나 하는 자유함을 느꼈다.

"주님, 차라리 천국으로 가고 싶어요."

마음이 담담해지며 천국 갈 준비를 해야겠다고 생각했다. 그런 생각을 하고 나니 정말 천국이 가고 싶어졌고 내 병을 고쳐 달라고 기도하고 싶은 마음이 없어졌다. 나중에 이 이야기를 듣고 아내는 무책임한 가장이라고 섭섭해하면서도, 내가 선교지에서 보낸 첫 시간이 심적으로 얼마나 힘들었으면 모든 것 다 내려놓고 천국으로 가는 것이 더 낫겠다고 했는지 이해한다면서 눈물을 지었다.

아내는 피지에 있는 두 아이들에게 전화를 해서 학교를 휴학하고 급히 귀국하도록 조치를 취했다. 작은아들 경민이는 안산 동산고등학교 1학년에 편입시켰고, 큰아들 광민이는 마침 한동대가 7월 학기 신입생 모집을 한다는 정보를 입수해서 서류를 갖추어 재외학생으로 원서를 접수시켰는데 주님이 긍휼을 베푸셔서 합격되었다.

나는 정밀 검사를 받기 위해 아내와 함께 H병원에 다시 갔다. H목사님 부부가 함께 다니며 기도해 주고 격려해 주었다. 마침 그

병원에 근무하시는 그 교회의 집사님이 또한 친절하게 모든 검사 과정을 빨리 받을 수 있도록 배려해 주었다. 모든 검사를 마치고 의사의 최종 결론이 나왔다.

암은 아니고 요로 결석인데 결석이 있는 부위가 뼈와 뼈 사이여서 잘 보이지 않고, 또 그 성분이 흔히 보이는 돌과 달라서 잡아내기가 어려웠다는 것이었다. 암이 아니라는 말에 긴장했던 온 몸의 힘이 빠지고 맥이 풀렸다. 감사하기도 하고 아쉽기도 한 마음이 교차했다. 나는 천국문 앞에서 거절당한 선교사가 됐다. 아직은 주님께 받은 바 사명을 완수하지 못했던 것이다. 하나님은 '죽음'이라는 저울로 나를 달아 보셨던 것 같다.

충격파쇄기 요법으로 결석을 깨는 작업이 3주 동안 진행되었다. 뼈를 망치로 두들기는 것 같은 고통에 악 소리가 나왔다. 입술을 깨물었다. 골고다 언덕에서 주님이 십자가를 지셨을 때 로마 병정들이 망치를 휘둘렀던 것이 연상되어 목이 메었다.

"내 모든 죄를 사하소서. 나를 불쌍히 여겨 주옵소서!"

몇 차례에 걸쳐 결석을 깨는 작업을 시도하였지만 전혀 변화가 일어나지 않았다. 담당의사가 아내와 나를 다시 불렀다.

"환자분의 왼쪽 신장이 너무 부어 있고 오른쪽도 붓고 있는 상태에서 결석이 너무 깨기 어려운 위치에 자리 잡고 있어 충격파쇄기 요법으로는 더 이상 안 되겠습니다. 아무래도 서둘러 수술을 해야 할 것 같습니다."

그래서 우리는 수술 날짜를 정하고 무거운 마음으로 집으로 돌아와 수술 준비를 했다. 그리고 정해진 날 수술대에 올랐다. 수술대 위에 누워 두 팔을 벌려 묶고 천장에 매달린 커다란 수술실 조명 기구가 내려오는 것을 바라보며 전신 마취에 빠졌다.

깨어났을 때는 일반 병실이었다. 그런데 주님께서 기적을 베풀어 다 치료해 주셨고 수술 없이 집으로 돌아올 수 있었다. 의사가 수술 집도 직전에 내시경으로 최종 확인한 결과 요로의 결석은 사라졌고, 터질 듯 부어 있던 신장은 부기가 많이 빠져서 수술을 하지 않게 되었다는 것이었다. 그동안 찍은 40여 장에 이르는 X레이 사진과 초음파 검사, 컴퓨터 단층 촬영, 두 번의 내시경 검사가 말해 주는 것은 결코 오진이 아니고 하나님께서 직접 간섭하셨음을 보여 준 사건이었다.

우리는 곧 선교 현장으로 돌아갈 준비를 서둘렀다. 아내는 남편이 수술을 한다면 선교사 철수 명령인 줄 알겠다고 기도했다고 한다. 그런데 수술을 안 했으니 선교지 현장으로 돌아가지 않을 이유가 없어 당장 가야 한다고 했다. 한국에서 이미 새로운 학교생활을 시작한 아이들만 남겨 놓고 우리 부부만 두 달 만에 다시 선교지로 돌아왔다. 선교지는 아무 때나 오고 싶다고 올 수 있는 곳이 아니라는 것을 새삼 깨달았다.

우리가 피지에 돌아왔다는 소식을 듣고 평소 잘 알고 지내던 피지인 목사 코난 부부가 전화로 반색을 하며 우리를 집으로 초대해 주었다. 그들은 우리가 그렇게 많이 아파서 귀국했다는 사실을 알지 못했던 분들이었다. 그 사모님은 얼마 전에 꿈을 꾸었는데 그 꿈속에서 내가 죽었다고 했다. 그래서 그 후 우리를 위해 계속해서 기도했다고 한다. 많은 사람들의 중보기도로 주님은 우리에게 기적을 베풀어 주셨다. 중도 포기의 위기를 잘 넘기고 15년째 선교사로서 지금까지 남태평양의 영혼들을 섬길 수 있게 된 것은 전적으로 주님의 은혜이다. 할렐루야!

37

선교사가 된 마약 딜러

—피지 선교사 박영주

"웰컴 백 투 피지!"

나는 세루를 힘 있게 포옹하였다. 너무도 반가웠다. 10년 넘게 솔로몬 선교사로 사역을 잘하고 있는 나다 세루(Naca Seru) 가정을 본국 사역을 위해 불렀다. 나의 선교의 첫 열매요, 우리 선교훈련학교 최초의 선교사인 세루 선교사는 이제 본교 교수 요원으로서, 특히 다수의 솔로몬과 바누아투 유학생들을 전담하여 그들의 언어로 상담하며 섬기게 될 것이다. 초등학교 다니는 두 딸 마가레타와 크리스틴, 그리고 유치원 다니는 아들 자메사를 앞세우고 우리 훈련 센터로 들어서는 그들을 보며 세월의 흐름을 실감한다.

내가 세루를 처음 만났을 때 그는 23세의 청년이었다. 1995년 내가 피지 선교사로 파송받아 온 다음 해인 1996년에 만난 그는 남태평양선교훈련원 1학년 학생이었다. 영어가 부족하여 학업 성적은 중간 정도였지만 오후 공동 작업 시에 매우 부지런하고 성실한 모습이 눈에 띄었다.

동료 학생들과 함께 있을 때는 분위기 메이커였고 피지 민속 춤 솜씨가 뛰어나기도 했다. 매주 있는 수요 채플이 끝나고 짝을 지어 중보기도하는 시간에 나는 그를 지명하여 함께 기도하자고 하였다. 기도하기 전에 서로 기도 제목을 나누는 중에 내가 물었다.

"이 학교에 들어온 동기가 무엇이며, 졸업하고 너의 비전은 무엇이냐?"

"목표 없이 인생을 살다가 주님을 만나 교회학교 교사까지 하고 있는데 성경 지식이 너무 부족함을 느꼈습니다. 그래서 여기서 성경을 공부하고 좋은 교회학교 교사가 되고 싶습니다."

사실 세루는 결손가정에서 불우한 어린 시절을 보냈다. 그가 여섯 살 되었을 때 어머니가 집을 나가 버렸다. 당시 무명 권투선수였던 아버지는 일이 뜻대로 풀리지 않자 술로 세월을 보냈으며, 술만 마시면 집에 들어와 어머니를 구타하며 화풀이를 했다. 견디다 못한 어머니가 가출을 해 버린 것이다. 그래서 세루는 할머니 손에 키워졌으며 한때는 방황하며 마약 딜러를 하기도 했다.

그가 중학교를 마칠 때쯤 아버지는 여러 가지 사정으로 그를 더 이상 데리고 있지 못해 그를 피지의 옛 수도 레부카 섬에 살고 있던 외삼촌 집으로 보냈다. 아버지가 미웠던 그는 수년 동안 아버지를 보지 않고 지냈다.

그 조그만 섬마을에 살던 어느 날, 주변 사람들의 권유로 교회

수련회에 참석했다가 주님을 만났다. 그때 그의 나이 18세였다. 외로운 그의 인생에서 너무도 따뜻한 주님의 사랑을 체험하게 된 후 함께 은혜 받은 친구들과 여기저기 복음을 전하고 다녔다. 그리고 마침 그 섬을 방문한 비즈니스 선교사인 한국인 H선교사를 만나 내가 사역하고 있는 남태평양선교훈련학교를 소개받아 입학했다.

성경공부에 굶주렸던 그는 기본 학력이 모자라서 너무 힘들어 여러 번 울며 중도 포기를 생각하기도 했지만 린디(Lindy)라는 호주 선교사가 영어를 별도 지도해 주고 전 스탭들이 용기를 북돋아 주자 열심히 노력하였다. 기숙사 공동 생활의 하루 일과는 보통 새벽 5시에 일어나 새벽기도회를 하고 난 후 개인 경건의 시간(QT)을 갖고 아침 청소와 식사를 한다.

그리고 8시부터 12시 30분까지 학과가 진행된다. 성경공부와 신학, 선교학 등의 오전 학과가 끝나면 오후에는 교내에서 농사 및 공동 작업을 한다. 저녁에는 7시에 기도회가 있고 이후 10시까지 교실과 도서관에서 개인 공부를 한다.

2년 뒤 그는 딴사람이 되어 있었다. 주님에 대한 사랑과 잃은 영혼들에 대한 열정으로 세계를 품고 기도하는 선교사 후보생이 된 것이다. 마치 베드로가 처음 예수님을 만나기 전에는 갈릴리밖에 모르다가 땅 끝까지 복음을 전하는 사도가 된 것처럼.

1998년 세루와 열두 명의 학생들은 선교 학교에서 2년간의 합숙 훈련 과정을 마치고 이어서 1년간의 인턴십 과정을 나갔다. 그때 학생들의 양호 및 보건 담당을 맡고 있던 간호사 출신 한국인 싱글 스탭 K선교사님이 적도 근처 파푸아뉴기니와 인접한 나라 솔로몬에 가서 한 달 정도 의료선교를 마치고 돌아왔는데, 그곳 수도 호니아라에 있는 교회에서 우리 인턴십 학생 한 명을 받고 싶다는 소식을 가지고 왔다.

나는 열두 명의 3학년 인턴십 학생들 중에 누구를 보낼 것인지 기도하기 시작했다. 처음에는 2년 과정을 수석 졸업한 렝가를 염두에 두었으나 학업 성적보다는 성품과 선교 열정을 고려했고, 교수 회의를 거쳐 결국 세루를 선택하였다.

세루는 솔로몬에서 1년간의 인턴십 선교사역도 잘 감당하고 돌아왔다. 그는 그곳의 섬들을 돌면서 개인 전도와 순회 전도, 그리고 인근 교회에서 청년부 지도 사역을 하였다. 그때 그는 선교 편지에 이렇게 적고 있었다.

"지난 몇 개월간 말라이타 섬의 벌목 현장에서 목재를 자르는 톱질은 제게 아주 힘든 작업이었습니다. 그러나 제가 이곳 문화와 언어를 배우려고 노력할 때마다 이곳 사람들과 더욱더 가까워지는 것 같아 너무 감사합니다. 지난 5월에는 400명이 모인 청소년 집회에서 설교할 수 있는 기회가 주어지기도 했습니다. 지금은 잠에서 깨어 나아가 복음을 전해야 할 때라고 강하게 도전했습니다. 교통 수단이 거의 없는 내륙 깊숙한 산간 마을을 4개월간 순회 전도 여행하는 중에 보통 6시간은 걸으며 복음을 전했습니다. 전도 여행이 끝날 무렵 주일 어느 작은 교회에서 설교를 하고 성찬식을 집례하도록 부탁을 받았는데 실수로 빵보다 포도주를 먼저 나누어 주었고, 정작 집례자인 저를 빠뜨려 버리는 실수를 하기도 했습니다."

1년 뒤 인턴십에서 돌아온 세루에게 우리는 장기 선교사로 헌신할 것을 권유했다. 그의 인턴십 현지 지도 목사였던 솔로몬 호니아라 교회 담임 목사로부터 세루의 인턴십 평가서가 왔는데, 세루의 충성스러운 사역에 감사하며 정식 선교사로 파송해 줄 것을 요청해 왔기 때문이었다. 숙소는 현지에서 제공해 주겠다는 호혜 조건까지 붙여 왔다.

"세루, 네가 장기 선교사로 파송받으려면 우선 결혼부터 해야 해. 솔로몬 선교사로 정식 파송받기 위해선 결혼이 주님의 인도하심의 한 사인이 될 수 있을 거야. 그리고 꼭 선교 비전이 있는 자매를 선택해야 해, 알겠지?"

그 후 세루는 6개월이 채 안 되어 결혼식을 올리게 되었다. 고향 동네에 알고 지내던 자매가 있었는데 결혼 문제가 급진전된 것이다. 로(Lo)라는 자매는 오랜만에 만난 세루의 영적으로 성숙한 모습이 너무 반가웠고, 그와 함께 어머니의 나라 솔로몬 선교사로 함께 가기로 결심해서 서둘러 결혼한 것이다.

우리는 세밀하신 주님의 인도하심을 함께 보며 주님께 감사를 드렸다. 만만치 않은 항공료와 후원비도 예기치 않은 손길들을 통해 채워 주셨다. 세루는 인턴십에서 돌아온 지 5개월 만인 1999년 4월 결혼식을 올렸고, 7월 29일 정식으로 선교사 파송을 받아 솔로몬으로 떠났다.

세루는 파송식에서 이사야 6장 8절 말씀으로 주께 받은 소명을 분명히 하며 눈물의 간증을 해 듣는 이들을 감동시켰다. 지난 1년 인턴십 기간 동안 선교 현장이 얼마나 힘든 곳인가를 그는 체험했기에 주님이 맡겨 주신 십자가의 고난과 영광의 의미를 실감하는 것 같았다. 나는 그때 그가 한 고백을 잊을 수가 없다. 선교사로서 열매를 보면서 선교하는 것이 얼마나 큰 축복인지 실감하며 나는 한없는 기쁨의 눈물을 흘렸다.

"교직원 여러분, 저는 여러분 선교사님들의 피땀 어린 수고의 열매입니다. 저도 선교사님들의 자취를 따라 주의 복음을 위해 썩는 한 알의 밀알이 되겠습니다. 선교사역이 얼마나 위험하고 힘든 사역인지 약간은 맛보았기에 죽으면 죽으리라 고백하지 않고는 다시 선교지로 갈 수 없습니다. 그래서 저의 선교사 파송식이 마치 저의 장례식 같은 생각이 들기도 합니다. 이 큰 사명을 감당하기에는 제가 너무 약하다는 것도 잘 알지만 나의 하나님은 저를 통해 뭔가를 하실 수 있으리라 확신합니다."

사실 세루 선교사가 선교지로 파송되던 해인 1998년에 솔로몬에서는 내전이 일어나 2003년까지 계속되었다. 폭력과 총성이 그치지 않는 그 나라에서 위험한 순간들을 여러 번 넘기면서도 중도 포기하지 않고 선교를 계속할 수 있었던 것은 주님의 특별한 은혜였다. 한번은 반란군의 혐의를 받아 계엄군에게 붙잡혀 조사를 받기도 했다. 반군은 말라이타 섬 출신들이 중심이 되었는데 세루가 신앙적으로 양육하는 사람들 중에 말라이타 섬 사람들이 많이 있었기 때문이었다. 하지만 주님의 은혜로 조사 경찰관들 중에 세루를 복음적인 선교사로 알아보는 사람이 있어서 무사히 풀려날 수 있었다고 한다.

그는 10여 년 동안 선교사역을 하면서 많은 사역의 열매들로 하나님께 영광을 돌렸다. 불우 청소년 사역, 교도소 선교, 특히 솔로몬 내전으로 부족간 갈등이 심각한 상황에서 국가를 대표해 중재하는 중임을 맡기도 했고, 청소년 축구 국가대표팀 코치를 맡아 스포츠 선교에서도 큰 역할을 하였다. 세루 선교사의 영향을 받아 매년 우리 남태평양선교훈련원으로 유학을 오는 청년들이 많다.

한 알의 밀알이 30배, 60배, 100배로 결실케 하시는 주님을 찬양한다. 할렐루야!

> 선교는 현지인들과 더불어 사는 것이라고 생각하는 박영주 선교사는 6,000평 대지에 세워진 선교 센터에서 3년 선교훈련 과정에 있는 남태평양 나라들의 젊은이들과 현지인 스태프 세 가정과 함께 공동체 생활을 하고 있다. 가족으로는 센터 안에서 40여 명의 현지인 공동체 식구들의 어머니로 섬김사역을 하면서 3개의 개척된 교회들까지 돌보며 헌신하는 아내 남성숙 선교사와 미디어 선교사를 꿈꾸는 큰아들 박광민, 한국에서 변호사를 하고 있는 둘째 아들 박경민, 그리고 며느리 베다니와 9개월 된 손녀딸 레일라가 있다.

38

아빠 선교사, 아들 선교사

— 피지 박영주 선교사 자녀 박광민

군대로 간 요셉

"마지막 기회입니다. 집에 가고 싶으신 분은 돌아가셔도 좋습니다."

대답 없는 메아리처럼 연병장 내의 300명은 소리 하나 내지 않았다.

"그럼 지금부터 교육상 경어는 생략하도록 하겠다."

교관은 주머니에서 새까만 선글라스를 꺼내어 쓰고, 지휘봉으로 빨간 교관 모자를 살짝 위로 올리고는 소리쳤다.

"다들 엎드려뻗쳐!"

끝이 보이지 않을 것 같던 나의 기본 군사훈련은 그렇게 시작되었다. 4개월간의 혹독한 훈련을 마친 뒤 양 어깨에 백만 광촉의 다이아몬드를 단 나는 대한민국의 자랑스러운 공군 통역장교로 임관할 수 있었다.

1995년 선교사이신 부모님 손에 이끌려 남태평양 피지로 갈 때까지만 해도 다시는 한국에 돌아오지 않을 것이라고 생각했다. 고등학교 졸업 후 앞이 보이지 않는 내 미래에 대한 두려움에 하루하루를 하나님께 부르짖으며 살았다. 하지만 하나님께서는 나를 위해 예비하신 한동대학교를 선물로 주셨으며 졸업 후 '군대' 라는 또 다른 선물(?)을 주셨다.

사춘기를 외국에서, 그것도 피지라는 특수한 곳에서 보냈기 때문에 나의 사고방식이나 행동 양식은 기존의 한국 대학생들과는 사뭇 달랐다. 친구들은 나를 '피지 보이'라고 부르며 한국의 이것저것을 알려 주었다. 나름대로 한국의 대학생활에 재미를 붙여 즐거운 나날을 보내고 있었고, 새로운 비전을 발견하여 학업에도 열심을 쏟았다. 그런 내가 군대를 가야 한다는 것은 그 당시로서는 생각하기도 싫은 사실이었다. 하지만 대한민국의 건아로서 군대를 갈 수밖에 없다면, 이왕이면 하나님께서 주신 달란트를 가지고 국가에 봉사하고 싶었다.

모교 한동대학교 교수님의 권유로 공군학사장교 중에 통역장교가 있다는 것을 알게 되었고, 기도하며 준비한 끝에 하나님의 은혜로 합격할 수 있었다.

그런데 막상 군대에 간다고 생각하자 걱정되는 것이 한두 가지가 아니었다. 하나님께서는 내 마음을 아시고 요셉을 통하여 담대케 하셨다. 창세기 41장에 "……그(요셉)가 우리의 꿈을 풀되 그 꿈대로 각 사람에게 해석하더니 그 해석한 대로 되어……"(창 41:12-13)에서의 해석은 영어 성경에 interpret(통역)이라고 쓰여 있다. 그리고 통역장교는 translator(번역가)가 아닌 interpretation officer이다. 죽음을 무릅쓰고 바로 앞에서 해석했던 요셉(interpreter)과 함께하셨던 하나님께서 통역장교(interpreter)로 입대하는 나와도 함께하신다는 믿음이 더해졌다.

요셉은 자신이 원하여 애굽으로 팔려가고 보디발 장군의 집에서 일하며 또 감옥에 갇힌 것은 아니었다. 하지만 하나님께서는 그 여정 가운데 함께하시며 축복하사 바로의 꿈 해석을 허락하셨고 애굽의 총리로, 또 하나님의 도구로 아름답게 사용되도록 하셨다. 나도 피지에 가고, 선교사 자녀가 되고, 한국으로 대학을 오고 그래서 군대를 가는 이 모든 일들이 꼭 내가 원해서만은 아니었다. 하지만 요셉과 함께하신 하나님께서 오늘날 나에게도 함께하사 이 모든 것이 합력하여 선을 이루는 모습을 보게 하셨다.

군생활이 즐겁다고만은 할 수 없지만 세상에 나가기 전 다시 한번 준비시키시는 하나님의 선하신 뜻에 감사했다. 더욱이 공군 통역장교로서 국가 간 장군회의통역, 한미 항공기사업회의통역 등 내 나이와 경력을 고려해 볼 때 참석하기 어려운 국제회의의 중심에서 양국 간의 이해를 도모하는 일은 생각보다 신나고 가슴 뿌듯한 일이었다.

비록 언어에 대한 부담과 미국 문화에 대한 이해가 부족하여 어려울 때도 있었지만 때에 따라 보이지 않게 도와주시고 능력 더하시는 하나님 아버지께 더 겸손히 감사 드릴 수 있었다. 군대에 와서 장군님 곁에서 통역(interpret)하는 것처럼 언젠가는 요셉처럼 하나님의 뜻을 해석(interpret)하는 사람이 되고 싶었다. 하늘의 꿈을, 그 놀라운 비밀을 이 세상 사람들에게 해석하는 하나님의 도구가 되는 것, 하늘의 비밀을 전하는 '하늘 문화재'가 되는 것이 군 시절 나의 작은 소망이자 기도였다.

뉴욕으로 간 요셉

군 제대를 앞두고 미국 장교들이 미국에서 공부할 것을 권했다. 미국이란 나라를 상상만 해 보던 피지 촌놈인 나에게는 신선한 충격으로 다가왔다. '이게 가능한 일인가?' 평소 같았으면 절대 꿈도 못 꾸었을 것을 군생활 하며, 그리고 영어 과외 아르바이트를 하며 꾸준히 모은 돈을 끌어안고 유학을 준비했다.

6개월간의 준비 끝에 저명하면서도 학비가 제일 저렴한 뉴욕시립대 방송학 석사과정에 합격하여 미국행 비행기에 몸을 실었다. 첫 수업하는 내 모습을 보고 눈에서 레이저가 나간다는 등 짧은 머리의 갓 제대한 군인이 너무 신나게 수업을 듣는다며 친구들이 놀렸다. 10년 동안 아무에게도 말하지 않았던 꿈을 하나님께서 들어주셨다.

> "여호와께서 환난 날에 나를 그의 초막 속에 비밀히 지키시고 그의 장막 은밀한 곳에 나를 숨기시며 높은 바위 위에 두시리로다"(시 27:5).

아무것도 없던 초라한 피지 땅에서 고등학교 졸업 후 갈 곳이 없어 매일 책상 밑에 들어가 울던 생각이 났다. 그리고 아버지의 병환으로 우연찮게 귀국한 뒤 한동대에 입학했을 때가 생각났다. 그러나 친구들의 놀림과 힘든 한국 대학생활 때문에 미국에서 공부하고 싶다는 말을 차마 기도로 하나님께 아뢰지 못했던 것도 기억났다.

이제 초등학교 시절 TV에서 보던 뉴욕을 꿈꾸며 가고 싶다 소리쳤던 순간으로부터 20여 년이 흘렀다. 가난한 시골 교회 목회자의 아들로, 식인종 피지인들의 비상 양식(?) 친구로, 한국의 뿌리를 찾던 대학 청년으로, 조국의 영공을 방위하던 군인으로, 그리고 이제는 세계의 중심 뉴욕에서, 모든 인종이 모여 있는 이곳에서 세계의 공중파 방송과 인터넷을 통해 방송될 예수의 얼굴을 TV 화면에 담고 있다.

2009년엔 자력이 아닌 주님의 큰 은혜로 석사 과정을 무사히 마치고 미국 NBC 방송국을 거쳐 CUNY Channel 교육방송에서 일하며 이사야 47장에 근거한 이스트버드 미디어(Eastbird Media) 방송 프로덕션 회사 설립을 준비했다. 또한 2010년 현재 나의 20대 인생의 십일조를 드리기 위해 뉴욕 IN2온누리 비전교회 간사(Mission Builder)로 헌신하여 여섯 명의 다른 간사들과 1년간 공동체 생활을 하며 교회에 봉사하고 있다.

가난이 싫어서 아버지께 '목사 그만두고 슈퍼 아저씨 하라' 고 소리 지르던 나를 하나님께서는 그 목사 선교사 아버지를 통해 새로운 2세 문화 선교사로 키우셨다. 이번 수기를 작성하면서 지난 선교지의 삶을 다시 한 번 정리할 수 있는 계기가 되었다. 선교지에서의 힘들고 어려웠던 기억들, 그리고 대학 때부터 지금까지 스스로 돈을 벌면서 살아 내야 했던 혹독한 현실이 많이 외롭고 고달팠지만 이 모든 연단을 통해 하나님을 깊이 체험하는 은혜를 받았다.

또한 그분께서 내게 가지고 계신 계획을 하나씩 실현하고 계신다는 것을 확신할 수 있게 되었다. 하나님께서는 부모님을 선교사로 부르시면서 나를 제2의 선교사로 함께 부르셨다. 존경하는 나의 부모님이 앞서 가시는 그 길, 나 역시 그 길을 따라가면서 하늘의 푯대를 향해 질주하는 멋진 삶을 살 것이다.

> 초등학교를 마치자 부모 박영주, 남성숙 선교사를 따라 피지에 도착한 박광민은 현지인 학교에서 중·고등학교를 다녔으며, 한국에서 한동대학교를 나와 공군 통역장교로 군복무를 마치고 자비량으로 미국 유학길에 올라 대학원을 마쳤으며, 현재는 뉴욕 대학 연합 방송국에서 일하면서 은사를 따라 미션 빌더로서 한인교회를 열심히 섬기고 있다.

39
주님, 아직 갈 때가 아닌데요?
이제 시작인데요?

−팔라우 선교사 정상진

"2008년 4월 3일 부활절을 이틀 앞두고 찰스 후버트 목사와 나는 가양겔 섬으로 가서 부활절을 보내기로 계획을 세웠다. 가양겔 섬은 팔라우 동쪽 부분의 맨 끝 섬으로 남쪽으로는 펠렐류 섬과 앙가울 섬이 있고, 남서쪽으로 더 내려가면 인도네시아 국경 쪽에 가까운 다섯 개의 작은 섬이 있다. 바벨다웁 섬의 동쪽에 있어서 한 시간 20분이면 도착할 수 있으며 200여 명이 살고 있는 작고 아름다운 섬이다.

목요일 오후 3시에 팔라우 동쪽의 응알라롱에서 하룻밤을 숙박하고 그 다음 날 아침 일찍 배를 타고 가양겔 섬을 향하여 가기로 했다. 아침 일찍 짐을 챙겨서 선착장에 8시쯤 도착하여 나와 찰스 목사, 그의 부인 리디아와 로미, 그리고 보트를 운전하는 헤이슨 이렇게 다섯 명이 타고 짐을 싣자 꽉찬 듯한 소형 스피드 보트를 타고 출발하였다.

속력을 내어 달리니 기분이 참으로 상쾌했다. 이번이 두 번째 가양겔 방문인데 얼마쯤 가는데 다른 쪽으로 가고 있는 듯한 느낌이 들었다.

"헤이슨! 이쪽이 아닌 것 같은데 혹시 방향을 잘못 잡은 것 아닙니까?"

얘기했지만 들은 척도 안 했다. 팔라우 원주민들이니 어련히 잘 알아서 가겠나 하고 딱 믿었다. 두 시간은 족히 달렸다. 한 시간 20분이면 족히 갔는데 이번에는 시간이 많이 걸린다. 그리고 지난번에는 아름다운 에메랄드 빛 환상적인 바닷물이 많이 보였는데 이번에는 아주 깊은 검푸른 색깔의 바닷물밖에 보이지 않는다.

네 시간이 흘렀다. 배의 기름이 점점 바닥이 나고 섬은 보이지 않는 망망대해이다. 12시가 다 되어 간다. 방향을 잘못 잡은 것이 틀림없었다. 아무리 주변을 둘러봐도 우리가 찾는 가양겔 섬이 보이지 않는다. 모두가 걱정을 하기 시작했다. 찰스 목사가 '이쪽이 아닌가 봐!' 하고 위험을 감지했는지 "우리 모두 기도하자"고 부탁했다. 보트 기사도 자꾸 주변을 돌아보더니 수상하게 생각한 듯 뱃머리를 돌려 왔던 길로 돌아가는데 기름이 바닥나 갈 수가 없었다.

가야 할 섬은 보이지 않고 작은 배는 기름이 바닥나 시동이 꺼져 버렸다. 수심이 깊어 앵커도 내릴 수가 없다. 파도에 밀려 기우뚱거리며 점점 떠내려갔다. 파도에 부딪치면서 바닷물이 배 안으로 튀고 입고 있는 옷은 파도에 다 젖었다. 배 가장자리에 가만히 앉아 있을 수가 없어서 앉았다 일어났다 하면서 파도에 휩쓸려 가고 있었다. 가방에 들어 있는 성경책과 노트북에 물이 들어갈까 걱정이었다. 나의 전 재산인데 바닷물이 들어가 다 젖으면 큰일이다. 최대한 물이 들어가지 않도록 라이프 재킷으로 덮으면서 이젠 하늘에 맡기는 수밖에 없었다.

시간이 점점 흘러간다. 이렇게 배가 표류하고 있는데 찰스 목사가 찬송하자고 했다. 처음에는 의미 없이 형식적으로 부르다가 시간이 흐르면서 전심으로 찬양을 불렀다. 그리고 다 같이 기도했다. 배는 파도에 자꾸 밀려가는데 찰스 목사는 태연하다. 걱정도 안 되는가 보다.

사도 바울이 항해할 때 유라굴로라는 광풍이 크게 일어나 배가 깨지고 난리가 났는데, 지금은 그런 위기는 아니고 날씨도 좋고 밤도 아니어서 바람도 세차게 부는 것이 아니며 다만 파도가 높게 일고 있는데, 섬사람 찰스에게는 별로 큰 문제가 아닌가 보다.

그러나 나는 상황이 다르다. "주님, 아직 갈 때가 아닌데요? 이제 시작인데요?" 많은 생각이 스쳐 지나갔다. 여기서 실종되면 어떻게 합니까? 이제 막 새롭게 시작하려고 하는데요?

스스로의 노력을 완전히 멈춘 나는 주님께 항복하여 두 손을 들고 다급한 외침을 터뜨렸다.

"주님, 살려 주세요."

순간적으로 죽음의 공포가 밀려왔다. 물위를 걷던 베드로가 물속에 빠져 들어가자 앞에 계신 주님께 죽어라고 소리쳤던 것처럼 소리쳤다.

"주님, 이제 시작인걸요!"

공포와 절망 속에서 내가 할 수 있는 일이라곤 아무것도 없었다. 단지 주님께 살려 달라고 전심을 다해 소리 지르는 것밖에는 할 수 있는 일이 없었다. 그렇게 순식간에 강력한 강청 기도가 나도 모르게 내 입에서 흘러나왔다.

"나의 영혼이 잠잠히 하나님만 바람이여 나의 구원이 그에게서 나오는도다"(시 62:1).

얼마 동안의 기도를 하고 눈을 떠 보았는데 아무것도 보이지 않았다. 한참이 흐른 뒤 작고 하얀 파도를 일으키며 다가오는 작은 보트 한 대가 보였다. 기도의 응답이 왔다. 소리를 지르고 빨간색 보자기를 힘차게 흔들며 도움을 요청하였다. 마침 그 배가 보고 우리 쪽으로 왔다. 그 배는 선주 혼자 타고 고기 잡으러 가는 작은 보트였다. 그 보트에 있는 줄을 길게 두 줄로 뱃머리에 묶어서 우리가 탄 배를 견인해 가기 시작했다.

한 시간쯤 지나서 다른 큰 배가 우리를 구조하러 왔다. 우리가 큰 배로 옮겨 타고 목적지인 가양겔 섬에 안전하게 도착하니 3시 30분이 넘었다. 나는 급히 물에 젖은 노트북 가방을 열어 보았다. 다행히 성경과 노트북에 조금 물이 묻었지만 사용하기에는 불편이 없었다. 4시쯤 되어 허기진 배를 채우고 나니 살 것 같았다.

일곱 시간 이상을 표류한 것은 참 이상한 일이다. 찰스 목사는 가양겔을 수십 번도 더 왕래한 분이다. 그가 이런 실수를 한 데는 하나님의 뜻이 있음이 틀림없다. 시퍼렇게 살아 계신 하나님께서 바로 나 때문에 네 명의 원주민들을 고생하게 하셨구나 하는 깨달음이 들었다. 하나님이 하시는 일은 처음에는 잘 알 수가 없다.

> "하나님이여 주의 생각이 내게 어찌 그리 보배로우신지요 그 수가 어찌 그리 많은지요 내가 세려고 할지라도 그 수가 모래보다 많도소이다 내가 깰 때에도 여전히 주와 함께 있나이다"(시 139:17-18).

하나님은 어쩌면 이렇게 먼 바다로 배를 몰아넣어 부족한 종의 영적 눈먼 것을 보게 하시고, 내면 깊은 곳의 생각을 듣고 싶어서 그러신 것 같았다. 지금까지 내 힘과 내 노력으로 살아온 것을 회개했다. "이제 저를 비우고 저를 향해 손 내밀고 계시는 주님께 맡겨 드립니다. 제 손을 붙잡아 주셔서 주님이 쓰시는 그릇이 되게 해 주십시오" 하고 기도했다.

하나님은 나의 과거와 현재만이 아니라 미래까지도 꿰뚫어 보시는 살아 계신 하나님이시다. 나의 마음속 중심에 무엇이 담겨 있는지 보고 계신 것이 틀림없다. 나는 안식년을 보내고 난 후 이렇게 할까 저렇게 할까 망설이며 방향을 잡지 못하고 있었다. 그런데 하나님께선 나를 태평양에서 표류하게 하셔서 분명한 목표와 방향을 보여 주신 것이다. 아! 살아 계신 하나님, 감사합니다.

헤이슨은 일곱 시간 동안 배에서 스릴 넘치는 운동을 했다며 한바탕 웃어넘겼다. 위험한 표류 이야기를 재미있게 웃어넘기는 원주민들이 부럽다.

"믿음이 작은 자여, 왜 의심하였느냐?" 주님의 책망 어린 말씀이 생각났다. '그래, 나는 아직도 멀었어. 주님만 바라보지 못하고 한낱 세상의 파도 앞에서 의심만 하고……'

바닷가를 거닐다가 나도 모르게 해변가에 주저앉아 주님을 생각하니 주체할 수 없는 감동의 눈물이 흘러내렸다. 주님은 내게 밤 바닷가의 부드러운 바람으로, 밤하늘에 펼쳐 놓은 수많은 별들의 환상적인 쇼를 보여 주시면서 의심하지 말고 믿음으로 나아가라고 말씀해 주셨다. 가양겔 섬에서 기적적인 부활절을 보내게 하신 살아 계신 하나님, 감사합니다.

> 하나님의 사랑을 전하고 한 영혼, 한 영혼을 섬기는 게 선교라고 생각하는 정상진 선교사는 조난 사고에도 세밀하게 보살펴 주신 하나님과 언제나 순종하며 섬기는 아내 홍성림 선교사와 아빠의 뒤를 이어 선교사가 되겠다는 큰딸 에스더와 치과의사가 되어 세계의 어려운 사람들을 섬기고 싶어 하는 둘째 딸이 있어 이 세상 누구보다 가장 행복한 선교사이다.

40
다시 팔라우에 돌아올 수 있을까?

―팔라우 선교사 홍성림

2009년 11월, 군선교회 (AMCF)의 초청으로 지친 몸과 마음을 이끌고 한국에 귀국하는 내 발걸음은 무거웠다. 자꾸만 돌아봤다. 내가 과연 다시 팔라우에 돌아올 수 있을까? 지난 1년 동안 너무 많이 힘들었기 때문이다. 금융 위기로 환율이 오르고, 후원을 약속한 교회들도 무관심하고, 거기에다 둘째 딸마저 갑자기 조기 졸업을 하더니만 대학에 입학을 했다.

기뻐해야 할 일이 나에겐 무거운 짐으로 부담스럽게 느껴졌다. 그동안 어려운 일들이 많았지만 믿음을 지켜 왔는데 또다시 내 마음은 무너지고 있었다. 비행기 안에서 팔라우 바다를 바라보니 너무도 깨끗하고 푸르러 나도 모르게 계속 눈물이 났다. 기쁘고 즐거웠던 선교팀과의 추억, 그리고 어린이, 학생들과 성전 건축을 위해 개최했던 콘서트의 감동, 교회를 완공했을 때의 감격! 그리고 내 마음속 깊이 애통하게 묻힌, 한 알의 밀알 되어 천국으로 간 동생 성화!

2005년 2월 한국 교회를 건축하고 많은 손님들이 다녀가는 바람에 성전 완공과 더불어 내가 피곤에 싸여 있을 때, 막내 동생 성화가 바쁜 중에도 언니를 돕겠다고 팔라우에 왔다. 교회 식당에서 설거지하고 청소하고 물 빠진 바다를 거닐기도 했는데, 팔라우 바다에서 수영하다가 그만 소천했다.

그날 학교에서 우리 딸들이 하늘에서 층층이 놓인 계단식 구름을 발견했는데, 원주민들이 팔라우 전설에 따르면 그 구름은 한 영혼이 천국으로 올라가는 계단이라 했다. 3일 동안 계속된 짙은 안개와 구름. 팔라우에서 한 알의 밀알이 되어 동생은 그렇게 천국의 계단을 오르며 떠났다. 애통하고 애통했지만 하나님 곁으로 떠난 동생을 진정 축복했다.

그 일 이후 나의 일생에 파도가 심하게 쳤다. 그 어려운 시기에 말 때문에 상처도 받고 힘든 일들이 겹쳤다. 정말 선교를 그만두고 싶을 정도로 감당키 힘든 고통의 쓰나미가 한꺼번에 밀려왔다. 힘겨운 2년을 보내고 휴식이 필요해서 8년 만에 안식년을 보냈다. 안식년 기간 후원이 많이 끊어지자 시아버님께서 집을 팔아 다시 시작하는 우리를 도와주셨고 큰딸 학비도 마련해 주셨다.

안식년 이후 천사 같은 바보 목사인 남편은 우리 살림, 교회 등 모든 것은 하나님께서 이루신 거라며 그동안의 사역을 후배 목사에게 맡기고, 우리는 다시 맨바닥에서 시작하였다. 다시 1년 동안 광야학교에서 또 다른 힘든 훈련을 거쳐야 했고, 우여곡절 끝에 새롭게 현지인 사역을 시작했다. 그런데 팔라우에 오자마자 둘째 딸 해린이가 2년 만에 고등학교를 조기 졸업하고 미국의 명문대에 합격한 것이다. 기쁜 일이었지만 우리의 사정이 어려워서 장학금을 반액 주는 대학에 입학을 했다.

몇몇 교회에 우리의 사정을 얘기했고 성령의 역사로 신일교회 루디아여전도회, 하늘비전교회 선교부, 우리를 신뢰해 준 여러 친구들과 장로님들이 도와주셨다. 순간순간 어려움이 있을 때마다 하나님께선 갑자기 한국에서 오신 손님들을 통해서 사역비와 생활비를 채워 주셨다.

그리고 군선교회(AMCF)를 통해서 팔라우에 군선교회가 설립되었고 1년 후인 2009년 12월, 경찰선교대회에 우리와 팔라우 경찰들이 초청된 것이다. 세계기독경찰선교대회 때 김종명 장로님의 말씀 중에 장로님도 경찰선교회를 포기하려 하셨지만 "또 여호와를 기뻐하라 그가 네 마음의 소원을 네게 이루어 주시리로다"(시 37:4)라는 이 말씀을 붙들었다는 말씀이 가슴에 와 닿았다.

정말 모든 것을 내려놓고 기도했을 때 31년 만에 만난 남편 친구분을 통해서 아이들 장학금이 채워졌다. 그리고 방파선교회 총무 김영곤 목사님과 주사랑교회 김만배 목사님의 배려로 남편이 소망했던 방파선교회의 정식 선교사로 파송을 받았다. 내가 기도했던 두 가지 기도의 응답이 이루어진 것이다. 할렐루야!

외로운 광야에 있었던 우리에게 마련된 위로와 은혜의 잔치였다.

인생의 한계인 '사망'을 이기시고
우리의 손 잡고 죽음의 강을 건너신 예수 그리스도시여!
앞으로 이루어질 하나님의 크신 역사를,
위대하신 하나님의 능력을 기대합니다.
더 낮아지고 겸손하여지고 썩어지는 밀알이 되게 하소서!
주님을 사랑하는 불치병을
평생 앓게 하소서!

"이는 내 생각이 너희의 생각과 다르며 내 길은 너희의 길과 다름이니라 여호와의 말씀이니라 이는 하늘이 땅보다 높음같이 내 길은 너희의 길보다 높으며 내 생각은 너희의 생각보다 높음이니라"(사 55:8-9).

> 동양화 사군자 초대작가가 될 수 있는 기회를 내려놓고 남편을 따라 남태평양 섬 팔라우의 선교사가 된 홍성림 선교사는 부모님보다 아내보다 주님을 더 사랑하는 남편 정상진 선교사와 함께 사군자 대신 오늘도 팔라우 사람들의 마음에 하나님의 사랑을 그려 넣고 있다.

7부

유럽

독일 ■ 오스트리아 ■ 러시아

41

아버지와 같은 심정으로

−독일 선교사 이성춘

우리는 독일 튀빙겐에서 국제유학생 선교사역을 감당하는데, 주로 만나는 사람들이 유럽 사람, 아시아 사람, 아프리카 사람들이기에 삶의 영역이 국제적이다. 그래서 세계 도처에서 일어난 일들에 대해서도 남의 일처럼 여기지 않고 내 일처럼 관심을 갖는다.

매주 드리는 국제교회에서의 예배를 통해서 재난을 당하고 큰 염려 가운데 있는 곳과 그곳의 사람들의 삶을 위해서 기도한다. 우리는 동남아의 쓰나미, 중국의 지진, 아이티의 재난을 위해서도 기도했고, 정성 어린 헌금을 모아 현지로 보내기도 했다.

글로벌 시대를 잘 살아가는 사람들이 글로벌 세대이다. 타 문화에 대한, 외국인에 대한 두려움 없이 쉽게 접근할 수 있는 사람들이 그들이다. 그리고 전혀 기가 죽지 않고 서로 경쟁하면서 앞서 갈 수 있는 세대가 지금 20대이다. 그런데 20대의 자녀를 둔 부모로 살아가는 내가 글로벌 시대의 주역들과 발맞추어 가면서 그들을 이끌어 가는 것은 영광스러운 일이다. 글로벌 세대에 떠밀려 가는 세대가 아니라 지도자로 그들 앞에 서 있는 것이다.

'이 목사님' 이라고 부르라고 했는데도, 언제나 '성춘아' 라고 이름을 부르는 22세 된 독일 학생과 함께 산 지 벌써 1년이 넘었다. 그런데 이름만 친구처럼 부르는 것이 아니라 모든 일에서 친구처럼 거침없이 대하기에 편할 수만은 없다. 이런 관계에서 속 좁다는 소리를 듣지 않으려고 애써 태연한 척하지만, 마음 한편에는 불편함이 자리 잡고 있다.

독일 유학생이 지금은 많이 줄어서 235,000여 명쯤 된다. 그중 중국인이 24,000명이고, 폴란드인이 10,000명이다. 튀빙겐 대학에는 24,473명의 학생이 등록되어 있고, 그중 외국인 학생은 3,121명이다. 튀빙겐 대학의 학생들도 1년에 1,000명 이상이 한 학기 또는 두 학기를 외국에 교환 학생으로 다녀온다.

독일로 유학 온 학생들은 우선적으로 본국에서 인정을 받은 엘리트들이다. 그들의 목표는 학업 이후에 본국으로 돌아가서 대학에서 교수를 하거나, 정부 기관에서 중요한 역할을 하는 것이다. 그들은 곧 자기 나라의 미래를 책임질 고급 인력들이다. 때문에 캠퍼스 사역에 필요한 것은 젊음, 청년성이며, 많은 분야에서의 전

문성이다. 또 20대, 30대와 구별되지 않고 그들이 추구하는 삶에 융화되어야 하는 개방성이 필요하다.

우리는 나이로 보아 그들과 맞지 않는 세대이다. 사실 친구 하자고 이름을 부르며 다가와도 우리가 어색해지고, 또한 세대차를 극복하고자 함께 배드민턴, 탁구를 하고, 산행을 하지만, 그들이 어색해한다. 젊은 학생들과 만나기 위해 체육관에서 배드민턴을 치다가 중국인 학생들을 만나고 그들을 국제기독센터 찬양 시간에, 국제교회의 예배에 초청했다. 그리고 그들에게 지지 않으려고 무리한 운동을 하다가 근육층이 파열되어 한 달 동안 보행에 어려움을 겪기도 했다.

우리는 다양하게 젊은 세대를 만나고 그 만남을 성공적으로 이끌어 간다. 그러나 그들이 생각하는 영역으로, 그들의 관심 속으로 깊이 들어가기에는 서로의 코드가 맞지 않을 때가 있음을 본다. 학생들이라서 아르바이트에, 이성에, 그리고 파티에 관심이 많고 그에 관한 대화를 나눈다. 또한 밤늦도록 영화를 보기도 하고, 맥주나 포도주는 모임의 필수이다. 한국에서 양반처럼 점잖은 모습, 믿음의 가정에서 자라 교회 밖과는 차단되어 살아왔던 젊은 시절의 모습이 그들을 용납하고 수용하는 데 걸림돌이 되기도 한다.

그들은 **빠른** 변화가 일어나는 시대의 주역이며, 누구에게도 얽매이기 싫어한다. 필요한 정보들을 다른 사람들에게 얻어 듣는 것이 아니라 스스로 검색하여 찾아가고, 세상이 주는 다양한 흥미와 관심거리에 치여 사는 자들이다. 사실 우리에게 배우고 싶은 마음들이 전혀 없는 자들이다.

문화적인 접근과 신앙적인 접근이 적절하게 조화를 이루도록 하려 하지만, 비기독교인인 경우 문화적인 접근에 머물고 신앙적으로 깊어지지 않아 조급함이 생긴다. 기독교인으로 우리에게 다가온 사람들에게는 섬김과 증인의 삶이 너무 제한적으로 드러나기에 더 큰 사명을 감당해 주었으면 하는 우리의 기대에 그들이 부담을 갖기도 한다. 이런 상황에서 우리는 젊은 세대가 매력을 느낄 장점이 없는 사람들이 아닌가 하는 생각도 했다.

중국에서는 단지 농민들, 무학자들의 종교라고 생각하는 그들에게 기독교의 도리가 생명의 도리이고 지식인의 종교가 될 수 있다고 설득해 보지만 닫혀진 귀들을 본다. 체력에서, 문화에서, 사고방식에서 그들과 너무나 다른 우리의 모습을 발견하고 사역의 어려움을 느낀다.

결국 그들과 나눌 것이 전혀 없을 것 같았다. 그런데 한 가지가 있었다. 독일 학생들이나 외국인 유학생들은 부모를 떠나 이곳에서 부모가 없이, 부모가 없는 것처럼 살아가고 있고, 그것이 접점이었다.

나는 아버지와 함께 했던 날들을 생각해 보았다. 내가 초등학교 6학년 때부터 중3 때까지는 아버지께서 중학교 교사로 타지에 계셨고, 고1 때부터는 내가 집을 떠나 도시에서 학교생활을 했다. 그리고 아버지를 20대 중반에 하나님께 보내 드렸기에 아버지를 아버지로 여기고 함께했던 시간들이 많지 않은 것을 발견했다.

부모를 멀리 두고 떠나와 외국 생활을 하는 저들에게 부모의 심정으로, 아버지의 마음으로 다가가면 되는 것이다. 하나님께서 젊은 세대를 위해 나를 아버지로 부르셨다는 것을 알게 되었다. 청년성이 부족하지만, 아버지의 마음으로 품고 가면 된다는 용기를 얻었다.

고든 맥도날드 목사님이 독일에서 강연할 때에, 독일에서는 연세 많은 독일 목사님들은 교수처럼 강의를 하지만, 맥도날드 목사님은 아버지처럼 강의를 한다는 평을 들었다. 그것은 자신이 살아왔던 삶의 사연을 들려주고 자신이 씨름했던 부분들을 드러내 놓고 아버지처럼 강의하셨기 때문이다.

이제 어떻게 사역을 해야 할지에 대하여 분명한 부름을 받았다. 아버지의 마음으로 글로벌 시대의 주역들을 품기로 했다. 이젠 늙어 버린, 연약한 아버지가 아니라 다양한 경험을 토대로 노련한 리더십을 발휘하는 아버지가 되어 그들의 아픔과 수고를 이해하며 함께 서기를 원한다. 그들을 보면서 형제로, 자녀로 인식할 수 있는 충분한 빛, 사랑, 온유가 우리 마음에, 그리고 우리의 사역 현장에 끊이지 않고 지속적으로 공급되기를 간절히 소망한다.

> 선교는 자기를 낮추는 것이라고 생각하는 이성춘 선교사는 오늘도 독일에서 유럽을 품고, 세계를 품으며 독일 사람들과 외국인 유학생들과 눈높이를 맞추려고 애쓰고 있다. 가족으로 필리핀에서 그리고 독일의 선교현장에서 자기를 낮추는 연습을 하는 성영 선교사와 두 딸 혜란, 혜진이가 있다.

42
공동생활에서의 특별하고 소중한 만남

-독일 선교사 성영

　　　　　　　유난히도 많은 눈이 내렸던 2009년 겨울도 물러갈 때가 되니 얼었던 땅이 녹기 시작하고, 푸르른 잔디들이 얼굴을 내밀기 시작하고, 양지바른 곳에는 벌써 작은 꽃들이 어느 사이엔가 환하게 피고 있어 자연의 놀라움에 다시 한 번 감탄하게 된다. 주님께서 만물을 소생시키실 때 우리의 영혼도 새롭게 해 주시길 마음속으로 기도해 본다.

　68억의 사람들이 고유한 얼굴과 성격과 문화와 삶의 차이를 갖듯이 그만큼의 다양함으로 이루어지는 사람들과의 만남은 늘 새로울 수밖에 없는 듯하다. 현재 우리가 운영하는 기독생활공동체에는 세 명의 독일 학생과 한 명의 아프리카 학생이 함께 살고 있다. 이 공동체에서 지금까지 20여 명의 외국 학생들과 짧게는 한 두 달, 길게는 6개월에서 1년씩 함께 생활하면서 많은 것들을 배웠다.

처음 공동체 생활을 결정할 때는, 나나 남편인 이성춘 선교사가 사람들을 쉽게 만나고 편안한 마음으로 사귀는 성격이 아니어서 다소 모험적일 수 있다는 생각을 했다. 공동체 생활을 하면서 규율이 없는 사랑은 혼란스럽고 무질서해 다른 이들에게 피해를 주는 것을, 그리고 규율을 세우고 질서를 유지하려 했을 때는 사람들이 다치게 됨을 보았다.

그동안 우리 공동체를 거쳐 간 사람들은 질서정연하고 조용한 일본인, 친절하지만 온 방을 쓰레기장처럼 쌓아 놓아 발 디딜 곳이 없게 만든 미국인, 필요에 따라 자신을 한국인 또는 러시아인으로 소개하는 카자흐스탄에서 온 고려인 3세, 캐나다로 이민 간 카자흐스탄인, 잘 씻지 않아 냄새가 나고 방문을 열어 놓지 않아 냄새로 가득 채우는 중국인, 색깔 있는 내복을 평상복처럼 입고 다니는 중국인, 의사이기에 직업적인 우월의식을 가졌지만 아프리카인이기에 보이지 않는 열등의식을 가진 나이지리아인, 차갑고 정확하고 자기가 원하는 것은 끝까지 요구하며 얻어 가는 독일인 등이다.

독특한 음식 문화와 교육 제도, 삶의 방식, 기독교인과 비기독교인 등 서로 다른 삶의 방식은 공동체 생활에서 서로 사랑하고 섬기는 일을 어렵게 만든다. 공동 식사를 할 때면 고기를 먹지 않는 학생이 있고, 모든 음식을 기름지게 볶아 먹는 학생, 꼭 카레 가루를 넣어야 맛있다고 하는 사람, 자기가 좋아하는 음식만 먹는 사람 등등. 우리 또한 한국 음식이 가장 우리 입에 맞는 것은 어쩔 수 없는 사실이다. 김치찌개를 끓이면 아무리 창문을 열어도 오후 내내 냄새가 느껴지듯이 이들의 각 나라 고유 음식 역시 만만치 않은 특유의 향이 있다.

음식 냄새가 다르듯 사람의 체취 또한 참으로 다양하다. 또한 선을 베풀어도 받지 못하고, 돕고 사랑하기 원해도 늘 경계 속에 담을 치는 기간들, 또 알지 못하는 사이에 오해가 생기고 아픔이 깊어져 심령이 쇠약해지고 지치고 낙심될 땐 주님께 세상 지혜보다 더 큰 지혜를 구해야만 했다.

캐나다에서 온 카자흐스탄인 '이리나' 라는 예쁘고 순진해 보이는 여학생이 공동체로 들어온 후 영적, 육적 싸움이 시작되었다. 그녀의 방 안에는 술병이 가득하고, 밤이면 남학생이 드나들었다. 그녀는 거짓말을 쉽게 했고, 공동체와의 약속을 지키지 않았다. 그리고 예배도 오지 않을 뿐만 아니라 다른 이들까지도 선동하며 주의 일을 훼방하였다. 우리에게는 그녀가 거주한 그 시기가 마음을 졸이는 고통의 시기였다.

이 자매에 대하여 주님께 기도로 지혜를 구하였다. 결국 주님께서 간섭하셔서 법적 투쟁까지도 시도하려던 사람이 스스로 물러갔다. 그리고 미안하다고 말하면서, 다시는 자기와 같은 사람을 만나지 않길 바란다고 마지막 말을 남기고 쓸쓸히 떠나갔다. 뒷모습이 초라하고 불쌍해 보였고, 내가 온전히 주님께로 인도하지 못했다는 생각에 마음이 아팠다.

주님께서 선택하시고 우리에게 맡겨 주신 이들을 부모의 맘으로 아끼고 섬기며 주님께로 인도하게 되길 매일 기도한다. 주님의 도우심으로 많은 영적인 자녀를 낳을 수 있기를 소망한다.

많은 아픔과 갈등 뒤에 오는 기쁨은 모든 고통을 잊게 해 주듯이 이곳을 다녀간 이들로부터 오는 기쁜 소식은 우리에게 가장 큰 기쁨으로 채워진다. 국제기독센터에서 함께 성경공부를 했던 독일 신학생은 우리의 기도와 후원으로 1년 동안 예멘에서 단기 선교사로 활동했다. 그는 그곳에서 캐나다에서 단기 선교사로 온 자매와 결혼했고, 장기 선교사로 헌신했다.

미국에서 온 신학생은 우리의 국제교회 예배를 많이 섬겨 주었다. 그는 프랑스 테제 공동체에서 만난 동독 자매와 열애 끝에 결혼했다. 이때 우리 가족이 참석하여 축하해 주었고, 남편 이성춘 선교사가 축복 기도를 해 주었다. 현재는 인도에서 온 목사가 국제교회에 출석하며 좋은 교제를 함께 나누고 있다. 이제 우리는 그를 선교사로 인도에 파송하고자 기도하며 준비하고 있다.

오늘은 중국인 학생 부부가 도시를 옮겨 이사를 갔다. 중국에서 온 지 얼마 되지 않아 모든 것이 새로운 세계에서 우리와 만나 무엇을 느끼고 떠나는지, 그 마음 안에 복음의 씨앗이 심어졌는지, 먼 훗날 주의 자녀로 함께 설 수 있는지 우리는 알 수 없다. 우리는 그들과 코드를 딱 맞추지 못했다. 그것은 그들을 창조하신 주님만이 하실 수 있다는 것을 깨달았다.

우리는 단지 그들이 주님께 코드를 맞출 수 있도록 안내하며 도울 수 있을 뿐, 오로지 주님만이 그들을 부르시고 자녀 삼으실 수 있음을 고백한다.

> 선교는 자녀를 양육하는 것과 같은 것이라고 생각하는 성영 선교사는 끝까지 포기하지 않고 사랑으로 유학생들을 섬기며 열매를 주님께 드리기를 바라며 남편 이성춘 선교사, 두 딸과 함께 외국인 유학생 선교를 감당하고 있다.

43

로뎀 나무 아래서 무지개를 보다

－오스트리아 선교사 백동인

"나는 원래 이런 데 서는 걸 좋아하는 사람이 아닌데……. 하나님은 세 명이 모였거나 3,000명이 모였거나 동일하게 역사하시는 분이신 줄 믿습니다."

예배가 끝나 갈 즈음 이란인 잠시드가 손을 번쩍 들더니 간증을 하고 싶다고 했다.

'아니, 잠시드가 왜 그러지?'

모든 교인들이 눈을 동그랗게 떴다.

우리 교회는 설교 후에 간증하는 시간을 갖는다. 잠시드는 모슬렘 출신으로 기독교 신앙을 가진 참 드문 이란인이지만 그동안 교회 안으로 깊이 들어오지 못해 모두가 안타까워하며 함께 기도해 왔다. 몇 달 전에는 실업 상태가 너무 오래되어 새로운 일터를 찾으려 하는데 많이 힘들다고 해서 모두가 특별히 기도를 했다.

그리고 너무 감사하게 그 다음 주에 바로 취업이 되었는데 새 직장에 가려면 마음의 준비를 해야 한다면서 주일 예배에 빠져 우리를 낙담케 한 적이 있다. 그런 잠시드가 오늘 간증을 하겠다고 했다. 본인도 그런 자신이 신기하고 놀랍다면서.

"하나님은 세 명이 모이나 3,000명이 모이나 그 가운데 똑같이 역사하시는데 우리가 힘을 모아 기도하면 우리 교회에 질병 있는 사람, 문제 있는 사람들의 그 어려움이 해결될 것입니다."

그 주간엔 나를 비롯해서 아프지 않은 교우가 한 명도 없었다. 설교 후에 아프리카에서 7년간 선교하다 오신 소피아 전도사님의 인도로 교우들 기도 제목을 나누는데 모두 크고 작은 질병을 기도 제목으로 내놓았던 것이다.

"제 이란인 친구 하나가 팔꿈치와 팔의 통증으로 크게 고생하고 있었어요. 병원에서도 고칠 수 없다며 포기해서 그 친구는 수년간 진통제로 간신히 버티며 살고 있었어요. 어느 날 교회에서 특별 집회가 있어서 친구를 데리고 갔고, 그날 아픈 사람들을 위해 다 같이 기도했는데 기적적으로 예배 후에 친구가 팔이 더 이상 아프지 않다고 했어요. 나중에 저와 함께 50킬로그램 넘는 카펫을 나르는 일도 했어요. 그는 확실히 고침을 받았던 것입니다. 여러분 중에도 아픈 사람이 많은데 우리가 지금 합심해서 기도하면 하나님이 고쳐 주실 줄 믿습니다."

2009년 10월의 마지막 주일, 아직 겨울도 아닌데 기온은 거의

0도 가까이 내려갔다. 내 마음도 쌀쌀해진 날씨만큼이나 그날 드릴 예배에 대해 큰 기대가 없었던 것이 사실이었다.

부끄럽게도, 지난 몇 주간 이상하게 우리가 하는 이 개척교회의 일들이 부정적으로 느껴졌다. 교회를 연 지 6개월이 넘었는데도 예배는 여전히 어수선한 것 같고, 처음 몇 개월간은 매주 새로운 이들이 와서 예배와 애찬 분위기를 북돋았는데 최근 몇 주는 오히려 교인이 줄어든 것만 같았다.

한국 사람 100명이 모여도 성별, 나이, 출신, 지역, 가정 환경, 혈액형과 기질 등에 따라 100명 모두 각각 다른데 국제교회라는 이름으로 모인 여러 문화권, 여러 나라 출신의 다양한 교우들은 오죽할까? 점점 한 사람 한 사람 알아 가는 것도 힘겹게 느껴졌고, 그네들의 갖가지 상상도 할 수 없었던 돌출 요구들은 기본적인 예배조차 제대로 드리기 힘들게 했다.

조용히 예배하길 원하는 사람, 시끄럽게 예배하길 원하는 사람, 가톨릭 교회 같은 꽉 찬 형식의 예배를 바라는 사람, 자유로운 미국 찬양 예배 같은 것을 원하는 사람. 목사님의 독일어가 잘 들린다는 사람, 도무지 알아들을 수 없다는 사람, 그래서 영어로 예배를 드리고 독일어 통역을 하자는 사람과 한국말 통역을 하자는 사람, 통역기를 사자는 사람과 프로젝터로 자막을 띄우자는 사람. 독일어 찬양을 하자는 사람과 미국 찬양을 하자는 사람(모든 교인이 다 아는 그런 찬양의 레퍼토리는 아예 존재하질 않았고 찬송가 1장부터 새롭게 함께 맞추어 불러야 했다). 성경 지식이나 신학은 필요 없고 나눔만 필요하다는 사람과 전적으로 목사님의 신학 지식을 전수받아야 한다는 사람. 세례는 반드시 침례로 받아야 한다는 사람과 침례는 장로교 전통에 어긋난다는 사람 등등 예배의 형식과 진행을 놓고 매주 다른 요구들이 쏟아져 나왔다. 그래서 지난 6개월 동안 거의 매주 새로운 형식의 예배가 다양하게 시도되어 왔다.

일단 예배를 제대로 집중해서 드리기 힘드니 점점 영적인 기력이 쇠퇴해 갔던 게 아닐는지. 언제부터인가 로뎀 나무 아래의 엘리야처럼 모든 기력이 다 빠져나간 듯 그렇게 앉아 있었다. '내가 아무 기대도 하지 않았던 예배를 통하여 뭔가 회복의 은혜를 주시려나?' 주일이 되어도 우울함이 가시질 않자 오히려 거꾸로 그 주간 예배에 뭔가 특별한 게 있지 않을까 생각했다.

그런데 동양 문화가 좋아 우리 교회에 나온다며 신앙의 본질에는 별 관심이 없는 것 같았던 잠시드가 간증을 한 것이다. 그의 간증으로 우리 교회 구성원 모두 큰 감동을 받았다. 독일어로 설교하는 것에 힘겨워하던 목사님은 "어쩐지 잠시드가 몇 주 전부터 설교를 열심히 들었다"며 힘을 얻었다. 여러 질병으로 힘겨워하던 교우들은 우리 교회가 비록 작지만 함께 기도하면 나음 받을 줄 믿고 합심해서 기도했다. 그 주일 처음으로 우리 교회에 온 오스트리아인 외교관 남편을 둔 조경희 집사님은 오랫동안 모슬렘을 위해 기도했는데 잠시드의 간증으로 은혜를 받았다며 눈물을 흘렸고, 지금은 우리 교회의 큰 일꾼이 되어 있다.

내 눈에는 그냥 고인 물처럼 정체된 것 같아 보였던 우리 교회, 내 눈에 뭔가 흐릿한 것이 끼어 있었던 것일까? 하나님께서 주인 되신 교회는 계속 성장하고 있었다. 낙심하지 않고 기도할 때 하나님께서는 전혀 변하지 않을 것 같은 사람을 변화시키시고 또 새로운 교인도 보내 주신다.

"하나님이여 나의 부르짖음을 들으시며 내 기도에 유의하소서 내 마음이 약해질 때에 땅 끝에서부터 주께 부르짖으오리니 나보다 높은 바위에 나를 인도하소서"(시 61:1-2).

하나님은 우리 각자가 가지고 있는 다듬어지지 않은 다양한 색들과 모양들을 하나의 모양과 색깔로 만드시려는 게 아니라 그 색깔 하나하나를 그대로 쓰셔서 아름다운 조화를 이룬 하나의 그림을 만드시려는 게 아니었을까? 하나님께서 국제교회를 통해 비추시는 찬란한 스펙트럼을 기대하며 찬양한다. 그 스펙트럼을 통해 좀 더 다양한 인종과 문화를 포용하며 예수님의 십자가 아래로 이끄는 교회가 바로 우리 비엔나 국제교회가 되길 소망한다.

> 글로벌 시대에 다민족, 다문화가 집중되는 지역의 선교를 중시하는 백동인 선교사는 2007년 가을부터 중동 유럽 지역, 그 가운데 비엔나와 브라티슬라바에 몰려들고 있는 매년 15만여 다국적 출신의 젊은이들을 대상으로 오늘도 교육과 찬양에 중점을 둔 열방 선교에 매진하고 있다. 가족으로는 러시아어를 전공한 아내 오은혜 선교사와 선교 중에 얻은 두 아들 나일, 단일이 있다.

44

비엔나의 모자이크 맞추기

- 오스트리아 선교사 오은혜

스트라우스, 멘델스존, 브람스까지는 아니더라도 모차르트가 평생 살다 간 도시라고 말하면 클래식에 아예 문외한인 사람조차도 이 도시가 어디인지 알 것이다. 고전 음악가의 절반 이상, 아니 대부분이 살고 활동했던 도시 비엔나, 그곳이 바로 우리의 미션 필드이다.

그렇지만 사실 비엔나는 온갖 이미지와 상징과 상상으로 넘쳐나는 곳이며, 일단 와서 들여다보지 않는 한 어떤 도시인지 짐작하기 쉽지 않다. 사람들은 비엔나가 오스트리아의 한 도시이며 수도라는 것을 잘 모른다. 오스트리아는 보통 지구 반대편의 오스트레일리아(호주)와 자주 혼동을 일으키고, 고전 음악의 도시 비엔나가 독일이나 스위스 혹은 이탈리아의 한 도시가 아니라 오스트리아의 수도라는 사실도 대부분의 사람들에겐 굉장히 놀라운 일일 수 있다.

그리하여 마침내 비엔나가 어디에 있는지 떠올려 본다면 점점 더 비엔나는 현실에 존재하는 도시가 아니라 마치 중세 시대에 유럽 어딘가에 존재했다가 현재는 사라진 도시처럼 느껴진다.

구불구불한 금발의 풍성한 가발과 화려한 옷차림으로 치장하고 마차로 근사한 음악회장이나 무대회장으로 이동하는 귀족들의 모습이나 웅장한 바로크 스타일의 궁전과 오페라 하우스가 도시 전체를 휘감고 있는 풍경이 우리가 비엔나에 오기 전에 머릿속으로 막연히 떠올렸던 형상이었다.

사실 비엔나는 음악의 도시라고는 하지만 그보다는 지난 세기까지도 서유럽 국가 중 동유럽에 제일 깊숙이 틀어박혀 있었던 데다 히틀러의 고향이라는 오명을 뒤집어쓴 관계로 소련의 영향력 아래 있다가 1955년에 이르러서야 겨우 영세중립국을 선언하고 독자적인 생존 루트를 찾게 된, 냉전 시대 오스트리아의 질곡을 품고 있는 도시라고 말할 수 있다.

그 결과 오스트리아는 오늘날 서유럽 국가 가운데 동유럽인의 거주 비율이 제일 높은 나라, 그 밖의 지역 난민들을 제일 많이 받아 품은 나라가 되었다. 러시아에서 10년 넘게 사역하다 온 우리가 거리를 다니다 독일어보다 더 자주 마주치는 말이 러시아어의 사투리쯤 되는 슬라브 어족들이어서, 우리는 의도하지 않았지만 그네들의 날것 그대로의 말을 다 알아듣고 있는 경우가 많다.

생마늘 즙을 잔뜩 바른 튀긴 빵(랑고스)이 길거리에서 불티나게 팔려 나가고, 지독한 마늘 냄새가 거리를 휘감아도 누구 하나 코를 틀어막는 사람이 없으니, 여기는 음악으로 유명한 환상 속 서유럽 도시라기보다는 오히려 동유럽 사람들의 집성촌같이 느껴진다.

그렇지만 사실은 동유럽 사람들보다 더 많은 사람들이 아랍 사람들이다. 다른 유럽의 대도시처럼 머리를 가린 여인네들이 기본적으로 서너 명 이상의 아이들을 줄줄이 옆에 달고 거리를 누비는 모습이나 바람 빠진 축구공 같은 커다란 빵을 비닐봉지가 터지도록 잔뜩 담아 가지고 다니는, 눈빛이 까만 남자들이 바로 이슬람 문화권 출신(아랍, 이란, 터키) 거주민들이다.

공식적으로는 비엔나의 외국인 거주 비율이 30퍼센트라고 하는데 모두들 최소 40퍼센트는 넘을 거라고 한다. 이는 난민 지위를 획득해 오스트리아 전역에 분포해서 살아가는 사람들 대부분이 일자리를 찾아 거주와 의료보험을 포기하고 비엔나로 상경한 자들이기 때문이다. 그들은 불법 노동으로 하루하루 연명하는 이들로, 비엔나의 외국인 거주 비율의 큰 몫을 차지한다. 비엔나 근교에는 수천 명씩 수용할 수 있는 난민시설들이 몇 군데 있는데, 이런 곳이 아니면 난민들끼리 한 집을 빌려 공동생활을 하고 있다. 이렇게 난민 지위라도 얻은 이들은 차라리 행복해 보인다.

난민 루트를 타고 들어와도 쉽게 난민 지위를 획득하지 못하기 때문에 본국으로 돌아가지도 못하고 비자도, 난민증도 받지 못해 기록상으로는 존재하지도 않는 거주자가 수만 명에 이른다. 그 밖에 뉴욕, 취리히와 함께 세계 3대 유엔 도시답게 다양한 국적의 외국인들로 넘쳐나는 곳, 그래서 세계 그 어느 지역보다 인터내셔널 교회가 필요한 곳이 비엔나이다.

2년 반 전에 러시아를 떠나 이곳으로 올 때 비엔나는 그저 동유럽 선교를 위한 교두보라 생각한 우리는 일단 한인 목회와 동유럽 선교의 비전을 품었다.

남편이 처음 한국을 떠나 유학을 올 때 비엔나 국립대의 입학 허가서를 받고 오는 도중에 독일에 잠시 들렀다가 마음을 빼앗겨 주저앉고 말았는데, 20여 년 만에 원래 와야 할 곳으로 왔다는 생각을 하면 정말 하나님의 인도하심은 놀랍고 놀랍다.

남편은 독일에서 공부한 덕분에 독일어에 능통했고, 나는 러시아어를 전공한 덕분에 동유럽어를 금세 익힐 수 있다는 자신감이 있었다. 하지만 우리가 추구했던 한인 목회와 동유럽 선교는 아무리 노력하고 애를 써도 그 문이 열리질 않았다. 우리가 목회 대상으로 삼은 이들은 다 우리를 피해 다니는 것만 같았다. 그제야 우리의 볼썽사납게 부푼 자신감이 부끄럽게 느껴졌다.

러시아에서의 경험도, 남편과 나의 언어 능력도 모두 다 내려놓고 하나님이 직접 길을 열어 주시길 기도했다. 그렇게 기다리는 동안 하나님은 둘째 아이 다니엘을 주셨다. 먼저 우리 가정을 더 견고히 하신 것이다. 외국 땅에서 친척과 떨어져 외롭게 살아가야 할 단촐한 세 식구는 넷이 되었고, 늘 혼자 놀이에 빠져 있던 큰아들 나일이도 형제를 갖게 되었다.

그리고 몇 달 지나지 않아 비엔나에 온 지 1년 반 만에 드디어 사역이 시작되었다. 비엔나 국제교회.

2009년 4월 첫 주에 한국인, 오스트리아인, 인도인 10여 명이 모여 첫 예배를 드린 후 하나님은 매주 다양한 국적의 사람들을 보내 주셨다. 이란, 방글라데시, 네팔, 베트남, 중국, 터키, 세르비아, 몽골 등 주로 아시아권의 외국인들이었다. 처음 교회에 나오는 사람도 있었고, 기존의 인터내셔널 교회의 백인 중심 분위기에 적응하지 못해 아시아 목사를 기대하고 온 이들도 적지 않았다.

인도인 말라와 나빈은 비엔나에 거주하는 3,000여 명의 인도인 중 유일한 기독교인 가정의 부부다. 자녀들의 이름도 모두 기독교 식으로 룻과 사무엘이다. 말라는 인도에서 수천 명이 모이는 개신교회에서 성장했고, 30여 년 전 비엔나로 이주해 와 현재 중등학교의 영어교사로 일하는데 우리 교회에서 기도의 어머니요, 기둥 같은 교우이다.

이란인 잠시드는 처음 교회에 나올 때는 한국 사람이 좋아서 나온다고 하더니 몇 달 전부터는 예배 중에 간증도 하고 "예수 사랑하심은" 찬양을 드릴 땐 어김없이 눈물을 훔친다. 그는 모슬렘 출신이라고 해서 모두 열심이 있는 것이 아니며 대부분 형식적인 믿음을 유지할 뿐이라며 모슬렘 신앙의 빈틈을 지적하곤 한다. 실제로 그는 개신교에 관심 있는 이란인 친구들을 종종 교회에 데리고 나온다.

우리 교회 또 다른 이란인 모하메드 가정은 기독교인이란 이유로 생명에 위협을 당하고 온갖 핍박을 당했단다. 난민 루트를 타고 들어오다 중간 브로커에게 재산을 다 털리고 여권마저 빼앗겨 사방이 가로막혔던 이들을 우리 교회 오스트리아인 교우들이 물심양면으로 도와 현재 여권도 재발급받고 비자 신청 중에 있다. 아들 알리와 다니엘은 독일어를 금세 익힌 데다 수학을 아주 잘해서 학교에서도 인정받고 있다.

한국에서 몇 년간 일했던 방글라데시 출신 롯도니는 개척을 하고 두 번째 예배 때 처음 나왔는데, 예배 중에 지루하다며 밖에 나가 있더니 요즘은 매주 주일 성수를 하고 있다. 한국어로도 독일어로도 제대로 설교를 이해할 수 없지만 혼자 조금씩 성경책을 읽어 나가고 있다고 했다.

안타까운 것은 비자 없이 들어와 얻을 수 있는 일자리가 별로 없다는 것이다. 난민도 아니고 비자도 없는 상황에서 유일하게 할 수 있는 합법적인 일은 거리에서 잡지를 파는 일인데, 그마저도 얻기가 쉽지 않다고 한다. 한 레스토랑의 주인이 단속을 피해 일주일에 고작 이틀을 일할 수 있도록 롯도니에게 일자리를 내어 주었는데, 그는 그것만으로도 감격에 넘친다.

네팔에서 온 디파푼은 고국에 부인과 아이 둘을 두고 왔기 때문에 하루빨리 난민 지위를 얻고 고향의 가족들과 합치기를 고대하고 있다. 여기 와서 새롭게 알게 된 사실은 인도, 네팔, 방글라데시 출신들이 서로 힌두어로 말이 통한다는 사실이다. 우리 교회에서는 나름 성경 지식도 풍부하고 신실한 교우인 인도인 말라와 나빈을 통해서 힌두어 성경공부를 계획하고 있는데, 이 모임이 활성화되면 나중에는 힌두어 예배를 따로 드리겠다는 비전이 있다.

그 밖에도 구소련 독립국가 연합인 'ㅇㅇ스탄' 식의 이름을 가진 나라 출신, 러시아어와 비슷한 말을 쓰는 동유럽 출신들, 러시아어를 문자로 쓰는 몽골인 등을 바라보며 우리의 러시아 선교의 경험을 바탕으로 러시아어 예배를 따로 드리면 또 얼마나 좋을까 상상해 본다.

이렇게 다양한 국적의 외국인들이 모인 교회가 우리 비엔나 국제교회인데, 그래도 제일 열심을 내는 이들은 오스트리아인들이다. 오스트리아인은 친해지기 쉽진 않지만 한번 친해지면 정을 깊게 준다. 미하엘 멜쩌 집사님은 의학사로 비엔나 대학에서 박사학위를 받은 재원이고, 우리 교회 모든 외국인의 형이며 오빠라 할 수 있다. 독어로 문서를 작성해야 할 경우나 관공서에 가야 할 경우 멜쩌 집사님이 자신의 일을 제쳐 두고 외국인 교우들을 도우러 나오니 말이다. 요즘은 점점 한인 교우가 늘어나고 있어 목회의 새로운 즐거움과 부담감이 커지고 있다.

인터내셔널 교회답게 국제 결혼을 경험한 교우들이 많고 독일어나 영어 실력이 탁월해 1부 한인 예배, 2부 영·독어 예배 이후에 이루어지는 애찬의 시간 때에는 모두가 서로서로에게 친가족, 친척 그 이상이 되어 그리스도의 사랑을 나눈다. 1년간 그렇게 함께 먹고 나누다 보니 돼지고기를 싫어하는 이란, 인도인들도 맛있게 돼지고기를 먹고, 양고기나 야릇한 향내를 싫어하는 한인들도 어느새 그네들의 특이한 음식을 즐기게 되었다.

내가 미션 필드로 섬기며 정복해 가고 있는 비엔나는 다양한 문화와 인종, 그리고 다양한 계층의 무식, 유식, 소유, 무소유가 어우러져 마늘, 카레, 빵, 양고기 냄새가 어느 골목에서 흘러나와도 어색하지 않은 서유럽이 아닌 세계 도시라고 명명하고 싶다.

한 번 입장에 수백 유로씩 하는 무도회나 오페라 하우스의 공연, 관광객으로 넘치는 화려한 궁전과 박물관도 분명 비엔나의 아이콘이겠지만 내가 살아가며 바라보는 비엔나는 사랑의 희생이 있는, 옛 초대교회와 같은 형태의 국제교회가 성장해 가는 곳이다.

고향과 친척을 떠나 광야 생활을 이어 가는 이방인으로 살아가는 외로움이란 이 비엔나의 모든 외국인들이 항상 지니고 살아가며 풀어야 하는 숙제이지만 고향과 친척의 편안함과 익숙함이 없기에 그네들은 좀 더 쉽게 복음에 다가설 수 있고, 복음 안에서 만난 교우들과는 형제 이상의 끈끈한 정을 누리게 된다.

비엔나 국제교회는 모슬렘, 정교회, 가톨릭, 불교 국가 출신들도 자연스럽게 예수 복음을 접하고 받아들이는 곳이며, 예수의 이름하에 모든 문화와 인종의 벽을 뛰어넘어 모두가 가족이 되는 공동체이다.

> 하나님과의 영적 단절을 회복하도록 돕는 것이 진정한 선교라고 생각하는 오은혜 선교사는 2009년부터 새롭게 시작한 비엔나 인터내셔널 교회에서 외국인들을 대상으로 하는 찬양 예배 인도와 중고등부, 청년부 지도 등의 기독교 교육으로 선교 활동을 돕고 있다.

45

나의 면류관,
아름다운 현지인 동역자들

－러시아 선교사 고준기

"목사님! 이리 와!"

상트페테르부르크에는 한국인 관광객과 단기 선교팀들이 많이 찾아온다. 선교사로서 현지에서 하는 일 중 중요한 일은 이들을 잘 가이드해서 돌려보내는 일이었다.

그날도 한국에서 단기 선교팀이 와서 그들을 숙소로 안내하는 일을 하고 있었다. 그런데 숙소를 알아보고 예약을 하며 차량을 동원하는 일들은 전적으로 선교사를 돕는 현지인들이 아니면 불가능한 일이다. 더구나 초창기 때는 나의 러시아어 실력이 짧았으므로 전적으로 러시아인 도우미를 의지했다. 그때 키가 크고 슬라브 족 특유의 이목구비가 뚜렷한 전통적인 러시아인 여자가 나를 보고 "목사님!" 하고 큰소리로 불렀다. 마치 한국인들이 영어 회화를 배우고 해외에 나갔을 때 써먹고 싶은 심정에 영어 한마디 하는 것처럼 러시아인도 똑같다. 그러자 삼삼오오 모여 있던 한국에서 막 도착한 학생들이 그 러시아인 여자를 주목했다. 러시아인 여자가 뚜렷한 한국말로 소리를 지르니까 당연한 일이었다.

그러나 그 다음 모두들 "와르르" 하며 배들을 부여잡고 웃음을 터뜨렸다. 너무도 태연스럽고 당당하게 "이리 와"라고 했기 때문이다. 모두들 웃는 소리에 자신이 무슨 큰 잘못이나 저지른 듯 당황하던 갈리나의 모습은 지금 생각해도 웃음이 난다.

아마 그전에 이곳에 온 한국 유학생들의 집에서 아이들을 돌보며 한국말을 조금 익혔는데, 그 한국말 실력을 보란 듯이 자랑하려다가 쑥스러운 일을 당한 것이리라. 그 후 한국말에는 존댓말이 있어서 아이와 어른들에게는 구분해서 쓴다는 사실을 알고 정중하게 "목사님, 이리 오세요" 하지만 급할 때는 여전히 "목사님, 이리 와"이다.

현재 상트페테르부르크에는 20여 명의 한국인 선교사들이 있다. 그들 모두가 개인 통역자들과 개인 도우미들을 두고 있다. 개인 통역자는 대부분 고려인들이고, 도우미들은 교인 중에서 신실한 러시아인들이다. 그들의 도움이 없으면 러시아 선교는 사실상 불가능하다.

어떤 젊은 선교사가 그동안 열심히 러시아어를 배워서 직접 설교를 했다. 자신은 열심히 했는데 결국은 전혀 다른 뜻으로 전달됨을 느끼고 포기했다. 그러므로 러시아 선교의 성공은 현지인들과, 특히 자신의 손과 발 역할을 하는 도우미들과 항상 좋은 관계를 맺는 데 달려 있다.

각 민족마다 고유한 이미지를 가지고 있다. 세계 어디를 가든지 일본인들은 예의 바르고 조용하고 겸손하며 정직한 민족으로 알려져 있는 반면에 한국인들은 서글프게도 어글리 코리안으로 알려져 있다. 어디를 가든 한국인들은 확실히 튀기를 좋아하고 시끄럽다. 종종 러시아 스킨헤드족들에게 폭행을 당하고 목숨까지 잃는 한국 학생들이 있다. 그래서 러시아에서 길을 갈 때는 절대로 튀는 옷을 입지 말고 큰소리로 떠들지 않도록 주의를 준다.

최근 이곳에 긴장되는 소식이 들려왔다. 10년이 넘게 어느 교회의 도우미로 수고하고 있는 고려인과 새로이 그 교회 운영을 책임지고 온 선교사가 사소한 일로 대립 각을 세우다가 드디어 충돌을 한 것이다. 화가 난 신임 선교사가 "나는 이곳의 책임자요. 당신은 해고요! 앞으로 월급을 줄 수가 없소"라고 했다. 그러자 화가 난 고려인도 "나는 말 한마디면 당신과 이곳의 선교사들을 다 쫓아낼 수가 있소"라고 했다. 한국 선교사들이 가지고 있는 비자의 약점을 공격한 것이다.

나는 지금까지 나의 손과 발의 역할을 해 준 니가이 엠마(통역자 고려인)와 갈리나(행정 담당 러시아인 도우미)와 함께 일을 하고 있다. 니가이 엠마는 부모가 다 고려인으로 한국 성은 이씨이다. 그런데 왜 니가이가 되었는가 하면, 호적을 새로 정리할 때 그의 부모들이 호적 관리인들에게 "나의 성은 이가입니다"라고 말했는데 이 말을 들은 러시아인이 '니가이'라고 적었기 때문이라고 한다. 그래서 김씨는 김가이, 이씨는 니가이가 된 것이다.

　이곳에서 3-4대를 거치며 살아온 고려인, 생긴 모습은 한국 사람이지만 사고방식은 완전히 러시아인이다. 그래서 때로는 마음에 안 들 때도 있어서 내가 권위적으로 나가면 보이지 않는 갈등이 일어나기도 한다. 그럴 때는 할 수 없이 내가 뒤로 물러서고 양보를 한다.

　한번은 니가이 앰마가 나를 보고 이런 말을 했다. "목사님은 한국 사람들하고 다른 것 같아요." 그래서 무엇이 다르냐고 했더니 한국에서 오신 분들은 개인적이고 이상한 질문들을 많이 해서 좀 자존심이 상할 때가 많다는 것이다. 그래서 무슨 의미인지를 알아듣고 "아마도 나는 외국 생활을 좀 오래 해서 사고방식이 다를지도 모릅니다"라고 대답을 한 적이 있다.

　앰마가 통역으로 일하기 전엔 다른 고려인이 통역했었는데 한번은 그분에게 "할 일이 있으니 시간이 있으면 좀 와 주실 수 있는가" 하고 정중하게 부탁을 했다. 그런데 그분이 자기를 배려해서 말하는 것에 대해서 큰 고마움을 느꼈다는 말을 어느 분을 통해서 후에 들은 적이 있다.

　러시아는 정교회가 국교처럼 되어 있고 그 역사는 천 년에 이른다. 러시아인들에게 정교회는 이미 문화처럼 되어 있다. 관광객이 와서 보는 것은 성경의 그림이요, 음악이다. 이미 성경 말씀은 그들의 생활이요, 옷처럼 되어 있다. 우리보다 더 성경의 절기를 잘 지키는데, 구약의 절기들까지도 지키며 생활을 한다. 그리고 한국 하면 옛날 불교 국가, 일본의 속국, 6·25 한국전쟁의 역사만 알지 오늘의 한국과 세계 선교를 위한 열정은 알지 못한다.

현재 러시아 개신교도는 1퍼센트 정도이다. 그래서 '백문이불여일견'이라고 몇 년 전에 갈리나와 일행 두 명을 김명혁 목사님이 주관하는 러시아 지도자 세미나에 참석시켜서 그들에게 한국과 한국 교회에 대한 새로운 인식을 갖게 했다. 그 결과 한국에서 일하며 목사 안수를 받은 티무르 러시아 목사가 현재 나를 도와서 교회를 섬기고 있다.

사도 바울의 편지를 보면 그를 도와 동역했던 수많은 이방인들의 이름을 거론하며 일일이 문안을 드렸던 것을 볼 수가 있다. 선교사가 선교지에서 효과적인 사역을 하기 위해서는 반드시 현지인들의 도움을 빌려야 하고, 그들 중 선교사역을 함께하는 경우는 비록 월급을 주고 일을 시키더라도 어느 회사의 직원처럼 대하거나 해고를 해서는 안 된다.

사도 바울의 이방인 동역자들은 절대로 바울 회사의 직원들이 아니었다. 그들은 하나님과 바울을 진심으로 사랑했고, 자신의 눈까지도 빼서 바울에게 주고 싶어 했던 하나님의 자원봉사자들이었다.

나는 현재 나를 돕는 분들에게 소정의 월급을 주고 있다. 나의 형편상 월급을 올려 주어야 하는데 그럴 수가 없다. 그래서 나는 그들이 떠날까 봐 눈치만 보고 있는데, 그들은 조금도 흔들리거나 떠날 생각을 하지 않으니 나의 진심이 통한 것 같아서 기쁘다. 사도 바울의 말대로 이 아름다운 현지인 동역자들이 나의 면류관이

기를 바란다. 🌿

> 레닌이 공산주의 혁명을 성공시켜 세계의 절반이 그 영향으로 붉게 물들었으나 하나님의 섭리로 자유의 땅이 된 곳 상트페테르부르크 푸시킨 시에서 사역하고 있는 고준기 선교사는 13년째 하나님의 역사와 섭리를 바라보며 고군분투하고 있다. 러시아 정교회의 땅으로 선교가 여의치 않지만 교인들 중에서 미래의 사도 바울이 나오리라 기대하며 오늘도 복음을 전하고 있다.

46

여보, 1년만 있다가 옵시다

—러시아 선교사 이정권

선교지로 나간다는 생각을 언제 처음 했는지 모른다. 전도는 늘 해야 할 일이라고 생각해 왔고, 사영리 개인 전도, 축호 전도 등을 실천하며 살아왔던 것 같다. 군대 가기 전에 한 면 단위의 지역을 대상으로 축호 전도를 실시하기도 했다. 청년의 때에 선교사의 간증을 들으며 막연히 세계에 나가 있는 선교사들을 위해 기도하기 시작했다.

신학교를 졸업하고 도시보다 지방을, 목회자들이 많은 지역보다 목회자들이 잘 안 가는 어려운 지역으로 가야 한다는 생각이 자리 잡고 있었다. 선교지로 가려는 생각도 해 보았으나, 그곳의 삶이 얼마나 어려운지는 제쳐 두고, 영어로 이력서를 쓰고 간증문을 써야 한다고 하여 포기하고 목회지를 지방으로 정하였다.

지방에서 어느 날, 말이 통하고 문화가 익숙한 지역에서도 목회가 어려움을 깨닫고 '선교지도 이처럼 목회가 어려울까?' 하는 생각도 해 보았고, '언어가 통한다 해서 마음이 통하는 것만은 아니구나' 하는 생각도 해 보았다.

그러던 어느 날 동기 목사가 몽골 선교사로 가게 되었고, 그를 위한 후원회 모임에 참석했다가 총회 선교부 총무님을 만났다. 그때 계획에 없었던 일생 일대의 대화가 이뤄졌다. 내가 "선교사로 가려는 마음이 있었는데 이력서를 영어로 쓰기가 어려워 포기했습니다" 했더니, 그분은 "이력서도 한국말로 써서 내고, 간증문도 한국어로 써서 내면 된다"고 하셨다. 후원교회도 미리 찾아야 하지만 나중에 찾아도 되고 총회 세계선교부에서 알선해 줄 수도 있다고 하셨다.

이런 대화 후에도 몇 년간 잊고 있었는데, 전에 섬기던 여수 중앙교회와 모시던 박도재 목사님께서 교회 신문에 선교사로 나갈 사람을 찾는다는 광고를 내셨다. 그 광고를 보고서도 그냥 지나쳤는데, 후에 박 목사님께서 서울에 오셔서 만나 뵙고 식사를 하다가 느닷없이 "선교 지원자를 찾으셨습니까?" 했더니, "지원자는 있었는데 마음에 드는 사람이 없었다" 하셨다. 그럼 "제가 가면 어떨까요?" 했더니, "이 목사가 간다면 대환영이지" 하셨다. 그렇게 해서 알아보며 빠져들어간 것이 이 길로 들어서게 되었다.

선교 예정지도 처음에 필리핀에서 러시아로 바뀌었고, 총회가 정한 생활비 충당이 가능하게 되어 선교 훈련을 받고 선교사로 갈 수 있게 되었다. 선교 훈련을 받으면서 동료 선교 지원자들과 합숙하면서, 다른 지원자들의 준비하는 것과 가야 할 나라들에 대해 듣게 되었다. 들은 바로는 1992, 1993년도 러시아의 상황은 가서 살 만한 곳이 아니었다. 외국인들을 주공격 대상으로 강도, 도둑이 판치고, 아이들도 밖에 혼자 둘 수 없으며, 생필품이 부족하여 사기도 어렵다고 했다. 가서 살아야 선교도 하는데 살 수가 없는 나라라고 생각되었다.

'아, 조금 더 러시아에 대해 알아보고 간다고 할 것을 왜 알아보지도 않고 결정했던가?'

이제 와서 안 간다고 할 수도 없고, 선교 훈련을 받는 동안 많은 사람들에게 선교사로 간다는 것이 알려졌기에 이제는 안 가는 방법을 찾아야 했다.

그래서 생각해 낸 것이 교통사고를 당하는 것이었다. 나는 선교사로 가고 싶었는데 교통사고를 당해서 못 가게 되었다고 하는 핑계가 가장 좋을 것 같았다. 그래서 기도하기를 "주님, 선교지 안 가도록 교통사고를 당하게 해 주세요" 했다.

그러나 교통사고는 일어나지 않았다. 그래서 나는 러시아에 가더라도 도둑 맞는 일 등의 그런 일들을 안 당하도록 기도하기로 생각을 바꾸고 가기로 했다.

사랑하는 아내 유영희 선교사와 아무것도 모르는 네 살 된 아이 요한이가 짐을 싸다가 "얼마 있다가 오느냐"고 하기에 "가서 보고, 여보, 1년만 있다가 옵시다" 했다. 나도 사실은 선교사가 얼마 있다가 오는 것인지 몰랐다.

그래서 1993년 6월 13일, 여수 중앙교회에서 파송 예배를 드리고 서울 주사랑교회의 공동 후원으로 7월 중 러시아를 나 혼자 다녀온 후, 같은 해 9월 1일 온 가족이 러시아로 들어왔다.

와서 보니 1년 안에는 사역도 시작할 수 없겠어서, 힘들어하는 아내에게 "3년은 있어야 사역이라도 해 보고 갈 것 같으니 3년은 있자"고 말이 바뀌고, 3년이 지난 후에는 "선교사로 7년은 채워야 할 것 같다"고 말이 바뀌고, 7년이 지나니 "그래도 10년은 해야 선교사 경력이 될 것 같다"고 말이 바뀌고, 10년이 지나니 선교지가 조금씩 정들어 가며, 아이는 자라서 현지에서 중·고등학교를 마치고 현재는 대학을 다니게 되어 조금만 더, 조금만 더 하고 지내게 되었다.

선교사 생활이 3년쯤 지났을 때, 바울선교회 터키 선교대회에 참여할 수 있는 기회를 얻었다. 이동휘 목사님과 한도수 선교사님의 특별한 배려였다. 그곳에 아내와 함께 참여하고 은혜를 받으며, 또 이동휘 목사님의 저서를 읽으며 선교사로서 뿌듯한 자부심을 갖게 되었다.

안식년 후 10년쯤 되었을 때는 박도재 목사님을 통해 방파선교회의 협력선교사가 되고 다음 해에는 파송 선교사가 되었다. 방파선교회 김영곤 목사님의 사랑과 지도와 후원은 선교의 열정과 열심을 불러일으켰고, 겸손과 절약 그리고 말씀과 주님의 사랑에 입각해 선교하는 삶을 살라는 가르침을 받게 되었다.

이제 다시 고국으로 가려면 새로운 문화에 또다시 적응해야 할 것 같은 두려움도 생겨났다. 주님의 뜻이 어디에 있는지가 더 중요하기에 주님의 명령이 있을 때까지 주님의 뜻을 찾으며 지낸 것이 이제 17년이 되었다. 이제는 주님의 명령이 있기까지 지금 하는 일에 최선을 다해야겠다는 마음뿐이다. 🌿

47

주님은 나의 형편을 알고 계셔요

―러시아 선교사 이정권

선교지에 와서 차량 없이 지낼 때의 일이다. 나야 대중교통을 이용하여 학교나 신학교에 아침에 나갔다가 저녁에 들어오면 되었지만, 그 사이에 아내는 어린 아이를 데리고 걸어서 1킬로 이상 떨어진 시장을 다니며 이것저것 사서 들고 날랐다.

그러다 보니 특히 눈이 많은 겨울에는 두 손에 물건을 들고 퍼석퍼석한 눈길을 미끄러지고 빠지고 넘어지면서 걷는다는 것이 고역 중 하나인데, 하루 이틀도 아니고 매일 반복되는 일에 어깨가 아프고 저녁이면 부항으로 피를 빼 줘야 잠을 잘 수 있기까지 했다. 지금은 그 피를 뺀 것이 순교의 피라고 스스로 부르고 있지만 그 끙끙 앓는 아픔은 당해 본 자만이 알 것이다.

차가 필요했지만 감히 후원교회에 차 이야기를 할 생각도 못했고 하지도 못했다. 중고차를 사자니 차의 상태를 알 수가 없어 잘못 샀다가 추운 겨울에 길에서 더 고생할 것 같고, 새 차를 사자니 돈이 없었다. 그래서 "주님, 하늘에서 헌 차든 새 차든 차량 한 대 떨어뜨려 주세요. 주님이 주시는 것이면 어느 것이든 감사히 잘 사용하겠습니다"라고 기도했다.

그로부터 6개월 후 이곳 모스크바의 선교사님 한 분이, "쓰다가 고장이 자주 나고 운전대가 뻑뻑하여 한 번 운전하면 몸살이 나는 탱크차가 있는데, 쓸 수 없어 러시아 사람을 주었더니 문제가 많아 못 쓰겠다고 다시 가져가라 하니 이 목사님이 갖다가 쓰려면 쓰라"고 하여 그것을 감사히 받아 수리하여 사용하게 되었다. 그 차 때문에 말썽도 많았고 큰일도 날 뻔했지만 감사히 잘 사용하였다.

그러던 중 여수 중앙교회 장덕순 목사님께 전화가 왔다. 목사님께서 말씀하시길 "교회에서 선교사님께 차량을 한 대 사 줘야겠다고 기도하고 있었는데 모 집사님이 목사님 사 주라고 차량 구입 헌금을 해 주셨습니다" 하시는 것이 아닌가.

할렐루야! 나는 헌 차든 새 차든 차량 한 대 주시라고 기도했는데, 하나님께서는 나에게 헌 차와 새 차 두 대의 선물로 응답해 주셨다. 이후 헌 차는 우리 교회 전도사님이 쓰다가 다시 선교단체에 전달되어 사용하게 되었다.

하나님의 은혜는 이것뿐만이 아니다. 선교지에 있으면 선교비를 받는 일이 문제가 될 수 있다. 특히 러시아는 모라토리움이 선포되기 전에도 어려웠지만 그 이후에는 얼마 동안 선교비를 은행으로 보낼 수 없었기에 더욱 어려웠다. 물론 한국에는 은행 통장으로 선교비가 들어와 있지만, 그것을 러시아로 보낼 때는 인편을 통해 와야만 했다. 그러니 이곳에서 쓰고 싶을 때 못 쓰는 경우도 발생했다.

하루는 전도지를 만들어서 쓰려고 하는데 인쇄비로 약 100불 정도가 필요했다. 아내에게 인쇄비를 달라 했더니 이미 와 있는 돈이 바닥났다는 것이다. 이럴 때는 기도할 수밖에 없었다. 주님께 "전도지 인쇄에 약 100불이 필요합니다. 어떻게 할까요?" 기도했다. 그러고는 잊고서 밖에 나가서 거닐었다.

그런데 한국 사람 한 분이 모스크바에 여행을 왔다가 나를 만났다. 그분은 같은 나라 사람인 나를 만나니 반가웠던 모양이다. 이러저러한 이야기를 잠깐 하다가 자기도 크리스천인데 한국 분을 만나서 좋고, 선교사를 만나서 좋다고 하면서 손에 무엇을 쥐어 주고 공항으로 가셨다. 손을 보니 100불짜리 지폐였다. 그분에게 감사하면서 주님께 진정 기쁨의 감사를 드렸다. 나의 이 처지와 형편을 다 아시는 주님, 정말 감사합니다.

우리가 자주 가서 전도하는 러시아 양로원에서의 일도 기억난다. 양로원에서 행사를 치러야 하고 추운 겨울에 창문을 수리해야 하기에 약 300불의 재정이 더 필요하다는 요청이 왔다. 그들은 자존심이 강해서 도움을 요청하는 이야기를 잘 안 하는데, 우리 교회 집사님을 통해 간접적으로 어렵게 도움의 요청이 왔다. 나와 아내는 돕기로 동의했다. 그러나 아내의 말은 역시 돈이 바닥이 났다는 것이다. 역시 기도했다.

그로부터 3일 후, 친하게 지내던 모스크바 주재 한국학교 교장 선생님의 부인이 한인 교회를 나가는데, 추수감사 기간에 다른 곳을 다녀오느라고 그 교회에 추수감사 헌금을 못했는데 우리에게 하고 싶다며 그 헌금을 가져오셨다. 정확히 300불이었다.

할렐루야! 필요한 돈이 들어와서 기쁜 것보다 주님께서 우리의 처지와 형편을 다 알고 계시며 돕고 해결하고 인도하고 계신다는 사실이 눈물 나도록 감사하며 기쁨이 솟아났다. 그리고 이제는 선교비를 걱정하는 일이 없어졌다. 할렐루야! 주님, 감사합니다.

> 선교는 재미있게 살아가며 예수의 이야기를 전하는 것이라고 생각하는 이정권 선교사는 러시아 현지인들과 친구가 되어 오늘도 즐겁게 지내고 있다. 가족으로는 항상 웃음 띤 얼굴로 러시아인들에게 붓글씨로 한글 이름을 써 주며 지내는 아내 유영희 선교사와 성실하게 교회생활을 하며 유머가 넘치는 아들 요한이가 있다.

48

비로소 목자가 된 것인가?

―러시아 선교사 손영호

광주에서 목회하고 은퇴한 어느 원로 목사의 말이다. 후배들과 함께한 자리에서 했던 말인데, 여러 해가 지났어도 가끔 생각난다.

"은퇴하고 나니, 내 양이 없어. 양이 없으면 목사가 아니어!"

누가 '당신은 목사가 아니요' 했다면 화를 벌컥 냈을 분이다. 그러나 스스로 한 말이기에 내 귀에 더 담겼는지도 모른다.

'그래, 양이 없는데 무슨 목자일까? 목자가 아닌데 무슨 목사일까? 맞는 말이지.'

그 말을 들으며 생각했다.

'난 양 떼가 있는 지금까진 현직이지.'

그때 나는 그 말뜻을 잘 몰랐나 보다. 나만이 아니다. 말한 그분

자신도 그 말의 적절한 뜻보다는 현장에서 떠났기에 양이 없어서 그런 심정을 가졌으리라는 생각이 든다.

그 말을 들은 지 10년도 더 지났다. 그런데 근래에야 그 말을 실감하며 살아간다.

부교역자들을 세우고 목회하는 목사들은 그렇다. 눈과 눈을 맞추어야 하는데 양의 눈을 들여다볼 시간이 없다. 들여다보고 안색을 살피며, 그 목소리를 듣지 않고는 건강한지 아닌지 알기 어렵다. 다시 말하면, 부교역자들이 목자요, 담임 목사는 목자보다는 목장 주인 격이라는 말이다. 양을 모르고도 목회 잘한다고 생각했다면 부끄러운 일이다. 이건 숫자가 많고 적은 것을 말하는 것이 아니다.

나는 은퇴한 지 열흘 만에 자비량 선교사가 되어 여기 왔다. 목장주인에서 목자가 된 것이다.

'네이버 닷컴'에서 블로그를 하고 있는데, 겨우내 한국에 있는 블로거들이 말했다.

"목사님, 되게 추워요. 꼼짝도 못하겠어요."

"목사님은 얼마나 추우세요?"

"왜 춥다고 안 하세요?"

"어쩌다 추워야 춥다 하지, 날마다 추운 걸 날마다 춥다 하면 재미없지요. 그저 추우려니 하고 살지요. 하하."

그러려니 하고 살긴 하지만 사실 한국 목회자의 사고방식을 못

벗어서 그런지, 이곳 선교지에선 외롭고 답답하고 민망해도 누구 하나 상의할 사람이 없다. 중고차 사서 교인 수송하는 중에 고장이 나서 2주 걸려 고쳐 왔다. 사흘 만에 다시 고장이 나서 맡기니 3주 걸린단다. 기가 막히다. 숨 짧은 사람 숨 넘어가기 쉽겠다. 여기 사람들 긴 코 가지고 사는 이유를 알겠다.

내 양들은 유학생들과 생활이 안정되지 못한 사람들로, 신앙생활도 늘 불안하다. 작년이었다. 한 유학생 자매가 건강 문제로 한국에서 휴학하고 돌아왔다. 반갑고 기뻤다. 한 생명이 천하처럼 귀했다. 물론 한 생명은 천하를 주고도 바꿀 수 없다는 말은 생명의 가치를 말한 것이다. 그러나 나처럼 비로소 목회 현장에 선 목자로서는 내 양 한 마리의 생명은 수천이나 수만 명 중의 하나가 아니다. 그냥 그 하나가 천하였다. 더구나 어려움에서 돌아왔으니 얼마나 반가우랴!

목요일 밤이면 성경공부와 기도 모임을 했다. 모두 한두 가지 기도 제목을 내놓게 하고 기도했다. 그 자매는 자신의 건강 문제를 내놓았다. 내가 말했다.

"자신은 건강이 안 좋다는 생각에 너무 붙잡히지 말고 이제는 일어납시다. 내 보기엔 다 나은 것같이 얼굴이 좋아 보입니다. 하나님께서 치유해 주시기를 요청하고 기도하여 승리합시다."

믿음과 용기를 가지고 기도하게 하려는 격려였다. 그런데 그 자매는 의외로 울면서 항의했다.

"아무도 내 심정을 몰라줘요. 한국에서도 '안 아프면서 괜히 아픈 체한다'고 말한 그 목사 교회를 안 나가고 말았어요."

"내 말의 의도를 알면서 그러십니까? 목사가 몰라주는 것 같아서 서운했다면 미안합니다."

위로하고 그 후에도 여러 번 이야기했으나 그 자매는 마음을 열지 않았다. 그 후 어쩌다가 몇 번 나오더니 결국 다른 교회로 옮겨 갔다. 내 집에서 제일 가까운 교인이며, 그 엄마와 언니는 성실하게 출석하고 악기로 예배 봉사를 잘하고 있는데도.

한국에서 목회한 수십 년간 나 싫어서 떠나간 양을 어찌 다 알 수 있으랴만, 이렇게 마음이 아프지는 않았다. 선교사가 되어 이곳에 와서야 비로소 목자의 아픔을 알아 가고, 선교사와 양 몇 명 거느린 목자의 가슴을 헤아려 간다. 비로소 참된 목자가 된 것인가? 🌿

> 한국에서 목회를 은퇴하고 여생을 한국에서 살려다가, 하나님의 축구화에 차여서 억지로 러시아 북극 도시 상트페테르부르크(Saint-Petersburg)로 가게 되었다고 겸손히 고백하는 손영호 선교사는 선교지에 온 지 3년째 그곳 유학생들을 중심으로 한 교회를 섬기며, 그곳 한인들의 안위를 염려하면서 하나님 나라를 위한 선교를 배워 가고 있다.

8부

중·남아메리카

볼리비아 ■ 니카라과 ■ 브라질

49

샌드위치

—볼리비아 선교사 문익배

요즈음은 맛있는 빵이 많지만 선교를 시작하던 초창기에는 맥도날드나 버거킹 등 이름 있는 햄버거가 전무하였다. 선교지 원주민들을 대할 때마다 뭔가를 주고 싶고 먹이고 싶고 나누고 싶은 것은 선교사로서 누구나 갖는 공통된 심정이었고, 그렇게 나의 사역이 시작되었다.

처음 내가 볼리비아에 갔을 땐 남미의 최빈국이라는 딱지가 붙어 있던 즈음이라 우리가 하루에 세 끼를 먹고 산다는 사실을 저들에게 설명해 주기조차 미안했다. 하루 종일 집집마다 방문하면서 전도하다가 저녁이 되어 올 때쯤이면 인근 들자락에 차를 세운 채 자녀들과 끼니를 때우고 낮에 전도 초청하였던 이들을 모아서 전도 집회를 하곤 하였다. 그렇게 네 영혼이 잘되면 범사가 잘되는 날이 오리라는 소망을 키우면서 사거리 노방 집회를 하곤 하였다. 그러면서도 늘 마음 한구석에선 배고파 빵을 달라 손짓하는 모습을 지울 수가 없었다.

아내와 고민한 끝에 주일날과 수요 집회 때에는 샌드위치를 나눠 주면서 복음을 전하자고 하였다. 당시는 1페소에 평범한 빵 열두 개를 주던 때였다. 그것도 절약하기 위하여 빵을 만드는 집에 가서 주문하여 300개 정도의 샌드위치를 준비하였다. 빵 가운데를 잘라 달걀을 프라이해서 넣고 원주민들에게 나눠 주기 시작하였다. 얼마나 많은 사람들이 왔는지, 특별히 아이들은 줄을 서서 타고 또다시 줄을 서곤 하였다. 사람이 많아지니 이것을 준비하는 것도 일이 되었다. 그래서 어떤 때는 빵을 구입하고 달걀을 구입하여 삶아서 나눠 주기도 하였다.

노방 전도에 동참한 동생네 가족들과 갈릴리선교회 한인들이 자원하여 빵과 달걀을 공급해 주고, 더 맛있는 샌드위치를 제공하기 위해 그 안에 상추를 넣고 토마토 케첩을 넣고 마요네즈를 발라 저들에게 나눠 주니 얼마나 맛이 있었겠는가. 나눠 주는 사람들도 신바람이 나고, 받는 이들은 맛있는 샌드위치가 저들에게 한 끼의 식사가 되었다. 하나님을 예배하고 하나님을 구주로 영접하며 맛있는 샌드위치까지 곁들이니 노방 집회의 재미가 대단했다.

그리고 20여 년이 지났다. 얼마 전 이곳 원주민 장로교회 총회 산하 중앙노회장인 미겔 바르가스 목사가 에덴학교 실내 체육관에서 연합집회 설교를 할 때 한 말이 우리를 놀라게 하였다.

"여러분 앞에서 설교하는 본인 미겔 목사는 24년 전 어릴 때에 우리 동네에 복음을 전하며 빵과 달걀을 우리에게 공급한 문익배 선교사님의 전도를 받고 예수를 영접하여 오늘의 목사가 되었습니다"라고 간증을 하였다.

우리가 한 일이요, 사실이긴 하지만 그 순간처럼 얼굴이 뜨거워진 적은 별로 없었다.

그가 설교를 이어 가더니 외쳤다.

"여러분, 이제는 우리의 때가 되었습니다. 우리의 시대가 왔습니다. 이제 우리가 전도하여야 할 때가 왔습니다. 얼마 전 이곳을 다녀가신 방파선교회의 회장 김동엽 목사님으로부터 나는 또 다른 도전 하나를 받았습니다. '선교사가 20년 넘도록 도와줬으면 이제는 너희도 자립하여 선교사를 파송하는 교회로 부흥해야 한다'는 충고를 가슴 깊이 받았습니다."

24년 전 미겔은 아이였고 자기 어머니와 함께 열심히 노방 전도 집회에 참석하여 샌드위치를 많이 타 먹은 아이였다. 이곳 장로교 신학교의 본과를 졸업하고 볼리비아 장로교회 총회 목사 고시를 합격하여 중앙노회에서 목사 안수를 받고서 지금은 갈릴리교회 담임목사로, 중앙노회장으로, 신학교 교수로, 에덴 기독학교 성경교사로, 총회 부흥회장으로 섬기고 있다.

그는 그날 약속대로 에멜리오 선교사를 3년 동안 함께 후원하면서 미국 종족선교회 선교사 훈련학교에서 훈련시킨 다음, 지난

1월 아센시온 과라요 종족 선교사로 파송하는 예배를 드렸다.

"내 아들아 그러므로 너는 그리스도 예수 안에 있는 은혜 가운데서 강하고 또 네가 많은 증인 앞에서 내게 들은 바를 충성된 사람들에게 부탁하라 그들이 또 다른 사람들을 가르칠 수 있으리라"(딤후 2:1-2).

> 35년간의 볼리비아 토박이 생활로 인해 겉은 한국 사람이고, 속은 볼리비아 사람이 다 된 문익배 선교사는 황무지가 장미꽃같이 피는 것을 기대하는 것처럼 볼리비아 선교현장에 하나님 나라가 확장되고 민족 지도자가 나올 것을 확신하며 인재 양성에 혼신의 힘을 쏟고 있다.

50

검은 피부

—볼리비아 선교사 조영숙

우리가 에덴학교에서 일을 한 지도 벌써 17년이다. 이 에덴학교는 우리의 기도의 눈물, 특히 문 선교사의 땀이 곳곳에 배어 있는 곳이다. 지금은 많은 나무들이 있고 꽃들이 여기저기 피어 있어서 보는 사람들이 에덴 동산과 같다고들 하지만 이 아름다움이 피기까지는 문 선교사의 땀방울이 필요했다.

남편을 자랑하기 위해서가 아니다. 어떤 때는 한시도 앉아 있지 않고 일만 하는 남편을 보면서 이해하기보다는 일 중독이 되었나 보다고 미운 생각을 했던 나다. 그러나 오늘의 에덴을 보면서, 꽃과 나무들이 아름답게 서 있는 것을 보면서 땀을 흘려야만 그 대가를 받을 수 있다는 것을 알았다.

처음 학교를 시작하기로 한 이유 중의 하나는 "마땅히 행할 길을 아이에게 가르치라 그리하면 늙어도 그것을 떠나지 아니하리라"(잠 22:6) 하는 말씀 때문이었다.

에덴학교의 교훈은 다음과 같다.
1. 너의 하나님을 사랑하고 그의 이름을 높여 드려라.
2. 너의 이웃을 사랑하고 하나님의 말씀을 마음에 품으라.
3. 너의 하나님께 지혜와 명철을 얻기 위해 기도하라.

에덴학교의 성경 구절은 "여호와를 경외하는 것이 지식의 근본이거늘 미련한 자는 지혜와 훈계를 멸시하느니라"(잠 1:7)이다.

그리고 교가처럼 애창하는 찬송은 "예수 사랑하심은"이다.

학교 학생 중에 미겔 앙헬이라는 아이가 있었다.

하루는 미겔의 부모님이 오셔서 눈물을 흘리면서 아이가 자기 피부가 검은 것에 대해서 불만족하여 밖에 나가는 것도 싫어하고 집에만 틀어박혀 있다고 이야기했다. 그리고 아이가 갑자기 부모에게 심하게 반항하고 학교의 친구들하고도 잘 지내지를 못하며 학교도 빠지곤 한다고 했다. 그리고 하루에도 수없이 비누로 세수를 해서 얼굴이 허옇게 버짐이 피는 것처럼 되었다고 한다. 밖에 나갈 때면 남자아이인데도 어머니의 화장품을 몰래 발라서 얼굴이 하얗고 입술은 붉게 칠해서 다른 사람들에게 정말 이상하게 보이는데도 아이는 얼굴이 하얀 것에 만족을 하는 것 같단다. 이 일로 인해서 아이는 성적도 떨어지고 친구들과도 잘 지내지 못해 아이 역시 어려움을 겪고 있었다.

아이에 대해 들으면서 먼저 미겔을 위한 하나님의 도우심을 바라며 간절히 기도를 했다. 며칠이 지난 후에 교실에 들어가서 미겔에게 잠깐 이야기를 하자고 했더니 무언가 불안한 얼굴로 따라 나왔다. 나는 이야기하기 전에 그 아이의 손을 붙잡고 하나님께 기도를 드렸다. 기도하는 중에 그 아이는 눈물을 흘리면서 흐느껴 울었다.

기도가 끝난 후에 그 아이에게 왜 그렇게 했느냐고 물어보았더니 자기에게 엄마와 아버지, 그리고 동생이 있는데 다른 집안 식구들은 얼굴이 하얗고 자기만 피부가 검어서 힘들다는 것과 부모가 동생한테는 무엇이든지 잘해 주는데 자기에게는 잘해 주지도 않고 미워하고 싫어하는 것 같아서 나가기도 싫고 누구를 만나는 것도 싫다고 했다. 그래서 피부가 하얗게 되고 싶어서 엄마의 화장품을 몰래 발랐다는 것이다.

미겔의 이야기를 듣고 나는 그 아이의 손을 꼭 잡아 주면서 "미겔 앙헬, 우리의 피부색은 그렇게 중요하지 않단다. 세계의 중심인 미국의 대통령도 지금은 피부가 검은 사람이 되지 않았니?" 하고 물으니 앙헬은 울던 눈으로 나를 바라보면서 "맞아요"라고 대답했다.

나는 그 아이에게 하나님의 오묘하고 깊은 뜻을 이야기했다.

"미겔, 하나님께서 우리를 에덴 동산에서 만드실 때에 하나님의 형상으로 만드셨단다. 하나님의 형상대로 만드셨기에 우리를 무척 사랑하시고 늘 인도하시기를 원하신단다. 미겔 앙헬, 우리 학교의 교훈대로 열심히 하나님의 이름을 높여 드리고 그를 사랑하는 자는 하나님께서 미국 대통령보다도 높여 주실 것이란다. 그러니 모든 일을 열심히 하면 못 이룰 것이 없단다. 네가 너를 사랑하지 못하면 어떻게 네 이웃을 사랑할 수 있겠니? 그러니 너는 하나님께서 너를 가장 특별하게 만들어 주셨다는 것을 잊지 말고 열심히 기도하며 하나님의 말씀 따르고, 주일이면 교회에 열심히 나와서 하나님의 말씀을 듣고 열심히 살자."

미겔은 알았다고 대답했다.

그 다음에도 몇 번 함께 이야기하고 부모님과도 만나서 '자신들의 잘못한 것들을 아이에게 미안하다고 하고, 용서해 달라는 이야기를 하라' 고 했더니 알았다며 자기네들도 잘못한 것이 많다고 하면서 돌아갔다.

그 이후 미겔 앙헬의 행동과 성적에 많은 변화가 일어났다. 작년에 이 아이는 고등학교를 졸업하고 대학에 들어가서 열심히 대학생활을 하고 있다. 이 아이가 대학을 졸업하고 어떤 사람이 될지 나는 모른다. 그러나 나는 믿음으로 이 아이를 바라보면서, 하나님을 아는 사람은 하나님께서 필요하신 대로 사용하실 것을 믿으므로 아무것도 의심하지 않는다.

이 아이가 변화한 것처럼 문제 있는 다른 아이들도 모두 변하고 하나님의 그 놀라우신 은혜가 우리 학교 아이들에게 늘 함께하셔서 더욱 하나님의 이름을 높여 드리기를 원한다. 언젠가 우리가 이 에덴학교를 떠난다고 해도 흔들림 없이 영원토록 하나님이 함

께하시기를 기대하면서……. 🌿

> 각 기관의 어머니라고 원주민들이 불러줄 때 흐뭇해하며 새벽을 깨우며 기도하는 조영숙 선교사는 남편 문익배 선교사와의 사이에 선교의 후원자인 아들 아브라함과 의사로 미국 뉴욕에서 일하는 딸 수잔나가 있다.

51

신체검사

―볼리비아 선교사 이현옥

한국에선 어린 시절 학교 신체 검사날이 가까우면 동네 목욕탕에 가는 것이 행사였다. 여기 에덴학교에서 학생들의 신체검사를 하며 학생들이 매년 성장하며 변화하는 모습을 보게 된 지도 벌써 4년째이다.

4년 전, 처음 시력검사를 하는 날이었다. 아이들은 마치 시험을 보러 들어오는 것처럼 얼굴이 긴장감과 걱정으로 굳어 있었다. 나는 먼저 왜 시력 검사를 하는지를 설명하였다.

"한 사람씩 나와서 먼저 오른쪽 눈을 가리세요"라고 했더니 한 아이가 두 눈을 꼭 감고는 말했다.

"아무것도 안 보여요!"

"아니, 두 눈을 다 감고 있으면 시력검사는 어떻게 하니?"라고 하니, 거기 모인 모두가 다 웃었다.

또 대부분의 아이들이 중요한 시험을 보는 것으로 생각했는지 옆에서 열심히 가르쳐 주면서 친구의 시력검사를 대신해 주는 것이 우습고 귀여웠지만 목이 쉬도록 반복하여 설명하느라 조금 힘들었던 기억이 있다.

요즘 우리 한국의 아이들은 모든 문명의 혜택을 넘치게 받고 있다. 시력이 안 좋은 학생도 많지만 패션 안경에 렌즈, 라식 수술까지 편리함을 누린다. 하지만 볼리비아에서는 아주 심각하게 시력이 나쁜데도 경제적으로 부담이 되어 안경을 쓰지 못하는 아이들이 많다.

그래서 매년 미국 의료팀이 올 때면 안경을 많이 가지고 온다. 미리 체크한 학생들의 시력검사 결과를 가지고, 꼭 안경이 필요한 학생들에게 더 전문적으로 정밀한 진찰을 한 뒤 안경을 주고 있다. 그런데 간혹 안경을 줬는데도 착용을 안 하고 있어서 왜 안 쓰는지 물어보면, 몹시 쑥스러운 표정을 지으며 "아이들이 안경을 쓰면 눈이 네 개라고 놀려요" 하는 것이었다.

그도 그럴 것이 전체 학생 중에 안경을 착용하는 학생들은 1퍼센트도 안 되기 때문에 인식 부족에서 오는 현상이다.

이곳 에덴학교만 해도 정규 컴퓨터 수업이 있지만, 경제적 부담으로 컴퓨터 보급이 일반화되어 있지 않고, 인터넷 사용료도 상당히 비싸다. 또한 텔레비전의 채널 역시 보급되지 않아 대부분의 현지인들은 시청이 어렵다. 그래서 이곳의 아이들은 수업 후 거리에서 놀거나 부모님을 도와 일을 한다. 이러한 상황들이 장점(?)이 되어, 전체 학생의 78퍼센트 정도가 정상 시력을 갖고 있다.

반대로, 치아는 관리가 소홀해 처음 체크 당시에는 전체 학생의 76퍼센트가 충치가 있는 것으로 나타났다. 유치원에서 초등학교 1, 2학년 아이들의 충치는 이곳 의사들도 어디서부터 어떻게 치료를 해야 할지 난감해서 그냥 놔두고 있다가 어금니가 나오면 그쪽부터 치료에 들어가는 실정이다.

한번은 한 학생씩 치아를 검사하고 있었는데, 대부분 학생들은 입 안이 온통 새까맣게 약 6~9개의 검은색 충치가 있는데 그중 한 학생만 파란색 충치가 있었다.

'어? 이상하네? 얘는 왜 파란색이지?'

기구로 그 이빨을 긁어 보니까, 껌이 딱 붙어서 그렇게 보였던 것이다.

지금은 4년에 걸쳐 치료와 계몽을 하여, 충치 있는 학생이 56퍼센트로 현저히 감소됐다. 이는 미국 의료팀의 지속적이고 대대적인 봉사와 일본인 치과의사의 헌신적인 봉사, 그리고 인식 변화의 결과이다.

"이같이 너희 빛이 사람 앞에 비치게 하여 그들로 너희 착한 행실을 보고 하늘에 계신 너희 아버지께 영광을 돌리게 하라"(마 5:16).

이곳 선교 현장 가운데 많은 사람들이 선한 마음으로 합력하여 선을 이루어 가는 과정 속에서 하나님을 체험하며 좋으신 하나님께 찬송과 영광을 돌리곤 한다. 그래서 오늘 하루도 건강한 육체와 건강한 영혼을 위해서 사역지를 향하여 출발한다.

52

아, 늦었구나!

―볼리비아 선교사 이현옥

우리 에덴진료소 옆에는 공터가 있는데, 그곳을 지키는 관리인으로 보이는 노인이 살고 있었다. 60세라니 아직 노인이라 부르기에는 어색하지만 겉보기에는 나이가 많이 들어 보였다. 사실 여기 현지인들 대부분은 실제 나이보다 훨씬 들어 보인다. 빈곤과 건조한 기후, 강한 햇빛과 바람이 원인인 것 같다. 내 차가 그 노인의 집을 지나칠 때면, 멍하게 앉아 지나가는 나를 쳐다보던 모습이 기억에 남아 있다.

어느 날 아침 일찍 어떤 여자가 근심 어린 표정으로 진료소에 찾아와서 "아버지가 며칠째 자리에서 일어나지도 드시지도 못하시니 와서 진찰 좀 해 주세요"라고 도움을 청하였다.

우리 진료소는 원래 집으로 가서 진찰은 해 주지 않지만 상황이 딱한 것 같아서 허락을 하고, 의사와 내가 간단한 의료 도구를 챙겨 그 여자를 따라 노인이 살고 있는 집으로 갔다.

노인의 집은 간신히 벽돌로 바람을 막고 있을 정도로 허술했으며, 짚으로 만든 듯한 허름한 침대에 몸을 의지하고 있던 노인은 초췌해 보였으나 정신이 또렷했고 혈압도 약하지만 체크는 되는 상태였다.

"뭘 먹으면 자꾸 토할 것 같고 변도 잘 안 나오고, 약을 먹었는데도 차도가 없네요."

노인은 힘없이 호소했다. 의사가 진찰하는 동안 나는 "이 노인과 가족을 구원해 주십시오"라고 작게나마 하나님께 기도를 했다.

의사의 진찰 결과 노인은 예전에 '빈추카'(vinchuca)라는 벌레에 물려 '샤가스'(chagas)라는 병에 걸려 있어서 심박동이 매우 불규칙적으로 체크되고 또한 오랫동안 변을 보지 못해 큰 병원에 가야 한다는 것이었다. 샤가스 병의 초기 증상은 일반적으로 구토, 설사, 고열, 두드러기 등으로 얼마 후 사라지지만 10년 정도의 잠복기를 거친 후 심장과 내분비 쪽으로 이상이 생기며, 치료를 안 하면 갑자기 심장이 멈춰 죽음에 이르는 병이라고 한다. 볼리비아 전역 51퍼센트가 발생 가능한 지역으로 조사되고 있다.

당장 다른 도울 방법을 찾지 못하여 가족에게 큰 병원 응급실을 소개해 주고 나올 수밖에 없었다. 그런데 더 도울 수 없어서 마음이 무거웠고, 차후에 도울 순 없을까 생각하며 진료소로 돌아왔다. 유난히 햇빛이 강하고 흙바람이 심하게 불던 그날은 노인의 모습이 생각에서 떠나지 않는 하루였다.

며칠 뒤 출근하다 노인의 집 앞에 평소와 다르게 많은 사람들이 모여 있고 집 안에서 보라색 불빛이 새어 나오는 것을 보았다.

'어? 혹시 돌아가셨나? 그렇게 위험해 보이진 않았는데……' 라고 혼잣말을 하며 그 집에 들어가 보니 노인이 어젯밤 늦게 돌아가셨다는 것이었다.

'아! 늦었구나!'

나는 그분의 명복을 빌며 '왜 그때 바로 적극적으로 복음을 전하고 돕지를 못했을까' 하고 후회하며 가족들에게 행복하고 의미 있는 삶을 위하여, 교회를 다니며 신앙생활을 통해서 하나님을 만날 것을 권유하였다. 그날 나는 주님의 복음을 전하는 일을 내일로 미루는 것은 구원할 수 있는 한 사람의 영혼을 포기하는 것과 같음을 뼈저리게 느꼈다.

"다시는 이와 같은 큰 실수를 하지 않도록 도와주십시오. 하나님!" 기도하며 떨어지지 않는 발걸음을 돌렸다.

> 볼리비아 에덴진료소 운영과 에덴학교 양호실을 담당하고 있는 이현옥 간호선교사의 소망은 볼리비아 사람들의 육과 영이 건강해지며 그들이 오직 주님만을 바라보는 것이다. 가족으로 치과의사가 되어 고통받는 이를 섬기며 하나님 영광을 위하여 살길 원하는 큰딸 안지영과 하나님의 작은 도구로서 영광을 돌리길 간구하는 꿈이 많은 작은 딸 안지혜가 있다.

53 볼리비아 산타크루스 한인 교회

―볼리비아 선교사 최상락

2006년 8월 우리 가족은 한국에서 이곳 볼리비아 산타크루스로 한인 교회 사역과 현지인 사역을 위해서 파송되었다. 시내 중심에 자리 잡은 예수님의 대형 십자가상으로 유명한 이곳 산타크루스의 의미는 '거룩한 십자가'이다. 이곳은 개신교회의 선교사역이 많이 활성화되어 가고 있지만 아직도 가톨릭의 신자 수가 90퍼센트 이상을 상회하고 있다. 시내 중심으로 들어가 보면 대형 가톨릭 교회의 숫자만도 상당수다.

300년 전 스페인에서 이곳을 점령할 때 선교정책으로 마을의 가장 중심에 가톨릭 성당을 세우도록 지침이 내려졌다고 한다. 그 선교정책이 많은 세월이 흐른 지금까지 뿌리를 내리고 있는 것이다. 생각해 보면 가톨릭이 이곳에 자리 잡을 당시의 상황도 그리

쉽지는 않았을 것이다. 왜냐하면 하나의 교회 건물을 건축하고 뿌리를 내리도록 하기에는 그만한 대가를 반드시 치러야 한다는 짐작 때문이다.

간혹 시내를 걸어가다 그 옛날 가톨릭 교회의 모습을 사진으로 보면 지금의 웅장한 모습과는 비교할 수 없이 초라하다. 그러나 수백 년의 세월이 흐른 후의 모습을 보니 정말 부러워진다. 선교사로서 사역을 이루어 가야 하는 시점에서 나의 작은 이 시작도 앞으로 분명 이런 거대한 선교의 결실을 넘어서서 장로교로서 진정한 선교와 복음의 결실이 맺히리라 기도한다.

이제 이곳으로 파송 받은 지도 어언 4년이 다 되어 간다. 처음 이곳으로 오기 전 우리 가정을 상당히 혼란스럽게 한 것은 모든 이삿짐을 한국에 두고 와야 한다는 것이었다. 선교사가 무슨 이삿짐에 연연하냐고 하겠지만, 우리의 사정은 달랐다. 그동안 한국에서 부목사 생활을 하면서 일반 가정에서 흔히 볼 수 있는 식탁 하나 없이 사택 거실에서 양반자세로 앉아서 식사하였다. 아이들의 학비랑 학원비랑 지출하다 보니 도저히 여유가 되지 않아서였다. 이런 절약 생활을 반복하다 겨우 우리 네 가족 앉을 수 있는 식탁 하나, 싸구려 소파 하나 구입하였다.

그런데 구입하고 1년도 채 안 되어 아직 상표도 떨어지지 않은 식탁과 비닐도 채 벗겨지지 않은 소파를 다 포기하고 볼리비아에 와야 했다. 이삿짐을 가지고 들어올 수 없는 이유는 이곳에 와보니 알 수 있었다. 이곳 세관으로부터 이삿짐을 찾는 데 상당한 시간이 소모되어 어떤 가정은 1년이 지나도, 아니 그 이상이 되어도 찾지 못하고 있었다. 빨리 찾는 가정도 그 비용이 당시 10,000불(한화 약 1,100만 원) 이상이 들었다고 한다. 이삿짐 하나하나에 세금을 다 붙였기에 이런 비용이 들어간 것이다. 문제는 값나가는 물건, 특히 김치냉장고 같은 것은 이 핑계 저 핑계를 대면서 끝내 내어 주지 않는 일이 비일비재하다. 그런 일에 신경 쓰며 시간을 소모하느니 모든 짐을 버리고 이곳에서 새로 구입해야 한다는 것을 알게 되었다.

모든 것을 버리고 떠나왔지만 이제 그럭저럭 기초적인 것은 갖추었다. 한 번씩 꼭 필요한 것을 비싼 값을 지불하며 구입해야 할 때는 한국에서 식탁과 소파를 두고 온 때를 기억한다. 물론 규모 있게 살아야 하는 선교사 생활이어서 그렇기도 하지만, 하나님 앞에서 우리 인생은 나그네 인생이기 때문이다.

한국에서 들은 바로는 이곳 산타크루스는 볼리비아 제1의 경제 도시이며, 생활수준은 역시 그럭저럭 지낼 만하다고 했다. 때문에 시골 출신인 내가 살아가기에는 무리가 없을 것으로 생각했다.

그런데 4년 전 산타크루스에 도착했을 때의 모습은 한국의 70년대와 비슷했고, 시골은 한국의 50년대쯤 되었다. 한국의 조그마한 시골 시외버스 터미널 같은 산타크루스 공항은 전력 사정이 좋지 않아 공항 전체가 어두침침하였다. 시내도 마찬가지였다. 이런 곳에서 한국 교민들이 어떻게 살아가고 있는지 의아할 정도였다. 하지만 적응해서 살아가는 모습을 보노라면 전혀 불편함이 없어 보였다.

이러한 전력 사정은 교회도 마찬가지이다. 지난 주일에도 주일

낮 예배를 드리는 도중 갑자기 전기가 나가 버렸다. 설교를 막 시작하는 시점에 나가 버린 전기가 하루 종일 들어오지 않았다. 육성으로 예배를 인도하다 온몸이 땀으로 젖어 버렸다. 그리고 예배 후 나의 목소리는 완전히 허스키 보이스로 변해 버렸다.

또, 여기 한인 교회의 피아노에 대해서 말을 할 때 항상 '소리 나지 않는 피아노' 라고 표현한다. 이곳 볼리비아에는 피아노가 그 숫자를 헤아려도 될 만큼 없다. 현지인의 가정집에는 피아노가 전무하다. 지금 교회 피아노는 약 20년 전에 한국에서 보내온 검정색 피아노로, 이곳에 도착해서 한 조율사 할아버지를 만나 한 번 조율한 다음 지금 4년이 다 되어 가지만 조율할 수가 없는 상태이다. 때문에 예배 시간에 찬송을 할 때는 찬송 소리가 조금 과장해서 각개전투를 하는 군인의 소리와 같다고나 할까! 전부 각양각색이라 피아노를 중심으로 찬송을 불러야 함에도 불구하고 피아노부터 음의 중심을 잡아 주지 못해 사람들은 제각기 소리를 내고 있다.

그런데 몇 년 전부터 건반 중심부에서 조금 왼쪽에 있는 '솔' 음이 나지 않는다. 아무리 소리가 나게 하려고 노력해도 안 된다. 그래서 이곳에서 타 교단 선교사들을 만날 때마다 "우리 교회 피아노는 소리가 나지 않아 그냥 그 고장 난 피아노로 예배를 드리고 있습니다. 소리 좀 나게 해 주세요"라고 수리 방법을 호소하고 있다. 그러면 사람들은 질문한다. "아니, 어떻게 소리가 나지 않는 피아노로 예배를 드리시나요?" 그러면 나는 " '소리' 가 아니고 '솔' 이요"라고 답하곤 한다.

물론 선교사에게 있어서 외부의 소리도 중요하지만 더 중요한 것은 마음의 소리인 줄로 안다. 마음의 소리로 하나님께 아뢰고, 마음의 소리로 서로 주고받는 가운데 하나님의 사랑을 나누고 하나님의 뜻을 전한다면 이 소리야말로 정말로 귀한 소리가 아니겠는가?

다행히 이곳 볼리비아 사람들도 피아노의 소리 '도' '미' '솔'에는 전혀 관심이 없다. 다만 예수님의 소리가 마음으로 자신에게 전달될 때 그 소리를 가장 귀한 소리로 간직할 것이다. 그리고 지금은 비록 미약한 소리일지라도 앞으로 점점 더 아름답고도 복된 소리로 변화되길 기대한다.

54

두 개에 18페소면 오케이

—볼리비아 선교사 최상락

나는 한 번씩 시간적 여유가 있으면 시장에 자주 간다. 아내가 운전을 못해 동행을 해 주어야 하기 때문이다. 시장에서 간혹 만나는 한국 교민들은 나를 보고 말한다. "오늘도 또 나오셨군요"라고. 물론 이곳 선교지에서 아내와 동행하면서 아내를 도와주는 일은 반드시 필요하다. 택시를 잡으려 해도 잘 잡히지 않고 택시비가 터무니없이 비싼 경우가 있어 선교 업무로 바쁘지 않은 한 자주 동행한다.

여기 시장을 방문하면 대학 시절 방학 때마다 아르바이트로 장사를 했던 한국의 5일 재래시장의 활기찬 모습이 생각난다. 그때는 삶이 고달프고 어렵지만 꿋꿋이 살아가는 상인들의 모습에서 삶의 용기와 힘을 얻기도 하였다. 당시 재래시장에서 장사할 때는 조금만 늦어도 자리를 차지하기가 힘들었고, 자리를 차지하지 못하는 날은 공치는 날이었다. 또 이미 고정적으로 확보된 자리를 잘못 알고 차지한다면 꼼짝없이 그 자리를 내어 주고 나와야만 했다. 장이 서는 날이면 아침에 자리를 차지하느라 전쟁터를 방불케 했던 재래시장의 모습이 지금도 생생하다.

 그 시장을 떠올리면서 한 번씩 둘러보지만 한국만큼의 생생한 삶의 모습이 전달되지는 않는다. 한국 상인들의 모습은 어떻게 하든지 한 개의 물건이라도 더 팔기 위해서 힘을 쓰고 애를 쓰지만 이곳은 아니다. 장사하고 있는 사람들의 주변으로 가면 간혹 들리는 말이 있다. "게발은 네발"이라는 말이다. 처음에는 '참 이상하다! 어떻게 바다의 대게 같은 그 게의 발이 네 개밖에 안 되지? 그보다 많은데' 라며 마치 한국말로 착각할 정도로 들려왔다.

 하지만 그 후에 스페인어를 공부하면서 "게발은 네발"은 Que va a llevar?(께 바 아 예바르)라는 말로서 '무엇을 가지고 가렵니까?' 라는 말인 것을 알게 되었다. 시장 사람들이 습관적으로 중얼중얼하다 보니 나에게 그렇게 들렸던 것이다. Que(께)는 영어로 '무엇' 이라는 What, va(바)는 '가다' 라는 go, llevar(예바르)는 '가지다' 라는 take, 번역하면 '무엇을 가지고 가렵니까?' 라는 말로 쓰인다. 이러한 간단한 말이었지만 스페인어를 공부한 후에도 쉽게 귀에 들어오지 않았다.

 더군다나 잘 알아들을 수 없었던 것은 손님들이 가까이 가도 손님이 사면 팔고 안 사면 말고 식으로 힘없이 "게발은 네발"이라고 중얼중얼거리니 더 알아듣기가 어려웠던 것 같다.

그리고 이곳 시장의 특징은 물건 값을 흥정할 때 처음에 정해진 값에서 자꾸 깎으면 아예 팔지 않는다. 그냥 가라고 한다. 한국 사람들은 하나라도 더 팔려고 노력하지만 자꾸 힘들게 하고 깎으려면 아예 마음을 닫아 버리는 장사꾼들이 많다.

한번은 샴푸를 사러 간 적이 있다. 이곳에 탈모 방지에 좋은 토속 샴푸가 있다. 처음엔 문화에 적응하랴 기후에 적응하랴 사람들과 언어에 적응하랴 많은 스트레스로 인해서 탈모 현상이 심해졌다. 이곳에 와서 흰머리도 이슬 맞은 것처럼 많이 났다. 딸아이는 나보고 흰머리가 많아서인지 할아버지라는 말도 종종 한다. 그래서 한 번씩 거울을 보면서 흰머리 제거 작전을 하곤 한다. 어쩌다 검정머리를 뽑으면 얼마나 아까운지! 하루 종일 그 검정 머리가 뇌리에 남아 있기도 하다. 이런 저런 이유로 항상 이곳의 토속 샴푸만 사용한다. 샴푸의 모습은 볼품없지만 이곳 사람들의 말이 탈모에 도움이 된다고 하니 자주 사용하고 있다.

그날도 가게에서 샴푸를 사고 있었다. 한 개에 얼마냐고 물었다. 한 개에 10페소라고 했다. 10페소는 한화로 약 1,500원 정도 된다. 그래서 세 개에 27페소를 하자고 제안했다. 한 개에 1페소씩 에누리를 한 것이다. 그런데 대답은 No였다.

혹시라도 당신에게는 안 판다고 마음을 닫아 버릴까 조심하면서 한 번 더 말했다. "그러면 두 개에 18페소 하면 안 되겠소"라고 제안했다. 그랬더니 웃음을 머금고 그리하겠다고 했다.

한국 상술로는 이해가 되지 않겠지만 그것이 이곳의 모습이다. 어떻게 보면 아직도 세상의 때가 전혀 묻지 않은 모습 그대로인지 모른다.

　얼마 전 MBC 방송에서 방영한 "아마존의 눈물"이란 다큐멘터리를 컴퓨터를 통해 보았다. 그 밀림 지역에 백인이 들어가서 순수하게 살아가는 사람들을 바르게 가르친 것이 아니라 오히려 해를 끼친 모습에 아마존 사람들이 흘리는 눈물을 본 적이 있다.

　이곳 사람들도 배우지 못하고 세상 이치와 상술에 밝지 못한 가운데서 살아가는 사람들이 많다. 생긴 모습도 아마존 사람들과 흡사하다. 눈, 코, 입, 피부가 다 그렇다. 다만 이곳 사람들은 옷을 입었다는 차이일 뿐이다.

　염려스러운 것은 이들이 앞으로 세계의 선진화된 문명을 어떻게 받아들일는지. 하지만 이들에게도 선교를 통해서 참된 예수님을 만나게만 해 준다면 이들의 순수한 삶에 예수님으로 인한 결실이 주렁주렁 열리게 되리라 믿는다. 🌿

> 유난히 피부가 흰 최상락 선교사는 지난 4년 동안 강렬한 태양빛에 그을린 덕분에 이곳의 인디오들처럼 구릿빛 피부로 변한 것 같아 감사하다. 가족으로는 힘을 다해 기도와 사랑으로 내조하는 아내 이영숙 선교사와 앞으로 가수 선교사를 꿈꾸는 아들 진환(20세)이와 마냥 열심히 공부하는 딸 은지(18세)가 있다.

55

스릴 만점

-니카라과 선교사 김은구

1997년, 3개월 동안 니카라과의 수도 마나과를 구석구석 찾아다니며 교회 지을 곳을 알아보았는데, 하나님께선 지금의 동네(수도 외곽 서민들이 사는 가난한 동네)로 인도하셨다. 우리는 그해 8월에 함석 몇 장으로 교회를 개척하고 예배당 건축을 시작했다. 이곳은 가난한 오래된 동네와 더 가난한 신 동네 경계에 있었고, 우리가 부지(2천5백 평)를 구입하기 전 이곳은 두 동네의 불량배들이 패싸움을 자주 벌일 정도로 싸움하기에 적당히 넓은 장소였다.

덕분에 땅을 싸게 구입했지만 건축 초기부터 교회 지을 자갈은 그들의 돌팔매가 되었고, 연장은 그들의 무기가 되었다. 지붕이 올라간 뒤로 아침에 출근을 하면 지붕 위에 돌멩이가 수십 개씩 던

져져 있었다. 밤사이 서로 돌을 던지며 패싸움을 했던 것이다. 2개월이 지난 어느 주일엔 예배를 마치고 나가던 청년들끼리 또 패싸움이 벌어졌다. 그 뒤로 교회에 행사가 있을 때는 항상 지역 경찰서에서 경찰들을 파견해 싸움을 미리 막기도 했다. 그렇지만 당시 불량배 그룹의 두목이었던 한 청년이 2년 전 연합신학교 졸업식에서 졸업 후 목회를 시작한다는 놀라운 고백을 할 때는 감격의 눈물을 감출 수가 없었다.

1998년 4월은 우리가 니카라과에 온 지 만 2년이 되는 때였다. 그동안 수도 마나과 중심에 살았는데 월세를 올려 달라고 해서 첫째 아이 학교 근처의 월 50불 더 싼 곳으로 이사를 했다.

산 능선 자락에 있는 새로 이사한 집은 4월 우기가 되면 습기가 높아져 많은 모기가 생겼다. 4월 말 드디어 나는 모기가 옮기는 풍토병인 뎅기 신고식을 해야만 했다. 뎅기는 두 가지인데 하나는 일반적인 증상의 좀 가벼운 것이고, 다른 하나는 출혈성으로 몹시 고생해야 하는 거였다. 나는 출혈성 뎅기에 걸렸는데 동네 보건소에서는 보통 일주일 정도 열병으로 고생하면 낫는 일반적인 뎅기로 검진을 하고 그렇게 처방을 했다. 그러니 약을 먹어도 전혀 차도가 없었고, 고열과 한축으로 먹으면 토해 못 먹고 잠도 못 자고 그렇게 10일 이상 지나니까 견딜 수가 없었다.

다시 개인 병원에 가서 진찰받고 보니 출혈성 뎅기였다. 병원에 가서는 기절을 하기도 해 간호사들이 긴 나무 의자에 나를 뉘어 놓고 찬물을 끼얹기도 했다. 그렇게 20일 이상을 투병했다. 병이

낫자 죽기 일보 직전에 살려 주신 하나님께 감사하며 선교에 대한 열정은 다시 뜨거워졌다.

5월 한 달을 꼬박 뎅기와 투병을 하고 6월 중순에는 센터(현 신학교)에 사택 건축을 시작했다. 본래 나는 아이들 학교 근처 살기 좋은 동네에 우리가 살 집을 지으려고 땅을 알아보았으며, 뎅기에 걸리던 바로 그날 땅주인과 계약을 하기로 되어 있었다. 하지만 한 달 동안 뎅기를 앓고 나니 하나님이 주신 센터의 땅(이미 1997년 7월 구입. 가난한 동네이고 학교에서 먼 곳)에 사택을 짓는 것이 하나님의 뜻이구나 하고 깨달았다. 그리고 이 사택에서 12년째 살고 있다. 허술하지만 매우 넓고 우리가 안에 살고 있어서 센터 관리가 잘되고 있다. 그때 뎅기 걸린 것이 얼마나 감사한지 모른다.

2001년 11월 21일에는 지금의 신학교 선교관 기공식이 있었다. 실건축 면적 200평의 2층 건물이었다. 건축업자를 선정하여 계약을 하고 공사가 진행되고 있었는데 공정률이 낮은데도 그 건축업자는 돈을 더 달라고 하였다. 완공 후에는 더 큰 문제가 될 것 같아 계약 위반이라 생각한 나는 계약을 파기했다.

그 후 1개월 반 동안 다른 일꾼들을 만나 다시 공사를 시작할 때까지 이들 전 업자들의 괴롭힘을 견디어 내는 것이 참으로 힘들었다. 전화로 우리 아이를 납치한다는 등의 공갈과 협박을 했고, 밤에는 집 옆에까지 와서 총을 쏘아대고 할 때는 기력이 소진되었다. 두세 번을 차에 실려 응급실에 가서 원기를 회복해야만 했다. 이들은 몇 개월 뒤 사과를 했고 용서를 구해 왔다.

지금 니카라과는 15가정의 한국인 선교사들이 나름의 사역을 하고 있다. 대부분 3년 미만의 신참 선교사들로, 이들은 하나같이 현지인들을 이해할 수 없다고 말한다. 현지인들이 대체로 약속을 지키지 않고, 정직하지 않고, 게으르기 때문이다. 그래서 현지인 동역자나 현지인 일꾼들을 만나면 채 한 달을 못 버티고 내보내 버린다. 적응하는 과정인 것이다.

그러나 이런 원주민들과 오래 일할 수 있고 같이 웃고 살 수 있는 오늘의 내가 되기까지는 수많은 시련과 연단이 있었음을 생각하니 하나님의 은혜를 헤아릴 수 없다. 같이 살 수 있어야 선교가 되는 것이기에 말이다.

우리가 한국을 방문하면 부부가 같이 뛴다. 아니 지난번부터는 한경희 선교사가 더 선교보고를 많이 한다. 목사님들이 나보다 한경희 선교사가 선교보고를 더 잘한다고 하니 어쩔 수 없는 노릇이다. 어느 선교사든 어느 선교지든 한국의 목회에서처럼 부인 선교사들의 역할은 대단히 중요하다. 언어 숙달부터 현지 음식 익히기 등 현지인들과 함께 살아가면서도 전혀 불편함을 못 느끼는 사람이 한경희 선교사다.

2007년 9월 17일은 니카라과 선교에 또 한 번 역사적인 날이요, 놀라운 날이었다. 그동안 연합신학교 사역이 안정 단계에 들면서 자립을 하게 되어, 중산층 자녀들을 대상으로 하는 고급 기독교학교(유치원-고등학교)를 세우기로 하고 신도시 지역에 다섯 곳의 땅을 골라 놓고 기도를 하며 손님이 오실 때마다 같이 모시고 가서 기도를 부탁 드렸다.

　3년 만에 하나님은 그중에서 넓고 위치도 좋지만 땅값이 비싸서 별 관심을 두지 않고 기대도 하지 않았던 제일 좋은 곳을 허락하사 나를 놀라게 하셨다. 지금은 학교 건축이 재정적인 어려움으로 잠시 중단되어 있고 이 학교를 운영하려면 쉽지 않겠지만 또 하나님께서 하실 놀라운 일을 기대하니 감사 드리지 않을 수 없다.

　한국 선교사들이 있는 곳에도 선교사들끼리의 시기와 질투가 있다. 이 때문에 다른 선교사를 사실과 다르게 험담하는 것은 당사자에게는 참으로 힘든 일이다. 그러나 무슨 험담이 있든 선교사를 신뢰해 주는 동역자들이 있기에, 그리고 주님께서 당하신 고난을 잠깐이나마 생각해 보면 담담히 사역에 최선을 다할 수 있다.

　결코 길지 않은 14년 선교지에서의 삶에 오늘까지 사역의 버팀목이 되어 준 방파선교회, 처음에는 이런 저런 불평도 했지만 변함없이 신뢰로 함께해 주는 것이 제일 감사하고, 순교자의 정신으로 세워진 선교회에 부족함이 없는 선교사가 되겠다는 귀한 부담감을 항상 품고 있다. 🌿

> 30, 40대의 젊음과 청춘을 니카라과에서 보낸 김은구 선교사는 한국으로 향하는 비행기보다 니카라과로 돌아오는 비행기 안에서 더 큰 마음의 안정과 쉼을 느낀다. 마지막까지 초심을 잃지 않고 이 땅의 원주민을 섬기며 이들을 통해 척박한 땅이 언젠가는 축복의 땅으로 변화되기를 소망하며 선교에 임하고 있다.

56
엄마! 티처(선생님)가 야마(전화)했어?

―니카라과 선교사 한경희

우리가 선교사 파송 예배를 드렸던 1996년 1월, 나는 만삭의 몸이었다. 둘째로 태어날 동생은 다섯 살이 되도록 동생이 없어 외롭던 첫째 화목이에게 큰 선물이었다. 왜냐하면 남편이 선교사로 헌신하면서 하나님께서 둘째를 갖도록 남편의 마음을 바꾸어 주셨으며, 남편이 먼저 태몽을 꾸고 얻은 아이였기 때문이다.

파송 예배 시 나는 성도들의 기도를 받으면서 흐르는 눈물을 주체할 수가 없었다. 그 당시 그 눈물은 솔직히 기쁨과 감격의 눈물이었다기보다는 사랑하는 부모, 형제, 정든 땅을 두고 지구 반대편 물 설고 낯선 미지의 땅으로 가야 하는 두려움과 떠나는 데 대한 불안감이 더 큰 눈물이었다.

그해 1월 26일 둘째 화랑이가 태어났고 이미 파송 예배를 드렸던 터이기에 남편은 하루라도 지체하지 않고 빨리 선교지로 가고자 하였다. 그러면서 먼저 선교지로 가서 준비해 놓을 테니 나한테는 아이도 좀 더 키우고 안정된 연후에 오는 것이 좋겠다고 하였다.

니카라과 현지 답사를 다녀오지 못한 우리는 그 당시 니카라과에 먼저 와서 사역하시는 선교사님께서 이것이 니카라과의 학교라고 하면서 건네 주신 사진을 갖고 있었다. 맨 처음 그 사진을 보았을 때 도저히 학교라고 믿어지지가 않았다. 화장실은 아닌 것 같고, 창고라고 하는 표현이 아마 적합할 것이다.

그래서 그 사진이 떠오를 때마다 아무것도 모르는 채 TV 속 온갖 맛있는 과자와 장난감 광고 등을 재미있게 보고 있는 화목이 뒷모습을 보면서 이제 저 아이가 선교지에 가면 좋은 것도 못 갖고 못 먹을 텐데, 더군다나 학교에 가서는 무엇을 제대로 배우려는지, 불쌍하고 안쓰러운 마음이 들어 흐르는 눈물을 혼자 몰래 종종 삼키곤 하였다.

무엇보다 이제 막 태어난 핏덩이 화랑이를 비행기 타는 시간만 꼬박 23시간, 비행기를 세 번 갈아타고 공항에서 12-16시간 기다리면서 데리고 갈 일이 난감하였다. 친정 교회의 소아과 의사이신 장로님께, 그 외 여러 병원에 생후 2개월 된 아이를 비행기에 태우고 장시간 가는 것이 가능한지, 고막에 위험은 없는지 문의해 보았을 때 부정적인 답변이 대부분이었기에 결정을 내리기가 더 어려웠다.

그러나 나는 이때 비장한 각오, "죽으면 죽으리이다"라고 단단히 마음을 먹었다. 남편에게 하나님께서 우리를 그곳으로 보내기 원하시면 순종하여 당신 따라 선교지에 하루라도 빨리 가서 적응하기를 원한다고 하니까 남편도 더 이상 말리지 않았다.

화랑이가 하루라도 빨리 자라서 날이 차기를 기다리다가 꼭 태어난 지 두 달이 되는 3월 26일, 아직도 찬바람이 불던 때라 추위에 옷깃을 여미며 큰아이는 손에 잡고 화랑이는 등에 업고 커다란 이민 가방 네 개를 끌며 출국하였다. 가방 네 개 중 두 개는 갓난아이인 화랑이의 분유, 우유병, 기저귀 등으로 가득 채워졌다.

마침내 비행기를 타고 화랑이를 좌석 뒷편 바구니에 넣었다. 아직 어릴 때라 시간에 맞춰 우유병만 물려 주면 먹고 자고 먹고 자고, 너무나도 순조롭게 만 이틀이 되어 무사히 니카라과 공항에 도착할 수가 있었다.

그러나 비행기에서 내리자마자 갑자기 아이가 숨이 넘어갈 듯 자지러지게 울기 시작하였다. 니카라과는 연중 고온인 열대성기후로, 우리가 도착한 그 시기는 이제 막 우기로 접어들기 전이라 1년 중 가장 더운 때였다. 습하고 더운 공기가 몸에 느껴지자 갑작스런 기온 차이를 견딜 수가 없어 울음을 터뜨렸던 것이다.

우리를 마중 나온 선교사님 댁에 도착하자마자 사모님께 넓은 플라스틱 통에 물을 담아 달라고 부탁하여 아이 목욕을 시키자 어느 정도 진정이 된 아이는 다시 잠에 빠져들었다. 이렇게 우리의 선교지 생활은 시작되었다.

허름한 여인숙에서 한 주간 짐을 푼 뒤에 20여 년 된 블록집을 얻어 이사했다. 그리고 큰아이 화목이를 동네 근처 학교에 보냈다. 스페인어를 전혀 모른 채 교실로 들어가는 아이의 어깨가 왠지 축 처져 보였다. 수업이 끝날 시간이 되어 데리러 가면 화목이는 제일 먼저 혼자 나와서 학교 문 앞에 서서 아빠가 오기만을 눈이 빠지게 기다리고 있었다. 그러나 일주일, 이 주일이 지나 친구들을 사귀면서 표정도 밝아지고 즐겁게 학교생활에 적응해 가기 시작하였다.

어느 정도 적응이 되면 우리는 화목이를 기독교학교에 보낼 요량으로 학교에 대한 정보를 이리저리 수소문하던 중 미국 장로교 선교사 모임에서 니카라과 크리스천 아카데미(미국침례교단에서 세운 국제학교)를 알게 되었다. 그 당시엔 그 학교가 세워진 지 얼마 되지 않아 많은 사람들에게 알려져 있지 않았으나, 지금 이 학교에 들어가려면 자리가 날 때까지 기다려야만 한다. 할렐루야! 여호와 이레의 하나님께서 선교사로 오면서 우리가 가장 걱정하며 무거워하던 짐을 해결해 주셨다.

학교를 옮긴 지 한 달이 되어 가던 어느 날, 학교에서 오자마자 큰아이가 "엄마! 티처(선생님)가 야마(스페인어-전화)했어?" 하고 말하는 것을 보고 웃지 않을 수가 없었다. 집에서 식구들하고는 우리 말(다른 말을 쓸 경우 벌칙), 동네 친구들하고는 현지어인 스페인어, 그리고 학교에서는 영어를 사용하다 보니 자기도 모르는 사이에 한국어, 스페인어, 영어가 자연스럽게 혼합이 된 문장으로 말을 하게 된 것이었다.

큰아들 화목이는 남달리 언어를 배우는 것을 즐겨 현지에 있는 프랑스 문화원에서 프랑스어를 어린이반, 성인반 12단계를 다 끝마치고 세계 어느 곳에서든지 프랑스 교사로 일할 수 있는 자격증을 이미 얻었다. 동생 화랑이도 형의 뒤를 따라 열심히 프랑스어를 배우고 있다. 더 열심히 하라고 하면 지금이라도 프랑스 가서 사는 데 어려움 없다고 큰소리를 치곤 한다.

아이들이 믿음 안에서 이러한 능력을 갖추도록 해 주신 하나님께 현지에서도 감사 드리지만 몇 년 만에 한국을 방문하면 정말 자녀들이 큰 축복을 받았음을 뼈저리게 실감하곤 한다.

이제 큰아들 화목이는 만 열여덟 살로 고등학교 졸업반이 되었고, 막내 화랑이는 만 열네 살이 되었다. 이곳이 열악한 환경이다 보니 어느 곳에 가든지 쉽게 적응하며, 또한 사람들 간에 벽이 전혀 없이 금방 친구를 사귄다. 화목이는 더 넓고 새로운 세계를 보고 배우기 위해 중국 대학 진학을 목표로 준비하고 있다. 하나님의 비전을 이루어 드리는 세계적인 하나님의 사람으로 쓰임 받을 수 있도록 선교지를 다녀가신 목사님들마다 아들을 위해 드린 기도들이 주님의 때에 반드시 이루어지리라 믿고 기도한다.

지난번 한국 방문 시에는 큰아들 화목이가 자기 또래의 중·고등부 수련회에서 '보이는 이 땅의 것들에 여러분의 인생을 투자하기보다, 보다 가치 있고 영원한 하늘나라를 위해 여러분의 값진 인생을 투자하라' 는 말을 하였다는 것을 듣고 나 또한 감동을 받았으며, 본인도 선교사 부모님의 아들로 태어나게 하신 하나님께 감사와 영광을 돌린다고 고백하였다.

참으로 신실하신 하나님, 척박한 선교지에서 사는 아이들이지만, 이 모든 것들이 합력하여 우리보다 더 좋은 하나님의 사람으로 모든 것을 구비하여 자라나도록 쉬지 않고 친히 돌보시고 길러 주시는 그 은혜를 무슨 말로 표현할 수 있을까?

하나님께 이 모든 감사와 찬송과 영광을 돌려 드린다.

할렐루야!

> 선교는 가진 것이 많든 적든 나누는 것이라고 생각하는 한경희 선교사는 '복음'과 '빵'을 선교지 구석구석까지 실어 나르는 남편 김은구 선교사와 이제 한국 음식보다 니카라과 음식을 해 주면 더 행복해하는 두 아들 화목(18세)이와 화랑(14세)이가 있다.

57
브라질 현지인을 섬기는
바보 선교사

-브라질 선교사 김미숙

과라시 교회 교인 중에 마릴니니라는 자매가 있었다. 여덟 살 때 집 앞 넓은 공터에서 말을 타며 놀다가 넘어져 머리 다친 줄도 모르고 몇 년 동안 병원에도 가지 않고 지냈는데, 갑자기 머리가 아파서 병원에 가니 뇌 손상이라 하여 수술을 여러 번 받았다. 그래서 머리 부분이 수술로 움푹 파이고 반신불수가 되어 거동이 불편했다. 그녀의 엄마 마리아도 당뇨병으로 일을 하지 못해 생활이 어려워 교회에서 그녀의 가정을 물질적으로 도와주었다. 모녀는 신앙생활을 하면서 세례도 받았다.

그러던 어느 주일 교회학교 시간에 그녀의 언니들이 교회로 달려와 나를 급히 찾았다. 동생 마릴니니가 죽어 간다고 병원으로 데려가 달라고 부탁하여 급히 차를 몰고 집에 가니, 마릴니니는 의식이 없고 몸이 굳어져 움직이지를 못했다. 죽어 가는 사람부터 살려야 하기에 50킬로미터쯤 되는 먼 거리를 과속으로 달려 병원에 데려다 주고 돌아왔다.

마릴니니는 당시엔 며칠 병원에 입원한 뒤 건강한 모습으로 퇴원했지만 몇 달이 지나 하나님 품으로 갔다. 엄마 마리아도 당뇨병으로 고생을 하다 돌아가셨다. 지금은 마리아의 손자와 손녀들이 열심히 교회에 출석하지만 부모들은 아직 교회에 나오지 않는다. 언젠가는 그들도 하나님 앞에 나오길 간절히 기도한다.

하모나 자매는 나와 동갑이다. 처음에 교회에 나온 것은 중보기도 모임에 참석하기 위해서였다. 처음엔 그녀를 보고 웬 할머니가 왔나 했다. 얼굴이 누렇게 떠서 늙어 보였고 한눈에 환자라는 걸 알 수 있었다. 게다가 병으로 고통받아 인상이 험악해 보였다. 이미 안 가 본 교회가 없이 다 다녀 보다 이곳 과라시 교회까지 온 눈치였다.

남편과 이혼하고 딸은 어려서 병으로 잃어 가족이라야 멀리서 사는 아들과 며느리뿐이었다. 어머니가 물려준 허름한 집의 위층에서는 여동생 가족이 살고, 아래층에 마약에 취해 사는 이복 남동생과 함께 지내면서 매일같이 서로 집을 차지하기 위해 싸우느라 정신이 없었다.

하모나는 다리가 아파서 잘 걷지를 못했다. 그녀는 다리의 혈액순환이 잘 안 되어 발톱이 고름으로 부어올라 있었다. 그러나 누구 하나 병원에 데리고 갈 사람이 없었다. 하모나는 몇 달 전부터 국가가 운영하는 무료 병원에서 수술할 날짜를 기다리고 있는데, 보호자가 없으면 수술을 안 해 주기에, 연락처로 우리 집 전화번호를 주고 병원에서 연락이 오면 자기를 병원에 데려다 주고 수술 후 퇴원할 때 차량 운전해 주기를 부탁하였다.

교회 출석한 지 얼마 안 되는 교인이기에 형편을 잘 알지 못해 망설였지만 당시에 남편은 하모나 자매를 도와주었다. 그런데 수술을 마치고 건강을 회복하자 교회도 차차 멀리하고 도움이 필요할 때만 찾아와서 도움을 요청하였다. 그래도 보건소도 데리고 가고 약도 사 주었다.

내가 아는 민방 치료법으로 손도 댈 수 없도록 아픈 그의 발톱에 밀가루와 소금 조금을 섞어 반죽한 것을 붙여 주고 자기 전에 다시 하기를 여러 번 반복하게 하였더니 고름이 없어지고 발톱도 예쁘게 잘 잘랐다.

어느 날 저녁 예배 후 집에 데려다 주는데 전구가 고장이 나서 집에 들어가기가 힘들다 하여 전구 살 돈도 주고, 어려울 때마다 교인들 모르게 도와주었다.

그런데 들리는 소리는 선교사 험담과 교회, 교인들을 욕하고 다닌다고 한다. 그런 하모나를 남편은 "불쌍히 여겨야지. 사랑이 부족하여 관심을 끌기 위해서 그런 거야"라고 이해하고 잘 대해 주었다. 가끔씩 교회에 오는 하모나를 반갑게 맞이하고, 식사를 안 했으면 식사하자고 챙기고 사랑을 베풀었다.

교회 청소를 하면 수고비로 얼마간의 돈도 지불했다. 지금은 마약에 취해 사는 이복 남동생에게 집을 빼앗기고 다른 동네로 이사를 갔지만 그래도 가끔씩 먼 길을 걸어 교회에 온다. 요즘은 비가 너무 많이 와서 길이 막혀 두 달째 교회에 오지 않으니 하모나가 기다려진다.

교회에서 세례받기를 원하는 사람은 언제든지 신청하고 소정의 성경공부를 마치면 세례를 받을 수 있다. 왜냐하면 매달 성찬식이 있기에 한두 명이어도 세례식을 거행한다. 그동안 많은 사람들이 세례를 받았다.

우리 교회와 맞지 않아서 떠난 교인들도 있고 이사 간 교인들도 많다. 그러나 그들이 어디서든지 신앙생활을 잘하고 있기를 바란다. 남편은 자주 설교 시간에 강조한다. 예수 믿지 않는 사람을 전도해야지, 남의 어항에 있는 물고기를 가지고 오지 말라고.

유난히 이 교회 저 교회 방문하기를 좋아하는 브라질 사람들이 많다. 우리 교인들도 가끔씩 다른 교회를 방문하기 원했는데 그때마다 허락하지 않고, 한곳에서 예배를 드려야지 다른 곳에 가서 잘못 만든 음식을 먹고 오면 배탈이 난다고 설명해 주어 나쁜 습관을 고쳤다.

엄마가 해 주는 밥은 맛있고 몸에도 좋지만 나가서 먹는 밥은 맛이 있는 것 같지만, 배탈 날 수도 있으니 집에서 밥을 먹는 것이 좋다고 예를 들어 설명해 주면 아멘 하고 화답하는 성도들이 예쁘기만 하다.

3년째 매월 마지막 주일엔 셀 중심으로 교인 전체가 저녁 식사를 한다. 식사 후 간단한 후식도 준비하고, 생일을 맞이한 식구를 위해 축하 케이크도 준비한다. 저녁 식사 준비를 위해 필요한 품목을 구입하여 주방에 갖다 놓으면 주방 책임자와 보조 네 명의 교인들이 일사불란하게 음식을 준비한다. 지금은 내가 간섭을 안 해도 잘한다.

그러나 음식 분량은 나에게 물어보고 한다. 식사 후 넉넉히 음식이 남아야 마음이 편하다. 음식이 부족하여 걱정하는 것보다 음식이 남아서 집에 있는 식구들을 위해 가져가는 교인이나, 또 늦은 시간에 다음 날 직장에 가지고 갈 점심 도시락을 하라고 하는 것이 낫기에 넉넉히 준비한다. 그러나 예배가 끝나자마자 도망가듯 뒷문으로 나가는 교인들은 왠지 섭섭하고 정이 안 간다.

좋은 기억은 오래가지 않고, 나쁜 기억은 쉽게 잊히지 않는다는 말이 맞는 것 같다. 대부분 좋은 교인들이지만, 한번씩 교인들에게 배신당할 때는 씁쓸한 기분이 든다. 정성을 다했던 교인들이 말없이 훌쩍 떠날 때는 여전히 마음이 아프다. 다리가 아프다고 교회에 오기 힘들어하는 교우, 아기가 있어 걸어오기 힘들어하는 교우들……. 자동차로 데려다 줬는데 아무 말 없이 교회를 떠나가 버렸다.

어떤 때는 내가 왜 이런 일을 하는지 한심스럽다. 하지만 사람들의 영혼이 구원받고 하나님의 백성만 된다면, 내가 가끔은 바보가 되어 주는 것도 즐겁다. 그래서 나는 오늘도 지구 반대편 브라질에서 현지인을 섬기는 바보 선교사이다.

하나님께서 언제까지 나에게 선교사 신분을 허락하시고 현지인들을 섬기게 하실지 모르지만, 그때까지 최선을 다하고 기쁨으

로 감당하는 선교사, 아니 자녀들까지도 행복한 하나님의 심부름꾼이 되는 꿈을 오늘도 꾸어 본다. 🌱

58

은혜네 식구 파이팅!

―브라질 선교사 김미숙

브라질에서의 21년 세월이 너무나 빨리 지나 글로 표현하려고 하니 기억이 잘 나지 않지만 하나님께서 나에게 주신 소중한 아이들이 태어나 장성하기까지 있었던 잊지 못할 이야기들은 필름이 돌아가는 것처럼 생생히 떠오른다.

브라질에 온 지 3개월 만에 첫아이를 임신했을 때 입덧은 없었지만 기후와 물갈이 때문에 피부병이 생겼고, 밤이 되면 더욱 가려워 잠을 설친 적이 수없이 많았다. 욥이 악창이 나 가려움에 기왓장으로 긁었다는 심정, 그 고통을 나는 조금이나마 경험해 보았다. 피가 나오도록 긁어야 답답한 마음과 가려움이 사라졌다. 무엇보다도 임신 때문에 약이나 주사를 맞지 못해 상처에서 진물이

나와도 마냥 참고 지냈다. 지금도 그 후유증으로 알레르기성 피부가 되었다.

첫아이 출산 때는 마취가 잘못되어 제왕절개 수술하는 동안 심한 추위에 떨어야 했다. 나의 치아 부딪치는 소리에 마취과 의사가 놀라 계속 내 이름을 부르며 걱정을 했지만 어떤 방법도 취하지 못한 채 수술은 끝났다. 병실로 옮겨 가는 중에 남편을 만나 너무 춥다고 하소연하였다.

남편이 간호사에게 부탁하여 담요 일곱 장을 가지고 와 덮어 주어도 계속 추운데 간호사가 내일은 샤워해야 한다고, 샤워 안 하면 수술 부위에 소독을 안 해 주니 꼭 하라고 당부했다. 남편은 주일이라 선교지에 가고 나 혼자 병실에 있어 일어나기도 힘들었지만, 그래도 거짓말은 하기 싫어 아픈 배를 움켜잡고 침대에서 내려와 혼자서 샤워를 했다.

둘째 아이를 낳을 때도 자연분만을 시도하다 잘 안 되어 마취를 하자마자 메스로 수술을 시작했는데, 아프다고 호소했지만 의사는 조금도 기다리지 않고 계속 수술을 하였다. 그리고 태어난 아기를 간호사가 보여 주는데, 너무 아픈 나머지 기쁨도 없었다.

둘째 출산 5개월 후 오른손의 마비로 손가락이 뒤틀려, 우황청심환을 먹고 남편이 열 손가락 열 발가락을 바늘로 따고 마사지를 하여도 굳어진 손가락이 한 시간이 지나도록 풀리지 않아 남편이 응급차를 부르려고 하는 찰나 하나님의 은혜로 뒤틀린 손이 정상으로 돌아왔다.

그 후 4년 뒤에도 주일 아침에 똑같은 증상이 일어났지만, 첫 번째 경험이 많은 도움이 되어 응급처치로 위험을 넘길 수 있었다.

물론 이보다 더한 출산의 고통을 겪은 사람들도 많겠지만, 선교사로서 선교지에서의 출산에는 또 다른 고통이 있다. 바로 출산의 그 큰 고통 앞에 반벙어리가 되는 것이다. 첫째, 둘째 아이를 가지면서 남편과 산부인과에 같이 가 의사가 묻는 말에 남편이 통역해 주는 반벙어리가 되어 앉아 있는 내 모습이 슬프기도 하고, 그 답답한 심정을 어찌 말로 표현할 수 있겠는가?

그 아이들이 자라 큰딸 은혜는 약대 3학년, 둘째 지혜는 약대 1학년이다. 어렸을 때 은혜는 너무 깔끔해 교회에 가면 아이들이 더럽다고 옆에 앉지도 않고 투덜거려 나를 당황하게 한 적이 얼마나 많았는지 모른다. 나는 내 딸을 이해한다. 옆에 앉은 아이 머리에 이가 얼마나 많은지 머리가 헐어서 상처투성이고 옷자락에 이가 기어 다니니 옆에 가기가 싫은 것은 당연한데, 나는 은혜를 야단쳤으니……

그 후 은혜와 지혜가 할아버지, 할머니를 따라 한인 교회에 다니면서 은혜는 영아부에서 아이들을 돌봤다. 지금은 대학교에 다니면서 과라시 교회 유치부 교사로 봉사하는데, 얼마나 아이들을 예뻐하고 잘 가르치는지 모르겠다. 약대를 다니기에 학교 과제로 교회학교 어린이들의 대변을 채취하여 직접 대변 검사를 해 주고 있다. 유난히도 깔끔하고 성격이 내성적인 은혜가 주님 안에서 변화하고 있으니 고맙기만 하다.

둘째 딸 지혜도 올해부터는 과라시 교회에서 언니와 함께 돕고 있으며 앞으로는 자씨 교회에서 봉사하려고 한다. 딸들이 열심히 돕는 모습에 다른 교사들이 해이해질까 염려가 되기도 한다. 그러나 엄마인 나는 딸들이 대견하고 고맙기만 하다.

교회학교 예배가 끝나면 집사님들과 교회 점심도 준비하고 설거지도 한다. 교회 관리 집사님의 자녀들이 식사하고 밥 먹은 접시를 주방에 놓고 나가면 우리가 설거지하는데, 딸들의 눈치만 보던 나는 은근히 화가 나서 속으로 투덜거리기도 했다. 왜 그 애들도 얄미운 마음이 없겠는가?

그러나 잘 참고 섬기는 마음이 기특하다. 예전에는 아빠, 엄마는 자식들은 사랑 안 하고 교회 아이들만 사랑한다고 불평했는데, 이제는 부모님이 하는 선교의 일을 잘 돕고 있으니 얼마나 감사한지 모른다.

1997년 9월 13일 막내 아들 동호를 임신한 지 거의 8개월이 되었을 때의 일로 은혜, 지혜가 교포 연합교회 토요 한글학교를 다닐 때였다. 둘은 학교를 마치고 집으로 가는 길에, 신호 대기 중에 있던 차 안에서 가방을 잃어버렸다. 날씨는 무덥고, 에어컨은 없어 창문을 반쯤 내려놓은 상태였다. 의자 위의 가방을 본 어떤 청년이 날치기해서 도망갔다.

나는 다른 곳을 보고 있어 가방을 가져가는지 몰랐는데, 은혜가 뒤에 앉아 있다가 "엄마, 도둑이 가방 가져갔어" 하고 소리를 질렀다. 내가 깜짝 놀라 차에서 내려 도움을 청하려고 하는데, 여러 사람들이 도둑이 들어간 건물을 가리키며 알려 주었다.

차를 길 옆에 세우고 아이들은 차 안에 두고 걸어가는데 마침 지나가는 경찰차가 있어 손을 흔들고 경찰에게 도둑이 저 건물로 들어갔다고 도움을 요청했다. 하지만 경찰은 한 바퀴 돌고 오겠다면서 그대로 지나쳐 가더니 아무리 기다려도 다시 오지 않았다. 나는 할 수 없이 도둑이 들어갔다는 건물에 들어갔다.

아래층 조그마한 식당에 주인인 듯한 여자가 있기에 내 형편을 얘기하고, 얼마 있으면 출산을 하는데 영주권이 꼭 필요하니 연락을 해 달라고 사정하고 전화번호를 놓고 나왔다. 그 후 열하루 만에 연락이 왔는데, 그리 멀지 않은 노점상 리어카 밑에 가방이 있었다고 주인이 내주었다. 가방을 열어 보니 다른 것은 다 없어지고 영주권만 있었다. 영주권만이라도 찾은 것이 고마워 노점상에게 약간에 사례를 하고 돌아왔다.

나중에 경찰이 온다고 말하고 왜 안 왔는지 알게 되었다. 그 도둑이 들어간 건물이 바로 도둑 소굴인지라 경찰들도 알고 혼자 들어가면 위험하기에 피한 것이란다.

2005년도에도 강도가 차 안에 있던 가방을 들고 가 영주권, 자동차 면허증, 자동차 서류, 핸드폰, 현금, 수표, 여러 가지 물건들을 잃어버려 얼마나 손해가 컸는지 모른다. 영주권 재발급은 시간과 비용이 많이 들고 복잡하다. 지금은 영주권 원본은 집에 보관하고, 등기소에서 확인증명 인지가 붙은 사본을 가지고 다닌다.

그뿐만이 아니다. 1989년 브라질에 온 지 몇 개월이 안 되었을 때이다. 3천 불 주고 산 자동차가 아침에 나가 보니 보이질 않았다. 황당하고 어처구니가 없었다. 남편은 지금쯤 파라과이로 갔든지 벌써 분해되어서 찾기가 어려울 거라고 포기하듯이 말했다. 경찰에 신고했으나 아무 연락이 없었다.

    2008년 5월에도 은행 앞에 차를 세워 두고 잠깐 볼일을 보고 나오니 주차한 자동차가 없어졌다. 가슴이 뛰는 중에 정신없이 가까이에 있는 파출소로 뛰어가서 자동차 분실 신고를 했다. 또 다른 관할 경찰서에 가서 일곱 시간이나 기다려 도난 신고서를 작성했다. 집으로 돌아오는 마음이 심란하고, 여러 날 머리가 아파 잠을 제대로 자지 못했다.

    여전히 브라질은 치안이 좋지 않다. 특별히 외국인으로 살아가는 선교사로서 앞으로 어떤 위험을 만날지도 모르겠다. 그럼에도 불구하고 브라질 선교사인 것이 감사하다. 브라질이 선교사를 박해하지 않는 나라여서 감사하다. 브라질 현지인을 섬길 수 있어서 감사하다. 그리고 무엇보다 이러한 어려움 속에도 함께 동역하는 우리 가족이 있기에 감사하다. 은혜네 식구 파이팅! 🌱

> 결혼 후 브라질 이민자인 남편 김창신 선교사를 따라 모든 것이 생소하고 낯선 나라 브라질에서 와서 선교사역을 한 지 22년째인 김미숙 선교사는 여전히 상파울로 변두리에는 가난하고 지저분한 사람도 많지만, 주님이 보내 주시는 영혼들을 섬기니 늘 감사하고 행복하다.

9부

북아메리카

캐나다

59

부유한 캐나다, 소외된 홈리스

−캐나다 선교사 **최수현**

2007년 그들을 만난 것은 선배 조광호 목사님의 요청에서였다. 영어를 조금 한다는 이유 하나만으로 덥석 나에게 영어 설교를 맡기신 목사님의 대범하심은 가히 불도저 목사님다운 발상이었다.

2002년 목사 안수를 받고 막 캐나다로 남편 목사를 따라온 지 5년이 훨씬 지났지만 딱히 내가 할 일은 별로 없었다.

그런 상황 속에서 부름을 받고 간 곳은 '은혜의 집'이라는 홈리스, 즉 노숙자들이 있는 곳이었다. 나를 사역에 불러 주신 선배 조광호 목사님의 배려에 감사한 마음이었지만 한편으론 하필 지저분하고 더럽고 나하곤 너무 달라 상대조차 할 수 없는 홈리스에게 사역을 하라는 것일까 하는 의문도 들었다.

사실 난 홈리스에 대해서 너무 무지했고 그들에 대한 선입관이 있었다. 그들은 폭력적이며 항상 성나 있고 강간을 일삼으며 또한 매춘과 도적질과 살인까지 서슴지 않는 그런 두려운 존재여서 나하곤 전혀 다른 세계에 살고 있는 사람들이라고 생각할 정도였다. 그리고 내 생애 한 번도 홈리스들하고는 접촉하지도 않았으며, 홈리스 중 단 한 명도 알지 못했다. 그런 나를 하나님께서는 하나님의 사역에 동참케 하셨다.

처음 홈리스들을 향해서 나아간 나의 마음은 떨림 그 자체였다. 행여나 그들이 말을 걸까봐 그들과 멀찌감치 떨어져 있었고, 눈길조차 주지 않았으며, 내 손에 행여나 모르는 사이에 더러운 세균이 옮을까봐 조심스럽게 행동하고 있었다. 그리고선 봉사자들 옆에 끼어서 빵 굽는 것을 도와주었다. 이윽고 예배 시간이 시작되었다. 찬양을 하는 봉사자들이 안 계셔서 찬양은 내 몫이 되었다.

얼떨결에 OHP 필름에 있는 영어 가사를 읽으면서 찬양을 하게 되었고, 이윽고 나의 독무대가 펼쳐지고 있었다. 찬양이 끝난 후 열심히 연습한 영어 설교로 설교를 하였지만 내 목소리는 자신감이 없어서인지 별로 감흥이 없었다. 그 후부터 난 내 설교를 모니터하려고 캠코더를 가져가서 나의 발음을 듣기 시작했다. 아뿔싸! 그래도 발음이라면 타의 추종을 불허할 만큼 자부심이 있었는데, 모니터한 결과로는 내 발음이 모두 새어 나가고 있었다. 발음이 불명확해서 무슨 말을 전하려고 하는지 이해가 안 되어 나조차 이마가 찡그려졌다.

그때부터 나의 피나는 발음 공부가 시작됐다. 물론 나의 사부님은 내 조력자 남편이었다. 남편은 캐나다에서 33년이라는 긴 세월 많은 공부를 하여 이미 한국말과 영어에 능통해 있는지라 나를 잘 가르쳤다. 나의 발음이 깊이가 너무 없다고 핀잔을 줄 때마다 자존심이 상하였지만 그래도 어찌하겠는가!

그래도 노숙자에게 하나님의 복음을 전하기 위해 연습을 게을리 하면 안 되겠기에 부지런히 시간이 날 때마다 발음 연습에 몰두했다. 그러다 너무 연습을 하여 목이 쉴 정도까지 되었다. 그래도 열심히 정확한 영어 발음을 하려고 애를 썼다. 그러면서 영어 발음이 풍성해지기 시작했다. 그리고 설교에 자신감이 붙었다.

그러는 동안 난 홈리스들에게 다가가는 데 별 어려움을 느끼지 않게 되었다. 접근조차 하지 못했던 그들과 이제는 악수도 하며, 그들 얘기도 듣고 또 내가 질문도 하며, 그들의 병에 대해서 같이 기도하며 서로 친근한 관계가 되었다.

홈리스 사역에 대해 한마디로 설명하자면 현대교회와 사회에서 가장 골치 아프게 생각하는 것이 아닐까 싶다. 왜냐하면 홈리스 사역과 관련하여 해결해야 할 문제는 한두 가지가 아니며, 여전히 홈리스 사역에는 어떠한 정답도 없기 때문이다. 다만 어디서부터 손을 대고 어떻게 해야 하는지 현실적으로 어려운 일들이 너무 산재해 있다.

그렇기에 우리가 이곳 캐나다에서 하는 홈리스 사역 역시 만만한 일은 아니다. 홈리스들이 굶지 않도록 먹을 음식과 따뜻한 커피를 나누어 주는 것도 많은 정성과 수고가 뒤따른다. 많은 한국

교회의 도움과 지원이 없으면 이 일은 사역자들끼리는 할 수 없다. 또한 홈리스 사역을 하는 사역자들의 신학도 각기 차이가 있어서 어떤 이는 먹이는 것이 먼저다, 어떤 이는 영혼의 말씀을 먹이는 것이 먼저다 하는 의견 차이가 있다. 그러나 내가 홈리스 사역에 뛰어들며 깨닫는 것은 홈리스들에게는 육신과 영혼 골고루 관심을 갖고 사역해야 한다는 것이다.

지금은 이곳 홈리스들에게 화요일, 목요일 점심을 제공하는 것으로 만족하지만 언젠가는 매일 저들이 최소한 굶주림 속에서는 살지 않도록 할 수 있었으면 하는 소망이 있다. 물론 때를 얻든지 얻지 못하든지 예수 그리스도의 복음을 나누어서 그들의 영혼과 삶을 다시 일으켜 세울 수 있는 기회가 오기를 오늘도 기도하면서 먹을 것을 나누어 준다. 그래도 음식을 나누어 주기 전에 한 시간 동안 예배를 드릴 수 있어서 너무 감사하다.

이곳 은혜의 집에서는 예배에 익숙하지 못한 그들이지만 음식을 먹기 위해서 원하든 원하지 않든 한 시간 동안 예배를 드려야 한다. 처음에는 예배 시간에 기도하고 찬양 부르는 것에 서먹서먹해서 대부분의 홈리스들은 옆에 있는 사람과 이야기를 하든지 딴 짓을 하곤 했는데 2년 정도가 지난 지금은 놀랍도록 예배 태도가 바뀌었다.

오히려 내가 설교를 할 때면 그들끼리 서로 조용히 하라며, 하나님의 말씀이 지금 우리에게 임하고 있다고 하면서 예배 분위기를 이끌어 가는 홈리스도 있다. 어떤 이는 설교가 끝난 후에 내게 조용히 와서는 성경공부를 하고 싶다고 말하기도 한다. 또 대부분의 홈리스들은 먹을 것을 위해서 이곳에 오지만 자기는 하나님의 말씀을 먹으러 온다고 하는 이들도 있다. 나로선 이런·저런 이야기들을 듣는 것이 여간 반가운 것이 아니다. 하나님의 마음이 그들 가운데서 운행하는 것을 느끼기 때문이다.

은혜의 집에서 사역하면서 배운 홈리스 사역은 홈리스들이 사회와 정부로부터 소외되었을 뿐 아니라 복음에 대해서도 소외되었다는 것이다. 캐나다는 종교의 자유가 있는 나라이지만 다양한 종족들이 모여 사는 나라여서 특별히 복합문화 정책을 쓰고 있다. 그 정책으로 인하여 일반적으로 거리, 병원, 학교에서, 심지어 쇼핑센터 어디든지 공공장소에서는 종교에 대한 전도는 금지하고 있다. 홈리스 사역도 예외는 아니다.

일반적으로 캐나다 밴쿠버에서의 홈리스 사역은 복음을 전하지 않고 먹을 것과 마실 것을 주는 것으로 대부분 만족하는 상태이다. 홈리스들을 위한 진정한 사역은 은혜의 집과 같이 캐나다 정부의 지원을 받지 않고 교회 후원을 받아 자유롭게 복음을 전할 수 있어야 한다고 생각한다.

지금 하나님께서는 나의 행보를 천천히 움직이고 계신다. 어느 길로 움직이시는지 주의 깊게 주시하고 있다. 그러나 하나님께서 일을 시작하시면 막을 자가 없다는 것을 알기에 천천히 조심스럽게, 그러나 담대하게 홈리스 사역이 더 하나님의 마음에 들게 운영되기를 기도하고 있다. 그 와중에 하나님께서 나를 하나님의 도구로 사용하시어 하나님께 영광을 돌리도록 또한 날마다 나를 비우고 주님이 원하시고 기뻐하시는 일에 순종하기를 위해 기도 드린다.

> 선교는 하나님 아버지의 마음을 가지고 가난한 자, 소외된 자들에게 다가가 복음을 전하는 것이라고 생각하는 최수현 선교사는 오늘도 캐나다 홈리스들에게 아버지의 마음을 전하려 애쓰고 있다. 가족으로는 캐나다 1.5세이며 캐나다 장로교회에서 선교사로 파송받아 예장 통합 측에서 사역했던 남편 김두제 목사와 세 아이 지원, 하원, 성원이 있다.

60

하나님께 받은 복

— 캐나다 선교사 조광호

23년 전 10월 어느 날, 둘째 아들을 데리고 볼리비아 수도 라파즈 공항 해발 4,000미터 고지에 내렸다. 30시간의 긴 비행을 한 데다 산소가 희박한 고지에 내리니 힘들고 두 다리가 후들거렸다. 순간적으로 볼리비아에 온 것이 후회되었다. 잠시 뒤 아들이 산소 부족으로 공항 대합실 바닥에 쓰러졌다. 볼리비아 공항의 의사들이 달려왔다. 갑자기 하늘이 노래졌다.

"하나님, 제발 우리 아들을 살려만 주십시오. 살려만 주신다면 무슨 일이라도 하겠습니다" 하는 순간에 산소 호흡기를 쓰고 아들이 내 앞에 나타났다. 우리는 입국 심사를 통과하고 조금 낮은 곳에 있는 신학교 사택으로 내려가서 준비한 작은 아파트에 짐을 풀었다. 볼리비아 선교사 생활 14년의 첫날이 그렇게 시작되었다.

나는 볼리비아에 오기 전 지리산 산골에서 약 30개월간 개척 목회를 하였다. 이 시간은 하나님 앞에서 도를 닦는 시간이었다. 그러나 결국 매월 받는 20만 원의 사례비로는 경제적으로 어려워 선교사로 나갈 것을 작정하고 아버지께 받은 땅 문서도 돌려드렸다. 그리고 둘째 아들과 함께 볼리비아로 오게 되었다.

볼리비아 학교에 입학한 아들은 영어도 아닌 스페인어로 공부하게 되었다. 공부를 잘 따라가지 못하고 있음을 감지했지만, 진급을 못하고 낙제까지 할 줄은 몰랐다. 하늘이 무너지는 것 같았다. 한국에 있을 때에는 여의도중학교에서 우등생이었는데, 이렇게 후진 학교에서 낙제를 하게 되자 볼리비아에 온 것이 다시 후회되었다. 영어로 공부할 수 있는 여러 학교들을 알아봤지만, 영어 실력 역시 초보 수준인 우리 아이가 갈 수 있는 학교는 많지 않았다.

그때 첩첩 깊은 산중에 있는 유트리아브 미션학교에서 당장 받아 주겠다고 연락이 왔다. 선택의 여지가 없었다. 아들을 깊은 산속에 있는 영어로 공부하는 학교에 보낸 후 걱정이 되어 마음 편할 날이 없었다. 아들을 찾아가 보고 싶지만 너무 멀어서 엄두를 못 내다가 하루는 큰맘 먹고 아내와 같이 천 리 길을 밤새 차를 타고 찾아갔다. 새벽 4시경 캄캄할 때 학교 근처에 내렸다.

어둠 속에 간신히 학교를 찾아갔으나 어디가 기숙사이고 어디가 교실인지 구별이 되지 않고, 교직원들의 사택도 같이 위치해 있어서 더욱 아들을 찾기 힘들었다. 그런데 다행히 아들이 우리

소리를 듣고 산에서 내려와서 만날 수 있었다. 아들은 몇 마디 이야기를 나누고는 산속에서 야영 중이라서 돌아가야 한다면서 어두움 속으로 사라졌다. 우리 부부는 날이 샐 때까지 벌벌 떨면서 괴로운 시간을 보냈다. 날이 새자 아들과 같이 기숙사 방도 보고 교실도 보고 교장선생님도 만나 보고 집으로 돌아왔다.

아들이 졸업식 때 10명 남짓한 졸업생 대표로 연설을 했다. 3년 동안 올 A로 졸업하는 아들이 수석 졸업자가 된 것이다. 참으로 하나님의 은혜가 크심을 느꼈다. 볼리비아 학교에서 낙제를 받은 아들이 미국 선교학교에서 1등으로 졸업했다는 것이 기적만 같았다. 그 아들이 지금은 대학원과 박사 과정까지 마치고 캐나다 명문대학교 국제정치학 교수로 일하고 있다.

사실 우리가 볼리비아에 올 때만 해도 5천 불의 빚이 있었다. 그런 우리가 아들의 학업을 뒷바라지할 수 있었던 것 또한 하나님의 은혜이다. 볼리비아로 온 지 2년 후 아버님께서 소천하시면서 6천만 원의 유산을 받았는데, 몇 년 후 이 돈이 4억 정도 되었다. 이 재정의 일부는 두 아들의 대학 학비와 유학비로 사용되었다. 대부분의 상속금은 선교사역, 특히 구제사역에 사용되었다.

매주 두 명의 의사가 교회 두 곳을 방문하여 진료하고 약을 처방하여 나누어 주었으며, 광장에 있는 수십 명의 구두 닦는 소년과 소녀들에게 음식을 나누어 주고 구두약과 구두통, 구슷솔을 수년에 걸쳐 사 주었다.

하루는 자동차가 고장이 나서 택시를 타고 교회를 가는데 택시를 운전하는 기사가 나에게 아는 척을 했다. 그 택시 운전사는 우리의 도움을 받았던 구두 닦는 소년 중 한 사람이었다. 우리의 도움으로 구두를 열심히 닦고 돈을 모아 택시 운전을 배워서 지금은 운전기사가 된 것이다. 그리고 구두를 닦을 때보다 약 두 배를 벌고 있다고 했다. 약 100불이면 구두 닦는 청년들을 운전기사로 만들 수 있다고 생각하니 가슴이 두근거렸다. 그때부터 많은 구두 닦는 아이들에게 운전 기술을 가르쳐 주어 운전기사가 되게 했다.

모든 선교사가 나처럼 부모님께 유산을 받을 수 있는 것이 아니다. 그러나 하나님은 모든 선교사의 형편을 누구보다 잘 아시고 책임져 주시지 않는가? 하나님께 순종하여 지리산 개척교회로 간 것도 하나님은 아시고, 또 순종하여 아버지께서 물려주신 땅 문서도 포기하고 볼리비아로 간 것도 하나님은 아신다. 볼리비아 공항에 도착해 쓰러진 아들이 내 아들이 아니라 하나님의 아들임을 고백했던 것도 하나님은 아신다.

그래서 하나님께서 선교사 자녀인 우리 아이들을 복 주시고, 형통케 하셨음을 고백한다. 지난 25년간 선교사 생활을 하면서 고생한 것보다 더 큰 복을 주신 하나님께 감사 드린다.

> 지리산에서 개척교회를 시무했던 30개월이 선교를 위한 준비 기간이었다는 조광호 선교사는 14년간의 볼리비아 선교사역을 마치고 현재 캐나다에서 8년째 노숙자 선교를 하고 있다. 가족으로는 아내 이옥주 선교사와 무역회사를 운영하고 있는 큰아들과 국제정치학 교수인 작은아들이 있다.

편집 후기

강남고속터미널 맞은편, 나지막하게 늘어서 있는 반포쇼핑에 위치한 방파선교회 사무실을 찾아오시는 분마다 두 번 깜짝 놀랍니다. 하나는 350교회가 넘는 후원교회와 네트워크를 이루며 38가정(72명)의 선교사를 지원하며 관리하고, 매년 선교지를 선정하여 그곳의 선교사들과 연합하여 현지인들을 대상으로 하는 선교대회를 주관하고, 연말마다 전국 교회에 수천 개의 탁상용 캘린더를 발송하는 방파선교회의 많은 사역과 규모에 놀랍니다. 그리고 그 모든 것이 자그마한 사무실에서 사역하고 있는 총무 김영곤 목사와 단 한 명의 간사만으로 이루어지고 있다는 사실에 또 놀랍니다.

사실, 방파선교회의 모든 사역은 잘 드러나지 않지만 뒤에서 헌신적으로 섬겨 주시는 임원 목사님과 장로님들을 비롯하여 국내뿐 아니라 해외에 있는 회원 교회의 섬김과 후원으로 이루어지고 있습니다. 이번 35주년 기념 서울세계선교대회를 위하여 특별헌금으로 1억 6천만 원을 모금했습니다. 요즘같이 경제적으로 어려운 시기에 특별 선교헌금을 해 주신다는 것이 쉬운 일이 아님에도 불구하고, 힘써 협력해 주신 회원 교회들의 섬김 역시 귀한 간증들입니다. 이 섬김으로 세계 각지에 흩어져 있는 선교사들이 국내로 귀국하여 재교육과 재충전의 시간을 가질 수 있게 되었습니다.

이번 서울세계선교대회는 좋은 강사들을 모시고 선교사들의 재교육 세미나를 갖고, 회원 교회들을 초청해서 선교사님들과 회원 교회들이 직접 만날 수 있는 선교박람회와 선교 페스티벌을 열게 됩니다. 그리고 또 직접 만나지 못하는 더 많은 회원 교회들과 선교사로 지망하는 미래의 선교사들을 위해 선교사님들의 생생한 이야기를 담은 단행본 《부르신 곳에서》를 출간하게 되었습니다.

선교사님들이 가진 달란트가 다 달라서 어떤 선교사님들은 즐거운 마음을 가지고 삶의 이야기를 글로 잘 표현해 주셨지만, 어떤 선교사님들은 처음 써보는 선교 이야기에 몇 날 며칠을 고민하고 또 고민한 뒤 조금은 서툴게 써 주셨습니다. 사역 내용과 사역 기간도 가지각색이어서 어떤 선교사님들은 쓸 만한 이야깃거리들이 많았지만, 어떤 선교사님들은 이제 막 사역을 시작하는 단계여서 쓸 내용이 많지 않았고, 어떤 선교사님들은 이야깃거리가 많음에도 시간이 없어 한 편밖에 써 주지 못하였습니다.

그래도 방파선교회 모든 선교사님들이 한 분도 빠짐없이 써 주셨고, 무엇보다도 있는 모습 그대로 써 주셨습니다. 특히 감사한 것은 남편 선교사뿐 아니라 아내 선교사들도 동참해 주었고, 선교사 자녀들도 그들의 이야기, 즉 선교사 자녀의 이야기를 써 준 것

편집 후기

입니다.

《부르신 곳에서》를 읽으면서 선교사의 삶이 기대한 것보다 너무 평범해서 조금 실망할지도 모르겠습니다. 선교사님들의 연약한 모습이 그대로 드러나서 놀랄지도 모르겠습니다. 그러나 대부분은 꾸밈이 없는 선교사님들의 솔직한 이야기라 더 감동 받으셨으리라 생각합니다. 그리고 그 속에 담겨 있는 성령님의 일하심에 은혜 받으셨으리라 믿습니다.

이 책이 나오기까지 애쓰고 수고해 주신 모든 분들에게 감사를 드립니다. 이 책의 저자들인 선교사님들과 쿰란출판사 대표 이형규 장로님, 든든한 지원군이 되어 준 방파선교회 회장 정종성 장로님을 비롯하여 임원들과 모든 회원 교회에 깊은 감사를 드립니다. 특별히 막내딸 김숙경 전도사가 미국 샌프란시스코에서 유학하면서 몇 달 동안 밤늦게까지 수고한 것에 대해 아버지로서 감사하지 않을 수 없습니다.

2010년 5월 30일
방파선교회 총무 김영곤 목사